文化心灵

管志华 著

文汇出版社

图书在版编目（CIP）数据

文化心灵 / 管志华著. -- 上海：文汇出版社，2020.9
ISBN 978-7-5496-3284—8

Ⅰ.①文… Ⅱ.①管… Ⅲ.①随笔—作品集—中国—现代 Ⅳ.① I267.1

中国版本图书馆 CIP 数据核字 (2020) 第 139172 号

文化心灵

作　　者 /	管志华
责任编辑 /	乐渭琦
特约编辑 /	孙　健
装帧设计 /	薛　冰
出 版 人 /	周伯军
出版发行 /	文匯出版社
	上海市威海路755号
	（邮政编码200041）
经　　销 /	全国新华书店
照　　排 /	上海歆乐文化传播有限公司
印刷装订 /	当纳利（上海）信息技术有限公司
版　　次 /	2020年9月第1版
印　　次 /	2020年9月第1次印刷
开　　本 /	890×1240　1/32
字　　数 /	260千字
印　　张 /	12.25

ISBN 978-7-5496-3284-8
定　　价 / 42.00元

自　序

这是一本关于读书、写书、编书及读书人的书，或称书评、随笔、杂感，或说访谈、散记、通讯，似都可以辑文成集。正是通过读书，沐浴心灵；通过评书，飞扬思绪；不受文体限制，随心所欲写就。当然亦非游离现实，超然世外，与书、与人、与事、与物总有所关联。我觉得，读书不仅要阅读书本，更要阅尽世事，把阅读与阅人结合起来的读书，方能把书读活、读通，否则是"掉书袋"，其读书的路子会越走越窄，常会成为有知识而无常识的"书呆子"。

人生读书的目的是什么，各人自有答案。我的读书，在于明白人生志向，提高生活情趣；在于确立价值取向，丰富心灵世界。起先我不知道读书的目的，只是个人喜好，觉得读书能增长知识，开阔视野；能知书达理，灵心慧性。随着书读得多了，才感到书中"感人心者，莫先于情"，爱憎分明、命运与共的情感在书中获取，读故事、读情节、读人物、读经历，常使我的情感与书中的人物连在一起，"文生于情，情生于身所历"，我的情感与书中的人物融为一体。

读书贵在知书味。这不是书籍散发的纸馨墨香之味，而是书中的文之味。孔子说过："书不尽言，言不尽意。"即是说，言不能达其心，书不能达其意，那就没能达到知书味的境界。所以，对书不能只满足于读过看过、读懂读通，更重要的在于对书心领神会"吃透",深得书中三昧,悟得书中精髓,真正使读书达到有趣有味的地步。有些书,具有言外之意,味外之旨,虽有时能瞬间领会其深刻意蕴,但大多时候需要反复琢磨、细加思忖,感性与理性双管齐下,方能领略书中的神韵风骨,这种读书的快感与美感,是真正的读书所能达到的境地。

倘若反复有意识训练、多次有亲历实践,在获得读书乐趣的同时,心灵上会拂掉尘埃、去除污垢,精神上恬淡闲适、洒脱超然。"文质彬彬,然后君子",这里的质是指朴实自然、不加修饰的外表,而所言的文是指陶冶修炼、精细雕琢的内在,文与质的均衡交融、表里匹配,使人的外表儒雅,人的内在真挚,这是君子之道、君子之风。我想,文如何化以心灵,文如何净得内在,这是每个喜爱读书之人应该经常想到、做到的事情。

随着时代发展,当今的读书方式正在发生变化。尤其随着科技手段的进步,纸质阅读处于江河日下、日渐式微的地位。不容忽视的现实是,不少人正在丢弃传统的纸质阅读,阅读纸质书籍正在遭遇危机,甚至出版和阅读纸质书籍变成一个奢侈之念和奢侈之举。在现实生活中,人们在习惯上网浏览、看微博、发微信以后,不少人突然发现自己难以阅读大部头的书籍,哪怕是以前甘之如饴、梦寐以求的经典小说,如今再也读不下去,网络阅读强烈冲击纸质阅读,人们也许越来越丧失阅读复杂、深奥、精妙的内容的能力,以致前看后忘,浮光掠影,人们会不会由此变得愚钝、肤浅、浮躁?

这样的担忧不是杞人忧天,浮躁成风、浅薄成行,以至有人发问:当今阅读正丢失了什么?电子阅读会不会让人变傻?

对这样的疑问，我自然未敢正视，更不能理直气壮地大声回应。我只能怀念过去，追想当年，即便被人讥为"九斤老太"或者是"九斤老爷"，我还是想呼吁：我们不应该放弃一种伟大而充满尊严与神圣感的阅读传统，不能在网络的迷惘中让精神缺氧，在电子的沉溺中使文化缺钙！

也许现代电子阅读有迅疾、密集、聚焦、发散等各色优点，但传统的纸质书籍阅读也并非一无是处；相反，它有不少电子阅读所不能具备的优点。比如，假设是自己的书，会在书上做许多记号，随时写下阅后笔记，还会回头去阅读已经读过的章节温故知新。会把读有所思的页面折上，待后来翻开想起和记住印象最深、情节最妙、文字最美的段落和句子。无论在"书荒"还是"书滥"的年代，爱读书的人们在曾经发黄的纸张上，留下自己思想驰骋的痕迹，品味起来是那么回味无穷。曾经失去的还是把它还原，让过去的站在原有的位置，无论时代如何变迁，人们对于知识、自由和美的渴求都将是永恒的，这是我出版这本书的想法。

自然，也不必为当今的阅读过度担忧，只要纸张在，纸质书不会消灭。贵在阅读的心境、阅读的情趣、阅读的效用。于我而言，我看重阅读的过程，自静其心，自得其乐，生活方式与阅读方式的改变，改变不了阅读的效用和功能。需要强调的是，阅读不是光阅书，阅人不也是一种读书吗？阅书与阅人，实际上是完美的结合，更何况社会是一本大书，各色人等是一部"活书"，花一辈子精力都读不完。只读纸书而不阅人，恐怕永远不能做一个有思想分量和生活质量的人。

开卷有益，读书有用。如果在阅书和阅人中触及心灵，产生共鸣,修身养性,那就达到了著书的初衷。我真诚期望,愿以自己真挚的生命来契合本书的内容,让我们的心灵飞扬、升华、闪亮!

目 录

自 序

第一辑　书林散叶

编辑家的沉重——读《心中要有块石头》……………………… 003
出版人的情愫——读《我经历的 22 个出版事件》……………… 007
新闻人的"喜忧参半"——读《新媒体时代的老传统》………… 010
笔会名家　谊同师友——读萧宜的《凭窗忆语》………………… 014
由"士"而"仕"——《读文人》有感 …………………………… 019
学人的"鸡毛蒜皮"——读《吴小如演讲录》…………………… 024
西南联大的"飞鸿印痕"——读《联大教授》…………………… 030
理想之美与生活之美——读朱光潜《谈美》……………………… 034
忠诚艺术　明心识鉴——读邵建武《所谓虎去狼来》…………… 039
韵味绵厚忆京城——读《百年旧痕》……………………………… 045
撷拾逸闻存信史——读《故人故事》……………………………… 049
一部"故宫活字典"——读《朱家溍传》………………………… 053
由"文丐"到教授——读《游学生涯》…………………………… 057
不挂笔的读书人——读《辨是非》………………………………… 064
"四度空间"的写作——读《余光中散文精选》………………… 070
杭州艺专的文化谱系——读《国立艺专往事》…………………… 076
揭秘中国援越抗法战争——读钱江的增印版《越南密战》……… 081

梳理中越关系的来龙去脉——再读《越南密战》两篇附录 …… 088
风谊平生师友间——读刘绪源《冬夜小札》…………………… 094
书卷真迹最有味——读《隐秘·夜色》………………………… 100
穿越历史烟云——读郭德照自传体小说 ………………………… 105
万历年间大悲剧——读《万历五十年》………………………… 111
古人的行侠仗义——读《太平广记》…………………………… 114
警惕双重人格的两面派——读《阅微草堂笔记》……………… 120
退隐山林著书立说——读《梦溪笔谈》………………………… 125

第二辑　文苑语丝

我的读书观 ………………………………………………………… 133
再谈读书观 ………………………………………………………… 139
读书是养心 ………………………………………………………… 144
我们还读书吗 ……………………………………………………… 148
读书为何要读经典 ………………………………………………… 153
新年夜思 …………………………………………………………… 159
难忘今宵 …………………………………………………………… 163
二十年代追想录 …………………………………………………… 166
"巴金在上海"展览遐想 ………………………………………… 171
镜头里的真实记录 ………………………………………………… 175
百年史话老建筑 …………………………………………………… 179
罕见的"邬达克现象" …………………………………………… 183
老城厢的随感 ……………………………………………………… 187
"特殊游客"浦江情 ……………………………………………… 193

历史的瞬间……………………………………………………… 197
"公道在天"留信史……………………………………………… 204
美丽乡村看安吉………………………………………………… 207
"阿拉后花园"有个"指南村"………………………………… 211
三亚：海上观音像的建造……………………………………… 215
乡村游不能仅有"农家乐"…………………………………… 225
再说"阿婆茶"………………………………………………… 228
珍惜祖国传统医学……………………………………………… 234
大医精诚济苍生………………………………………………… 238
有感于杜甫的《丹青引》……………………………………… 241
领略静趣　闪亮心灵…………………………………………… 246
由吴冠中画论想起……………………………………………… 250
郭志坤：学术内化为人格——细讲中国历史丛书的编纂 ……… 254

第三辑　人物访记

兴旺文学翻译　多与世界交流——法国文学翻译名家郝运访谈录 …… 269
我心中永远有"燕大"——祝寿嵩教授访谈录 ………………… 278
一位"中国爷爷"的亲历见证………………………………… 289
常相忆：燕大的斯事、斯人——马凤梧校长访谈录 …………… 296
百年期颐忆燕京——马凤梧先生采访札记 …………………… 303
心灵在旅游中洗涤升华——访谈乐缨的"百国行" …………… 314
"装裱世家"三代人——访"画郎中"严臻盛 ………………… 320
让艺术藏品走近大众——访艺术品收藏网董事栾修琴 ……… 327
让患者活得长活得好——访上海肿瘤医院胸外科主任陈海泉 …… 336

莫愁的画：与"乐"字沾边……………………………………… 344
徐东昊：至乐莫如好学……………………………………… 346
中国美术创作向何处——与友人谈书画界"钱奴"现象 ………… 349

附录：颜文樑年谱……………………………………………… 362

后　记………………………………………………………… 380

第一辑 书林散叶

编辑家的沉重

——读《心中要有块石头》

　　几年前，我到位于打浦路中西书局（原上海百家出版社）拜望知名出版家郝铭鉴先生，在一间不甚宽敞却排列整齐、塞满书籍的办公室与他叙聊，其间他赠我一本他所著的《心中要有块石头》，并签上自己的名字及时间。说实话，拿到此书很开心，但对书名却有不解，于是我也像是带着一块"石头"回家阅读。

　　其实本书并无"石头"之嫌，似有"美玉"之形。阅读中，甚感书中文字精练，耐人寻味，吉光片羽，足资启迪。有两点印象更深：其一，书的品相不俗，封面装帧做得雅致，除了端庄的隶书体书名，左边标出"一个出版人关于编书的闲言碎语，关于卖书的长吁短叹，关于读书的东拉西扯"；再翻看封底，标有"编家的'品'，书市的'风'，做书的'道'，卖书的'谋'，书中的'味'，心底的'梦'"，正是本书的六个辑题，凸显此书的内容。其二，书中篇章短小精悍，叙述温婉有致，这本大都由一二千的"千字文"辑成的集子，读来感觉观点新颖、材料丰富、文意恣肆、生动流畅。不过，在轻松愉悦的阅读中，亦生发一股对出版界沉甸甸的思考，若说"石头"之重，倒也恰当。

著名出版家江曾培为此作序，点出这是一本对编书、卖书、读书的见闻和感悟的文集，这一"石头"之喻，是作者从美国《读者文摘》杂志社院子里的一块石头引出的，这块石头上刻着"编辑三问"："它可以被引述吗""它实用吗""它有恒久的趣味吗"，这"编辑三问"犹如在茫茫书海中航行的罗盘，指引一流书刊编辑家成功地抵达彼岸，亦练就编辑的慧眼，塑造书刊的个性，赢得广大的读者，从中反映和体现郝铭鉴先生的一种文化理念、文化追求、文化理想。

书中的文章大都好读、耐读，比如《闲话"书品"》一文，郝先生提出编辑、制作图书"品质要真""品位要高""品相要美"，他的立论虽然专业，但很通俗，"人有人品，书有书品"，这个"品"就是文化质量、文化趣味，是一个民族立足世界之林的标杆，也是一个人精神生命的成熟和延长。在《有这样两位编辑》一文中讲述了上海新闻出版局组团出访中两位编辑主动放弃观赏风光机会，节省时间钟情淘书、考察书业、结交书友的故事，道出如何做好编辑的真谛。他还以"老农拾粪""黑旋风李逵""名人和新人"等为例，形象地将编辑比作是"杂家""专家"的糅合，不仅需要慧眼识宝，更需要细心、责任。

作为新闻人，我更理解郝铭鉴先生所呼吁的"学会写'编辑体'"，这不单指写字，实质是编辑职业精神所在。郝先生指出字体的"脱臼""粘连""错位""变形"，不纯粹是技术问题，而是倡导编辑一丝不苟的特殊职业要求，否则差之毫厘，谬以千里，闹出常识性差错。所谓当今出版界"无错不成书"之说，无不与编辑缺少治学、做事、为人"理必求真，事必求是"的态度有关，若无"言必守信，行必踏实"的人生信条，书籍编辑中的"硬伤"永远不会被治愈，也会给出版人带来职业耻辱。我过去以为做新闻人需"四能"，即脑筋能想，腿脚能跑，耳朵能听，挥手能写。读了郝先生此书，我觉得做出版人更有难度，还须添加"二能"，即眼睛能识，心中能鉴，这就需要丰厚的人文学养和知识储备。

让我更有感触的是郝铭鉴先生写的"把心交给读者"一文，这是纪念巴金的祭文，也是作为出版人的一个文化心愿。巴老是作家，也是出版家。他曾不止一次地说过："把心交给读者。"作为作家，他在自己心灵的祭坛前宣誓："要做一个在寒天送炭，在痛苦中送温暖的人。"他从不敷衍读者，"从未有过无病呻吟的时候"。作为出版家，他全身心地投入工作，"写稿、看稿、编辑、校对，甚至补书"，前后10多年，没有拿过一分工资，只是希望多出几本书"送给朋友，献给读者"，他视此为"莫大的快乐"。读到此，我思绪良久，心潮难平，更感受做一个出版人、编辑家所肩负的重任。

确实，作为编书、卖书、读书、写书的出版人，一生追求的不是个人事业的成就和金钱，而是追求一个出版从业者应该具有的社会责任感和知识良知。尤其不少人在物欲横流、理想模糊、信仰缺失的当今，对"知识就是力量"产生动摇，以"知识""学历"当个人进阶的"敲门砖"，作为一个真正的出版人，见万贯金钱而不迷离，近香车宝马而不艳羡，识巨富显贵而不攀附，更显得难能可贵。我想，做书、出书正是集知识精华、民族精英之大成，诚如罗曼·罗兰所说："民族精英的真正作用乃在于哺育民族并且使自身溶化在民族之中，没有理由要让民族精英们把荣誉、财富与金钱的优势都攫为己有。"

《心中要有块石头》还提及书评，写到创办并主编闻名语文界的《咬文嚼字》和在编辑出版界颇有影响力的《编辑学刊》，并收集了访谈，虽然内容还不甚丰实，但对出版具体操作流程涉笔成趣，论述精辟，其独到眼光、独立思考，大可作为编辑培训教材的补充。

有人说："心无物欲乾坤清，坐有琴书便是仙。"读郝铭鉴先生此书，虽有轻松却不清闲，虽是温婉却无仙飘，用一两句话概括便是：轻松中有沉重，温婉中有触动，那份沉甸甸的感觉始终萦绕心头。

◎ 语言学家、上海文艺出版社资深编辑，《咬文嚼字》创办人、原主编郝铭鉴于2020年4月2日上午10时12分病逝，享年76岁。本文于2020年4月4日刊人民日报·海外网，谨以此文悼念郝铭鉴先生。

出版人的情愫

——读《我经历的22个出版事件》

王国伟兄所著《我经历的22个出版事件》,我最早是从上海世纪出版集团、上海人民出版社主办的《中外书摘》上读到其中刊登的《〈文化苦旅〉出版前后的风风雨雨》一文而获知的,约半年后,该书责任编辑之一、上海书店出版社副总编辑杨柏伟赠我一本,我有幸读完全书,亦颇有感触,由此产生写篇书评的念头。

说实话,我曾作为新闻记者跑过出版界,自以为熟稔京、沪两地书籍出版的各种逸闻,尤其访问过不少老一辈的出版名家、文化大家,对他们的文化理念、职业精神极其佩服。可读完王国伟兄的此本新著,让我感到以前的浅薄,其实还有许多不知情的方面,所谓"冰山一角",我们常常报道露出水面的那部分,而对大量深潜水下的书籍出版材料、经过、详情却未加开掘,致使留下自己的职业缺憾。

书中提及的22本书出版的事件,不如说是22个出版的故事，予以翔实、生动地叙述，从中看到作为一名出版人的一种文化理想与文化追求。王国伟说及"出版的基本责任是文化传播和文化积累。出版面对的是不断发展变革的大社会，背后留下的却是深刻的思想反思和历史书写"，对此我非常赞同，基于这点，我理解王国伟兄在其职业生涯中尝尽甜酸苦辣的滋味，理解他缘何宁可舍弃"官位""待遇"，为一本看好、看准的佳作出版而不惜精力，敢于担纲，乃至抛弃与牺牲个人利益。这样的文化使命、职业精神，既是继承前辈人的传统，也是示范后来者的榜样，在中国出版史上永存！

书中叙述的余秋雨、郎平、张炜、柯灵等名人故事，我与王国伟兄接触中有过耳闻，有些还与他一起亲身经历。迄今印象最深的，便是他对书籍的文化学术性的精准判断、不懈追求，从《〈荒芜英雄路〉：张承志的精神样本》《特殊年代的哲学故事》《石人山的秋天：学界往事》等文章中，可以看到王国伟兄抱以激情并不失理性，以"编家眼光"来衡量书籍的文化价值、市场发行的独到之处，诚如他所言："不但把书做到了极致，而且也实现了一个文化人的自身价值。"

出版作为一个文化职业，它的特殊价值，其实更在于建构一段文化历史。从本书中可以看到，出版人的思想、情感、知识、感知，会自然而然地凝结在他的出版经历和出版产品中，而出版人的兴奋、痛苦、满足、失望，其复杂的人生体验也都会通过图书反映出来。所以，王国伟兄用自己个性化的书写，着意重构当年的文化现场，重现了一段生动鲜活的历史。

王国伟兄称自己很幸运，他入行出版界，正是20世纪八九十年代出版大发展时期，借助思想解放运动带来的活力，开启了出版界理想主义和浪漫主义的时代。当然,他也尝到"娱乐文化""消费文化""出版从文化圣坛跌落在市场的怪圈中"一言难尽的滋味,以致被边缘化,自我放逐,最终无奈"逃难"而进入高教界。虽然如此,他并不耿耿于怀,而是通过自己的笔端追想、怀念那过往的年代,那种文化人之间纯粹、真诚、坦率、志同道合的交往。那样的年代还能重返吗?书中的王国伟既在"天问",也在"自问",更多的是抒发一种文化理想、一种文化坚守、一种文化责任。无怪乎,早在20世纪90年代中期他就著文提出"文化垃圾"的概念,我对此有所质疑,看来历史的进程不幸被他言中,当"文化垃圾"越积越多,甚至"文化垃圾"被尊为"文化至宝",一个民族会有真正的希望吗?一语中的,这是出版界必须解决的问题。

《我经历的22个出版事件》书写的一个个故事、一段段历史,实际上是书写出版人的向往、信念、情愫。出版人的快乐在于发现文化之美,在于寻找历史之真,但前提必须是真挚、真诚、真实,不是用"钱袋"替代"脑袋",用"利益"换取"权益"。出版是文化积累、文化传承、文化生产、文化传播,出版人需要编家眼光,深耕细作,而不是急功近利、心灵鸡汤。王国伟兄用此书回顾和感受老一辈出版人人格的职业体现,也从内心发出期待未来出版人的职业精神、书香陶冶的呼唤——出版好书、阅读好书,伟大的灵魂将引领我们登上精神的高峰,超越凡俗生活,领略人生天地的辽阔。

新闻人的"喜忧参半"

——读《新媒体时代的老传统》

近读一些新闻学论文,其中看到复旦大学新闻学院李良荣教授在建桥学院新媒体论坛上以《新媒体时代的老传统》为题的发言,他开宗明义地谈道:"互联网为我们开启了一个新时代,那就是信息时代;为人类造就了一个新世界,那就是网络社会。人类从诞生迄今,只有一个世界,那就是现实世界。现在我们生活在两个世界里:现实世界、网络世界。这两个世界相互融合,相互排斥,相互对抗,因为现实世界有确切的时间、空间、组织,而网络世界却是无时间的时间、无空间的空间、无组织的组织。面对如此纷繁复杂的新世界、新生活,有人喜欢有人愁,有时喜欢有时愁,有些喜欢有些愁。比如说,对于新媒体,年轻人是原住民,中年人是移民,老年人就是难民。"他进而论述三个主要观点:"互联网让我们建立全球联系,却使我们的社会支离破碎。""互联网让我们见多识广,却使我们思想浅薄,甚至鼠目寸光。""互联网使人人都成了记者和评论家,却使我们弱化了最基本的表达能力。"

李良荣教授的发言涉及的面相对广泛,我比较关注的是他对当代阅读的论述,他这样评价现在的阅读方式:"互联网上包罗万象,眼花缭乱,我们且不说手游、视频、音乐等让我们耗去大量时间,且说阅读吧,现在人们的阅读特点表现为碎片化阅读、快阅读、浅阅读、跳跃式阅读、视觉化阅读。这些阅读一句话概括:人们在快感式阅读。""与此相对应的是,我们不再认真地读书,不再认真地读报,也就是不再有深阅读、慢阅读、思考性阅读。对于一般老百姓来说,快感式阅读无关紧要,但对社会精英们、对大学生们来说,没有深阅读,不会有系统知识,不会有逻辑性思考,不会分析,不会判断,只会夸夸其谈,哗众取宠,那是可怕的。一个不阅读的民族,是不会有出息的。美国的尼尔·波兹曼著有一本《娱乐至死》,他引用赫胥黎的话,称我们将毁于我们热爱的东西,'人们会渐渐爱上压迫,崇拜那些使我们丧失思考能力的工业技术',这个警告在今天格外刺耳,却格外令人清醒。"李良荣教授的这些观察、这些警示,不啻是一道闪电撕破云层,也许我们的知识界不该一直是洞箫牧笛,更迫切需要黄钟大吕。

我非常赞同李良荣教授的观点及其思考,他的喜忧参半不仅代表他"40后"这代职业新闻教授、职业新闻人的所思所想,同样也说出了"50后""60后"这代新闻人的心声。为什么现代读者、观众对媒体有某种"不信任",尤其对网络媒体的"半信半疑",实际上是对新闻的社会功能、新闻的公器作用产生某种误解、误读,而新闻院系培养的学生"志大才疏"——不是他们没有才能、没有品质,而是他们对老新闻人缺少一种传承、衔接，更不要说他们对纸质媒体的人工版的实际了解、实际操作——当然不是要求他们回到过去，而是要让他们知道从事新闻工作的严肃性、严谨性，而像老报人立马挥文或者当场写作新闻、评论以及修改的本事不但闻所未闻，而且可以说消失得无影无踪，"武功全无"。再加上实际的采访能力，到现场、到实际生活中，互联网让现代媒体人变"懒"，甚至变"偷"；加上报社、电视台、广播台的指标考核（尽管对外说没有，但实际上影响到职业新闻人的经济收入），如所谓"末位淘汰制"——这其实是不符合新闻规律的，好新闻、深度新闻需要时间深入实际采访、调查，可能每月只能"生产"数量极少的新闻作品，但不合理的考核制度引导当代记者满足于"网抄"或者"网偷"，致使真正的新闻越来越不"值钱"，真正地"掉价"。"八卦新闻"倒是大行其道，让真正的文化人、读书人不再愿意看报、看书（出版界同样出现类似问题，即编辑的学养、修养、编家眼光均成问题，"短命书"层出不穷，"废品书"泛滥成灾，真正的读书人读不到真正的好书、有品位的好书）。还有个大问题，互联网的消息、评论，很多地方（尤其纸质媒体被伤害）被"抄袭"（这里涉及知识产权问题，市场化运作的网络公司是否与纸质媒体、电视电台达成新闻产品的授权协议，不得而知），导致纸质媒体报道质量每况愈下，说是纸质媒体最终决定新闻的权威性，但没有具体的措施、规范，纸质媒体只能逐步走向"灭亡"——比尔·盖茨曾经的预言亦将会实现。当然，纸质媒体自有信心、方法，不断改进、融入互联网，而且取得长足进步，这就让人想到，当代新闻职业教学，不应该再"教条"、再"本本"，应该研究互联网的新闻编辑传播，尤其要注重培养互联网的新闻职业专业人才，从而与纸质媒体交相辉映，相得益彰，成为新闻的"双翅"。互联网是人类生活的巨大革命、重要改变，我们不是谴责互联网，倒是应在互联网时代，研究和发挥纸质媒体的长处，让深阅读、深思考成为中国人的生活习惯，从而提高国民内在的文化修养和精神旨趣。

读了李良荣发言之后，又读到两篇很精彩的文章，一篇是吴晓波频道的"敢死队犹在，特种兵已死"，说的是吴晓波评论各个媒体在万科大战宝能事件中传统媒体的缺位以及新媒体缺少深度调查的问题，感叹新闻的防线已经失守，以及对新闻空心化的无奈。另一篇是无界的执行主编黄志杰在呦呦鹿鸣上连续 PO 了两篇文章来反驳吴晓波，认为吴晓波也同样是因为市场经济，离开了传统媒体，离开了他感到遗憾的深度调查记者一职，摇身一变成了大老板，那还有什么资格去说传统媒体深度调查记者的缺失问题。许多人都认为未来 10 年是强编辑的时代，因为大数据，因为网络已经充斥了各种文章，只要稍不留神，编辑就会成为一个热门的媒体话题。而在我看来，也许作为知识类的内容将是强编辑的时代，因为相关的素材已经足够多。但作为新闻却将会越来越面临供给侧的不足，越是缺少深度的时代，就越是需要深度的文章来支撑起一个媒体。而"上海观察"（简称"上观"）的提法与做法一直是我很欣赏的，也是未来大有希望的，"深度如你所期"，只是可惜，随着供给侧的乏力，现在的深度真的还是有所缺乏，这也就是为什么记者高渊的几篇洋山港的老文反而会产生出其不意的效果，只因为两个字——"深度"。由此我深信，浅度报道只会随风而去，深度报道才能耸立如山。

笔会名家　谊同师友

——读萧宜的《凭窗忆语》

2018年暮春，收到原《文汇报》"笔会"副刊资深编辑萧宜的一本新著——《凭窗忆语·笔会十年师友录》，之前当我接到他的电话时，我的心情既兴奋又惭愧，因为萧宜是我20世纪七八十年代就认识与交往的师友，曾给我热情的关心和帮助。可2010年后，因家父高龄，身体欠佳，我一直忙碌于他的治疗，与许多前辈师长、同道文友的联络减少，萧宜的来电让我产生自责：为何自己不能主动联系问候？

收到《凭窗忆语》后，我就迫不及待地阅读了。这是一本怀念师友的书，也是他对于多年"笔会"生活的一次回顾。他把自己在"笔会"工作期间所接触的文化人的个性、品行以及逸闻趣事真实地记录下来，既是"忆语"，也是"史话"，正如萧宜在前言中所说："收入这集中的篇什，不关宏志伟业，只是我日常听到看到，感受到的，诸如他们的个性癖好、人生遭逢、友朋往来、生活日常之类。人生识字忧患始，不消说，也有文化人的家国情怀在。"纵观全书,风格如斯,萧宜说是"唠唠家常",我以为这"唠家常"就是行文自然随意,有趣有味,不做高头讲章,而把那些行将遗忘的人和事留在他的笔墨里。

《文汇报》的"笔会",在全国报刊副刊中的声望、地位可谓一流,其编家眼光、品位皆为独到,所以在20世纪八九十年代,"笔会"上名家荟萃,佳作迭出,这与"笔会"编辑们的取舍标准和品位、编辑风格分不开。萧宜作为其中的一员,他受前辈编辑的影响,继承"笔会"的优良传统,与作家、艺术家、文化人广交朋友,诚心诚意为读者、作家服务。

《凭窗忆语》分"怀念篇""阅读篇""师友信札"三辑。在"怀念篇"中所写到的文化人,都是我们耳熟能详的,如范用、张充仁、王世襄、张中行、季羡林、黄宗江、刘绍棠、钱君匋、叶冈、赵景深、吴冠中、沈从文、秦瘦鸥、陈逸飞、王朝闻等,但大都只闻其名,未见其人,展读萧宜的《凭窗忆语》,我们就会似与旧雨对坐,似与新知欢叙,使我们看到各个文化人的不同个性,而不同个性中却都拥有中国文化人的特质,即人真诚、心善良、重感情、讲道义。

也许是爱好书籍的原因,我对介绍范用的文章读得较多。萧宜在开篇《做书人范用》一文中,写到范用,他不用大而化之的语言,常常从一个个细节讲述,比如范用喜欢用酒招待朋友,但下酒菜是一种臭得像老豆腐般的物事,这是萧宜的亲身经历,可见范用好客,但不奢侈。作为出版人,范用富有远见,敢于担当,20世纪80年代闻名读书界的《读书》《新华文摘》这两本杂志,就是由范用与同人一起创办的。巴金的《随想录》、傅雷的《傅雷家书》、杨绛的《干校六记》、唐弢的《晦庵书话》、杨宪益的《译余偶拾》、丁聪的《昨天的事情》、梅志的《往事如烟》、流沙河的《锯齿啮痕录》、金克木的《天竺旧事》、萧乾的《负笈剑桥》、黄宗江的《卖艺人家》、冯亦代的《龙套集》、楼适夷的《话雨录》等,都是经范用精心策划出版,为读者尤其为文化人喜爱的书,从中可见范用的出版胆量和勇气,亦可窥见当时思想解放的文化氛围与宽松宽容的文化环境。自然,萧宜的书没有议论,只是举出这些事例娓娓道来,这样的回忆,对于我们这代人来说,是多么温馨,多么值得回味!

作为老一代文化人,因所处的年代、环境、经历、际遇、习性的不同,他们之间多少有点或惺惺相惜,或恩恩怨怨。萧宜的《求真尚俭的张中行》一文,写了他与张中行的交往。作为老派文化人,张中行阅历丰富,学识广博;他虽有傲骨,却甚谦恭,萧宜有扎实的新闻采访功底和经验,所以他向张中行约稿,非常顺利,这或许是编者与作者相互尊重、心心相通之故。文中还谈及杨沫写《青春之歌》影射张中行,张中行不以为意,由她说去,觉得自己没必要对号入座,即便在"文革"中有人向他调查,张中行仍是说"她(杨沫)直爽,热情,有济世救民的理想,并且有求其实现的魄力",为此,杨沫对张中行的公正表示敬佩。但后来杨沫写了回忆性质的《青蓝园》,仍用小说手法矮化张中行,辩称是张负心,可憎,才离开他,这使张中行很不满,认定杨的品德有问题,对她尚存的些许怀念荡然无存。以致后来,有人问他参不参加向杨沫遗体告别仪式,这一死一生的最后一面,张中行放弃了。张中行是一例,当然还有其他不同性格、不同遭遇的文化人事例。读"怀念篇",可以了解当年发表在"笔会"上的名人名篇的背景及其故事,尽管岁月流逝，但今天读来，依然兴趣盎然。

做采访记者，当副刊编辑，是新闻工作的两翼或双轮，就我的体验，当好一个出色的副刊编辑，须有足够的采访经验，不仅要有新闻敏感度，而且要有文字（思想）深厚度，按萧宜的话说，"当副刊编辑，最离不开作者的支持"。他在"难忘友情"一文中谈到副刊编辑应该如何去广交朋友。"报纸副刊是报纸新闻版的延伸和扩展，与纯文学性纯艺术性的杂志不完全一样，为了形势需要，有时便要定好题目找作者。"我很认同这个观点，他所举的发表在 1988 年 11 月 26 日"笔会"上的《一个"特殊家庭"》，讲述了作家郑秉谦如何采写这篇优秀报告文学的经过，按我的理解就是，当好副刊编辑要善于"选兵点将"，而作者队伍的"精兵强将"要多多益善，编好副刊需要手中有作者队伍，并且知晓每个作者的擅长及强项，这样，副刊版面有了高品质、高格调的保障，同时使版面文章风格多样、具有个性。

当编辑有没有乐趣？有，萧宜的回答是肯定的，即副刊编辑看稿、改稿，实际上是与作者分享一种快乐，或者共担一种忧愁，是心灵的交流、感情的互通，编辑做作者的第一读者，这种愉悦，是任何一种职业都无法得到的。萧宜的《读信的愉悦》一文，道出他的心境。其实，文如其人，字如其情，也许是手写体，各人的喜怒哀乐都会在字里行间表露出来，编辑看似局外人，但心潜不同字体，深得个中三昧。这种体验，随着岁月流逝，我越来越有感受。我很羡慕萧宜有这么多名家作者，与他们的书信往来，不仅是编者作者的交往关系，更是留下一段"笔会"副刊的史实佳话，陪伴他一路走过"笔会"副刊的编辑生涯,这是一种幸运,我由此亦惋惜自己曾失去当副刊编辑的机缘。

◎ 本文刊人民日报·海外网,2019-01-18

由"士"而"仕"

——《读文人》有感

说到文人，现代人总有不屑，而说到官人、商人，眼神顿会发亮。不知是现代社会环境的变化，还是人们思想观念的转化，文人的职业、角色、地位大不如前，而文人自身亦像是见人矮三分，缺乏文人的气质、人格或是骨气，变得猥琐起来，而绝非浩然挺立，不可凌辱。

很有意思，正想到这方面问题，忽翻到年近八旬的原辽宁省作协主席王充闾先生前几年所著、由中国青年出版社出版的《读文人》一书，读后更有感悟。作为散文家、诗人，王充闾先生的文章清朗隽雅、文采斑斓、意蕴深厚，极具真知灼见，于我而言，文风亲和中平添深邃的思考。

这本书是王充闾先生的"人物系列"，是《说帝王》《读文人》《话女性》三种中的一种，虽还未曾读到其他两种，但此书书写文人的斑斓诗情和他们传奇般波折的身世，并对他们的命运进行透彻多维的思辨性分析，读来是一种妙不可言的精神享受。说实话，这本书写的23个文人其实均属古代，至迟到晚清，都是我国历史上颇有名气的历史人物，他们或为官或从政，本质上是书生、文人。在历朝历代，做官做吏，常需要文化、需要知识，尤其科举时代，官吏是从熟读"四书五经"的读书人中选拔，不管家境清贫还是富有，至少有知识头脑，能断文识字，才能进入这个圈子，这点上对平头百姓倒也是公正、平等的，尽管亦有弄虚作假、卖官买官，但最高统治者为维护皇权统治，一统江山，断然不允作弊且施之严刑。

书中所述的23位文人，从历史眼光看，大体都站得住脚，虽然也有争议、有缺失，甚至可加针砭、抨击，但从他们个人的角度，确是没有那类芦苇、竹笋式的"头重脚轻、嘴尖皮厚"的货色，他们每人都有一技之长，其中大部分有真功夫、真本事、真学问，甚至是世界一流的诗圣文豪，以其光华夺目、映照日月的业绩，让后人敬仰，感佩。通观全书，著者所讲述的文人特性有三：一是有气节，有风骨，拿现代语来说，是有社会道德责任感；二是他们的人生道路曲折、复杂，其生命历程颇有戏剧性、偶然性，富有鲜明的传奇色彩和人生变数，但他们宠辱不惊，坚守底线；三是个性突出，长处鲜明，但也显人性弱点。文人作为一个特殊阶层，实际上是文化传统的继承者和道义承担者，用现代语诠释，他们肩负阐释世道、变革社会、富强国家的庄严使命，当然他们也有优越感、成功感，有权势、有利禄，产生高人一等的自我良好感觉，所以，"士"而"仕"，读书做官，做了官高于普通读书人，这是过去时代文人摆脱不了的窠臼。

书中的人物，我以前大体都读到过，对他们的人生经历、逸闻趣事并不陌生。比如庄子、李白，比如贾谊、王勃，比如欧阳修、苏东坡，再比如陆游、朱熹，要说心得也不少，可读王充闾先生这部书真有"开卷有益""温故知新"的新鲜感。像《严光：忍把浮名换钓丝》此篇，叙述了严光即严子陵避官遁世、归隐山林、耕读渔钓的故事，当年他与刘秀一起四处游学，结下深厚友谊，后来刘秀起兵，他帮助拿过一些主意，可当刘秀夺得天下，做了皇帝，文官武勇，风虎云龙，从四面八方会聚而来，唯有严光却躲得远远的，改名换姓，高隐不出。刘秀深深仰慕他的才情、人品，很想请他出来协助治理天下，派人查访，严光就是不仕，尽管后来入朝辅政，他执意要回去隐居，他的隐居地称为严陵濑，富春江边两座拔地而起的突兀石台便就是严子陵钓台，在这里，严光寿登耄耋，安然故去。王充闾先生写这样的历史故事，却是用散文笔调栩栩如生地道来，夹叙夹议，既有感慨，又有哲思，道出"天下有道则见，无道则隐"的儒家哲学思想，并道出严光不追求荣华富贵，面对风波险恶的世路和污浊、腐败的官场，他正是在锦绣牢笼中挣扎，寻找和营造自己心灵上的避风港，当然，却须以终身安贫处贱为代价。

《袁枚：其人与笔两风流》则是清朝隐居文人的另类。袁枚大号"随园老人"，他写过一部著名的书《随园诗话》，说到他，却是另一番境遇。袁枚的"作宦"生涯非常有趣，12岁中秀才，23岁中举人，次年又中进士，可谓金榜高中，满面春风，然后"大登科"（中进士）后"小登科"（娶媳妇），得意达于极点。但好运不常在，入翰林考试，由于对"蝌蚪文"（满文）没有兴趣，在"龙筋标万字，鸟篆斗千行"面前考了个最下等，只得被"外放"去担任知县一类的地方官吏，于是美梦成灰，挫折连连，尽管七载知县生涯，也做过许多实事，留下善政美名，终因遭人"未免风流"的批评而未得升迁，也许看透官场，加上父亲病逝，他丁忧回南京，从此下决心不再出仕，于是开始隐居生涯，他修造园林，品尝美食，壮游天涯，且风流不羁。说起来，他这样的生活需要三个条件：有钱、有闲、有健康体魄。确实，他以地主、文人、出版商、教师等多重身份，取得多种收益，积攒不少资财；辞官后自然有更多空余时间，且可读书写书；加上他注意养生，有充沛体力、精力、脚力，除了结发妻子，他40岁至74岁，先后娶了6个小妾，当然他的风流与好色、放浪不同，出于对才女的爱惜与欣赏，一直坚持招收、教诲、培养女弟子，形成擅诗文、爱书画的女性创作群体，这与玩弄女性、沉浸淫欲不可同日而语，这样的性格使袁枚有了性灵说和《随园诗话》，这倒是文人的特例。

  如果说文人出自民间，那也并不尽然。像《纳兰性德：金衣公子》便是叙述出身贵族的纳兰性德这样的文人，从真正意义上说，他是武将，满洲正黄旗人，出身名门贵族，父亲明珠是权倾朝野的宰相，官阶正一品，位列文官之首；纳兰性德也是一路仕途通畅，18岁中举，22岁成二甲进士，后来被授为康熙皇帝的一等侍卫，出入扈从，显赫无比，直到33岁去世，一直得到皇帝的青睐和倚重。从武将变为文人，究竟何因，这需要历史学家予以研究，但从留下的纳兰词言，称其文人是恰当的，这位享用锦衣玉食却戴着金枷银锁的纳兰公子，引"笼莺"以自况，很是贴切。也许他什么都有了，唯独缺少心灵的自由，对他而言，内心是极其苦闷的。可能他深悔出身富贵之家，他渴望摆脱宦海的羁绊，避开险恶的现实，去过清静的生活；他向往友朋聚会，壶觞吟咏，诗酒欢谈，总会带给他一种挣开网罟、脱略形骸、心神舒散的快感，但他没有，一种无形牢笼罩住了他的心身，于是他只能从诗文中寻找精神寄托。王充闾先生在叙述中，充满感情，也力图分析个中原因，这让我想起"文人无行"的古训，当然也有这个"文人有德"的有力例证。

文人究竟是一个怎样的阶层、群体？王充闾先生用散文笔调、诗歌情调来阐述、描绘这23个古代文人，虽无作答，但多多少少确立了他心中真正文人的标准。我辈生不逢世，除看古书中的文人行为事迹，也读过清末民初的有关读书人、教书人、艺术家、学问家、出版家、报人等一类人物传记，便只能想象文人群体：有知识学问、有学养教养、有地位名声、受普通民众尊重。归纳起来，是有思想自由、精神独立、富有人格的社会群体。

联系我辈人生经验，文人其实是文化人、知识分子，经历反右派斗争、"文革"，过去的文人形象顿时闪现眼前，温文尔雅、彬彬有礼、满腹经纶、学富五车云云，这只是表面的，其实文人有各种类型、各种人群，不妨把文人大致分三种类型：一类是恃才傲物、嬉笑怒骂，结果常招来是非、惹下事端；一类是谨小慎微、胆小老实，内心是一辈子准备挨欺负；一类是怀以通达、乐观心态，笑口常开，生活中千忧万愁对他无奈。半个多世纪过去了，早年的文人形象似乎有点淡忘，但读王充闾先生此书，让我深思：什么样的人算是真正的文人？

学人的"鸡毛蒜皮"

——读《吴小如演讲录》

从事新闻工作几十年,与北大教授、著名学者吴小如没有直接接触,颇有无缘识荆之憾。不过,十几年前因在上海一家出版社帮助做学术类书籍,与该社一位老编辑交流,他正由任柴俊为主编、吴小如审订的《京剧大戏考》的责任编辑,听他说起吴小如先生的许多逸闻趣事,加上自己亦读过点吴小如先生的著述及文章,且在20世纪90年代初在北大拜访过周祖谟、林庚教授(吴小如曾受益于朱经畬、朱自清、沈从文、废名、游国恩、周祖谟、林庚等著名学者的指点,是跟随俞平伯教授45年的入室弟子),也算是"擦肩而过";从书文、访谈中侧面认识吴先生,自感或许比耳提面命地见上他会更好些,心中怀有敬畏、敬佩、敬重的神秘感或许会更长久、更深沉,尽管吴小如先生不会认同。

早年就听说吴小如有"三好",即好书、好戏、好史,他特别迷恋京剧,得意并幽默地算过一笔账:打小就喜欢听京戏,虽没有钱却有法钻进戏场"蹭戏",满打满算至少听过几千场,所以作为京剧唱片、录音、影片、录像的戏词汇编《京剧大戏考》由他审订,确是不二人选。他京剧造诣精深,写过《吴小如戏曲文录》《京剧老生流派综说》等专著,与刘曾复、朱家溍并称京剧评论界"三贤",这里绝不是过誉之词,他的文史功底——确切说是他们这代学者的中国传统文化功力,比起当今的年轻文科教授,不属一个等量级的,甚至"后无来者",如此想下去,我是很有危机感的。

做学问在于学与问,始终保持一颗纯真、好奇的初心,起步于点,逐渐到面,从个例到系统,再由面到点,即系统到个例,学问就会精到、精深、精准。近段日子读到《吴小如演讲录》(天津古籍出版社 2014 年 6 月版),我对此的感悟更深。这本书其实是口述记录稿并由听讲人整理,是吴先生逝世后两个月出版的,想必他没有看过、审阅,但大体精神、内涵符合他的一贯思路。比如,他自谦他的授课东拉西扯,"水分"太多,题目有点"鸡毛蒜皮",他说这个习惯是跟他老师学的。缘何如此?不妨举例为证:在他做学生时,他听一位老师顾随先生(现居加拿大的著名学者叶嘉莹先生是他的嫡传弟子)的课,那时的教授生活并非像今日师者衣冠楚楚、穿着体面,他们在乎肚中学问而不是外表打扮,结果这位顾随先生上课时正好天黑下来,屋里也没有灯,他"临场发挥"就讲起在路上改了一句古诗,古诗上说"一番相见一番老,能得几时为兄弟",而现在咱们是"一回相见一回冷";再接下来他开"无轨电车",从谭鑫培讲到杨小楼,一路谈戏,讲正文的时候不多,这正中吴小如下怀,因为吴小如"好这口",顾随先生是苏辛词专家,有次他就向顾先生请教，辛弃疾的《念奴娇·书东流村壁》中有句"野塘花落，又匆匆过了清明节"，在不同版本里，有的用海棠的"棠"，有的用池塘的"塘"，请教用哪个"塘（棠）"字。顾先生说："关键不在"塘（棠）"，好就好在这个"野"字。

怎么个好法，顾先生没有讲，幸亏吴小如是戏迷，他联想到《战太平》头一句戏词"叹英雄失势入罗网，大将难免阵头亡"，这可是全段的灵魂和精髓，若唱不出英雄失势的感觉，后面唱得再好，也显不出大将内心的悲愤和郁闷，顾先生的点拨使吴小如思考这个"野"字，"野"字用得既险又精，外野内文，寄兴无端，寓意无穷！看似顾先生东拉西扯，但"一字师"里包含许多学问，有许多古书看过才能真正体验、感悟。所以，后来吴小如讲辛词就有底气，即学辛弃疾词掌握六个字"以健笔写柔情"！用有力的笔触写柔的感情，很辩证，很概括，这就是"水分"中的要点、精华，看似面散，却是点中，"闲课"不闲，功夫在"诗外"。同样，吴小如还讲到国学大家刘文典的故事：他讲李商隐的诗"夕阳无限好，只是近黄昏"，他不讲解，就是念"夕阳无限好，只是近黄昏"，念了很多遍，最后讲了一句话："人生的劳倦！"正是精辟至极，一语中的，这样的表面"水分"而实际"干货"让吴小如受益终身。也许受这样的影响，吴小如的讲课也会"水"，但能引起学生的学习兴趣，气氛活跃，让学生忘掉"水"的却记住"干"的。可惜，现在大学这种讲法吃不开了，但我想其中的学问、精华是一脉相通，不在形式，而在内容。

读书学习贵在自己的思考，要学会什么，你得钻研、下苦功。吴小如再举一例：20世纪50年代编《魏晋南北朝文学史参考资料》,在批注孔稚珪《北山移文》后半部分时有这么几句:"使其高霞孤映,明月独举,青松落荫,白云谁伴?"其他都好解,唯独"青松落荫"有质疑:松树通常是不落叶的,"落荫"怎么讲?那时学术空气浓厚,大家讨论没有正式定论。吴小如就找书翻书,当然不是"掉书袋",是找书证。他由"落"想到"落后",查隋代薛道衡的《人日思归》,"入春方七日,离家已二年。人归落雁后,思发在花前",人日是农历正月初七,"思发在花前"就是思归的想法在花还没开的时候就有了。但这里这个"落"怎么讲?于是从"青松落荫"想到这个"人归落雁后";再想到他十几岁读的杜甫《重过何氏山林》诗句"犬迎曾宿客,鸦护落巢儿",幼时没弄明白,以为小乌鸦从窝里掉下来了,后来一想真要掉下来了就摔死了,就不是"护"了。联系杜诗,一下就明白了,"鸦护落巢儿"是保护还不能飞的而留在巢里的小乌鸦,"落"应该当"剩下""余下""留下"讲。人们现在不是说"落(là)下"了,这样就明白应该作为"留"解,"青松落荫",青松只留下了树荫,这就与孤、独、无伴相通了,常言道"一个子儿也没落住",没留下就是这个"落"。吴小如把这个意思与周祖谟先生谈了,周先生很同意这个说法,并给吴小如一个补充,写字画画有"落款"之说,就是请你留款,将你的名字留在那个字画上。当然,不是所有的"落"都这么讲,"落木千山天远大""无边落木萧萧下",还是当往下掉的意思讲。吴小如还讲到一个例子:李清照有首《如梦令》,其中"常记溪亭日暮,沉醉不知归路",喝醉了酒不知道回去的路了;"兴尽晚回舟,误入藕花深处",因为喝醉了酒,把船划到藕花深处,钻进去出不来了;接着下面是"争渡,争渡",

现在大家都讲成"争着渡,争着渡",或者是"奋力争渡",可是船钻到荷花丛里出不来了,还要争着渡岂不乱套?在唐宋时代,"争"与"怎"(怎么)是一个字,所以不应该是"争渡,争渡",而应该是"怎渡,怎渡",怎么才能出来。船驶进来前,鸟都在那儿睡觉呢,船在这儿转磨磨,一搅和,鸟都飞起来了,"惊起一滩鸥鹭"。所以,"争"应当是"怎",一条船,跟谁争呀?唐五代李珣有首小令《渔歌子》:"避世垂纶不计年,官高争得似君闲。倾白酒,对青山,笑指柴门待月还。"这里的"争得"也作"怎么能"讲。

这些,看上去是吴小如的"鸡毛蒜皮"式的知识讲解,娓娓道来,却意境深远,好像没有"纵横捭阖""宏大叙事",但假如缺乏系统、全盘的知识体系支撑,"鸡毛蒜皮"只能"肢体分解","泛泛而谈"且"枯燥乏味",所以,吴小如坚持要讲就讲自己的真知灼见、研究心得,像报纸上刊登"入围",他就认为错了,是"入闱",以前科举考场,阅卷老师得有个固定的地方看卷子,那个地方就叫"闱",入闱便是选中了;还有"交代",这"代"不能写成"待",所谓"交代"就是出自《左传》,新旧交替,老的"交"出去,新的"代"着办,意思可不能搞混。再有李煜的"雕栏玉砌应犹在,只是朱颜改",朱颜并非女人的颜色,也不是美好的江山,"朱颜改"其实指李后主自己老了,不能只指女的而不能指男的。凡此种种,吴小如主张即使"水分"也是自己的,《红楼梦》里王熙凤捧贾母也捧鸳鸯:"老祖宗,你呀真会调理人,你看你把鸳鸯调理得跟水葱儿一样,多漂亮。"

试想,若把"水"去掉,"跟葱"一样,会是什么效果?吴小如认为，他宁可写一篇短文章、小文章，写一个能够达意、把自己意思表达出来的东西，也不拉开了架子写论文；即使写学术论文，也不写那种四平八稳的所谓学术文章，要有思想有文采，是谓"言之无文，行之不远"。

也许更多人谈起吴小如，会情不自禁地联想到他的另一个雅号——"学术警察"。从学术本身，吴小如确实严谨得有些苛刻，对于学术界一切不良现象，他直抒胸臆提出批评意见，从古籍校点中的错误，到学者教授的信口胡说，再到学术界的抄袭……当然，批评的声音过于尖锐，有时也会"牵连"到批评者。但吴小如说："有机会我还是会说。有人称我'学术警察'，我不在乎。要我说，现在不是'学术警察'太多，而是太少。电视、电台、报纸都是反映文化的窗口，人家看你国家的文化好坏都看这些窗口，结果这些窗口漏洞百出，乱七八糟。"此话说得多么中肯，为此，吴小如曾如此评价自己："唯我平生情性褊急易怒，且每以直言疾恶贾祸，不能认真做到动心忍性、以仁厚之心对待横逆之来侵。"

吴小如的"鸡毛蒜皮"，其实正是一种学术趣味、性格、智慧、雅量，虽"后无来者"，但中国知识界"后有勇者"，我想，有风骨、情操，有思想、才华者不会灭绝。吴小如的精神鼓舞着后来学人！

西南联大的"飞鸿印痕"

——读《联大教授》

近读新星出版社出版的《联大教授》一书颇有心得,此书是该社"西南联大"系列丛书中的一本,还有《联大八年》《联大长征》《联大生活》《联大精神》,《联大教授》著者有冯友兰、吴大猷、杨振宁、汪曾祺等,其实是曾在西南联大授课、就读的师生回忆录,分为"文学院""法商学院""理学院""工学院""师范学院"五辑,每篇均为三五千字,不少都是人们熟知的学术大家、知名教授。与其说这些文章零零散散地反映当时联大教授教学、生活的各个侧面,不如说这些篇章连缀起联大教授的整体风貌,构成一个有血有肉、意气风发、富有气节、各具个性的群体形象。

对西南联大,也许研究我国高等教育历史的学者比较注重和熟悉,而当今受高等教育的莘莘学子未必每位详知。在国难当头、中华民族到了最危险的时候,正是像西南联大这样的高校,造就和培养了一大批服务国家、共赴国难的有用之才,为日后的中国保留和撒下了读书人种子，在中国近代教育史上闪烁不可磨灭的光彩。

1937年"七七事变"起，平、津各大学不能开学，当时北京大学、清华大学和南开大学三校校长均在南京，决定在长沙设立临时大学（文法学院设在南岳），由三校校长和教育部派代表组成委员会领导校务，使三校师生先行上课。1938年2月迁到昆明，改称西南联合大学（文法学院在蒙自一学期）。由三校校长任常务委员，教育部不再派代表，校务由常委共同负责。至此，近代中国高等教育出现前所未有的教育奇观。"教育不亡，国家不灭"。从国立长沙临时大学于1937年8月建立，到国立西南联大1946年7月31日停止办学，西南联大共存在了8年零11个月。西南联大保存了抗日战争时期的重要科研力量，并培养了一大批优秀学生，为中国乃至世界的发展做出了贡献。因其成就显著，有"内树学术自由，外筑民主堡垒"之美誉。

读这段历史当然心里很沉重，可读这本书却又感到很新奇，尤其对西南联大教授的种种趣闻，一种感佩之情油然而生。书中写有许多著名学者、教授临危不惧、钟情学问的故事，写他们呵护学生、孜孜不倦的精神，有些已经记载于历史中，有些则掩埋在时光里。比如，读吴晓铃先生《罗膺中师逝世三十五周年祭》一文，讲及罗膺中先生治学的见闻，他感叹道，先生的道德文章属于儒家正宗，其中还融有释老之学，如果生在唐世，近乎所谓"三教论衡"。他举例，1941年，罗膺中先生42岁，僦居昆明岗头村，比邻不戒于火，延及先生居室，烧得个家徒四壁；人方不堪其忧，而先生不改其乐，还引陶渊明在44

岁时惨遭回禄以自嘲，晏如也。这是何等的精神状态、何等的学问境界。再读李赋宁《回忆我在清华和西南联大的几位老师》，谈及陈寅恪、汤用彤、吴宓三位教授的讲学，陈寅恪是大学者，在西南联大是清华大学中文系和历史系两系合聘的教授，在授"白居易"课时，陈先生考证《长恨歌》《琵琶行》里一些细节。他每堂课都提了一大布袋的古书到课堂上来。他旁征博引《旧唐书》《新唐书》《唐会要》等典籍，几乎能背诵。他的上课往往从考证小问题而说明大问题，从他的讲课、作文可深切体验到他治学严谨、思路敏捷细密、分析精辟、多有创见，他为冯友兰所著《中国哲学史》写的跋是近代中国学术评论文章中的名篇。汤用彤也是学问大家，时任北京大学文学院院长和西南联大哲学系教授，他的授课虽用拖长的湖北口音，但条理清楚，逻辑性极强；讲授西方哲学思想，总要引证相关的中国哲学和印度哲学内容，做到学贯中西。至于吴宓教授，既有不同也有相同，讲授"文学与人生"课，也把西方思想与中国和印度思想相互比较、相互印证。这三位教授当年同时在美国哈佛大学留学，有"哈佛三杰"之称，他们的治学特点是博大精深，令人高山仰止。

书中冯友兰先生写了篇《怀念金岳霖先生》，讲述了金先生在清华、西南联大授《逻辑》这门课的情景，他的讲课别具一格，富有逻辑性。冯先生提到金先生有一种天赋的逻辑感，比如，中国谚语云："金钱如粪土，朋友值千金。"金先生在十几岁时就觉得这个谚语有问题，如把两句话做前提，得出的逻辑结论应该是："朋友如粪土。"这和谚语的本意是相反的。冯先生评价金先生很像魏晋大玄学家嵇康，特点是"越名教而任自然"，天真烂漫、率性而行，思路清晰，逻辑性强，欣赏艺术，审美感高，金先生是嵇康风度的现代影子，金先生的著作可以研究，金先生的风度是不能再见了。这是在文科方面，该书还收录理工科著名教授、学者如陈省身、吴大猷、杨振宁、李政道、费孝通等回忆文章，如今读来，非常亲切。书中虽对当年西南联大的教授生活提及不多，但即便清苦、贫困，但西南联大造就了中国学术精英群体，他们像熠熠星光、灿灿红霞，照亮了中国学界，给中国文脉留下了根。

历史如烟云，今朝换人间。西南联大教授现虽大都作古，但他们的音容笑貌，他们的精神意志，他们的文化根系，他们的治学本色，将永远激励我们薪火相传。

理想之美与生活之美

——读朱光潜《谈美》

闲来时分,重新翻阅朱光潜先生的《谈美》一书,似有新的感悟。记得在10多年前,为了出个人诗集,当初细读过朱光潜先生这本美学名作,这是在20世纪30年代初写成的,又叫《给青年的第十三封信》,其中印象最深的有句话是叫青年不要轻易写诗,开始并不理解,后来慢慢品味,从美学角度解读,方知朱先生对青年如何写诗的用心良苦和真正的期待。

朱光潜先生自1925年起先后在英、法留学八年,其间,他完成了10部著译。《给青年的十二封信》是其中的第一部。他到英国不久,就开始为开明书店的刊物《一般》撰稿。他以书信方式,结合文艺、美学、哲学、道德、政治等,给青年谈论修养,指点迷津,深受青年欢迎。到1929年,这一组12封信就结集出版。由于所谈问题十分贴近当时国内学生、青年探寻人生道路时的种种迷茫、彷徨、苦闷心情,因而此书一版再版,成为畅销书。由此,朱先生亦"和广大青年建立了友好关系",他以后写书撰文,常常想到青年读者,考虑到他们的需要。《谈美》便是三年之后的 1932 年,再以书信形式为青年所写的一本美学入门书。书出版后,上海书摊上出现一本署名"朱光潜"的书,书名叫《给青年的十三封信》,看了这本书名少掉"第"之后,朱先生哭笑不得,便给这位"朱光潜"写了一封信,既含蓄地说了做人要坦诚的意思,同时又忠告青年眼光要深远,要从根本上做功夫,要顾到自己,勿随了世俗图近利。最后用"几乎和你同姓同名的朋友"署名,在《申报》上发表了。他的这种炽热的情感、温文的态度、丰厚的学殖,无不让青年读者感服。

87 年过去了,朱光潜的《谈美》至今依然闪烁净化人心、美化人生的思想之光。全书以"谈美"为"免俗""人心净化"的目标出发,顺着美从哪里来、美是什么、美的特点这样的脉络层层展开,娓娓道来,阐述了这位美学大家的人格理想、审美理想,提出了他的美学研究的理想目标——"人生的艺术化",渗透了他对艺术与人生关系的深刻体悟。而行文风格,不是抽象地大谈空洞理论,而是举实际生活中事例,俗中见雅,雅中见实,以一种对老友心平气和的交谈语气娓娓道来,其瑰丽思想在清新、质朴的文字中缓缓流淌,称得上"风行水上,自然成纹"。

这本书不是皇皇巨著,不过是薄薄逾百页的小册子,但处处透露出深邃的美学思想。比如,作者谈及一棵古松,他举出木商、画家、植物学家三人"知觉"三种不同的"感知",木商的知觉是想到架屋、制器、赚钱等;植物学家的知觉是分析根茎花叶、日光水分等;而画家的知觉是把全副精神都关注到古松本身上面，古松成了他独立自足的内心世界，除此之外，他都视而不见。听而不闻，将古松装置心目中当作一幅画去玩味。由此，作者提出美感经验就是形象的直觉，美就是事物呈现形象于直觉时的特质。进而论及，实用的态度以善为最高目的；科学的态度以真为最高目的，美感的态度以美为最高目的；真善美都是人所定的价值，不是事物所本有的特质。离开人的观点而言，事物都浑然无别，善恶、真伪、美丑就毫无意义。真善美都含有若干主观的成分。这就意味着，美学是社会的、人性的，虽然"爱美之心，人皆有之"，但离开社会环境、人文氛围以及民族风俗，对美的感觉将因人而异，因境而别。从狭义上说，也许美是最不实用的，像诗文、图画、雕刻、音乐等都是寒不可为衣、饥不可为食，但美的价值在于引领、创造人类社会的理想，也是人们心灵深处最需要、最渴望的，只有真善美三者俱备才可算是完全的人，所以生活之美，并不全在物质的，更在精神的，可以设想，当一个人或者一个民族没有精神上对美如饥似渴地向往与追求，可以断定这个人或者这个民族的心灵与精神已到了疾病、衰老的状态。

朱光潜先生对人与人、人与物的美感，论及其间有相互感通的共同之点，即把了无生气的东西看作是富有生气的东西，这种心理活动通常是"移情作用"，所谓触景生情，就是把自己的情感移到外物上去，这个普遍的生活经验，恐怕每个人都曾有过。像自己在欢喜时，看到大地山河都在扬眉含笑；自己在悲伤时，看到风云花鸟都在叹气凝愁；到惜别时，蜡烛似亦在垂泪；在兴至时，青山亦在点头。柳絮有时"轻狂"，晚峰有时"清苦"。陶渊明何以爱菊？因为是他在傲霜残枝中见到孤臣的气节；林和靖何以爱梅？因为他在暗香疏影中见到隐者的高标……所以，移情作用与美感经验有密切关系，由我及物，由物及我，美感经验通常在我的情趣与物的情趣往复回流。如何达到物我同一的境界，或许正是我们生活中理想和理想中生活的一种技巧。

《谈美》的举例很通俗化、生活化，再三咀嚼，获益匪浅。不过，我对最后一章"慢慢走，欣赏啊——人生的艺术化"情有独钟。朱先生谈及人生本来就是一种较广义的艺术，每个人的生命史就是他自己的作品。他说，这种作品可以是艺术的，也可以不是艺术的，正犹如同是一种顽石，这个人能把它雕成一座伟大的雕像，而另一个人却不能使它"成器"，分别全在性情与修养。知道生活的人就是艺术家，他的生活就是艺术品。更有趣的是，朱先生把过一世比作一篇文章，完美的生活都有上品文章应有的美点：首先，一篇好文章一定是一个完整的有机体，其中整体与部分息息相关，不能稍有移动或增减；其次，一篇美文一定是至性深情的流露，存于中然后形于外，不容有丝毫假借。人有人性，物有物性，毫厘之差，微妙所在。在这种生生不息的情趣中，我们可以看出生命的造化，把这种生命流露于语言文字，就是好文章；把它流露于言行风采，就是美满的生命史。

如此比喻，十分恰当且极为生动，莫说人生是写文章，其实就是一撇一捺写好完美的人字，或许短暂，或许长久，或许惆怅，或许奋然，但人生路上风景无限、情趣盎然，只有懂得审美，善于欣赏，这样的人生才会情趣趋丰，生活亦趋美。人间有丑陋，世界却美好，为什么我们不可以多一点鉴赏，觉得有趣味就欣赏，觉得挺无聊就拒绝，在人生路上，"慢慢走，欣赏啊"，这就是理想之美，也是生活之美，要知道，美不是天上掉下来的，一半在物，一半在你，意象生生不息，情感生生不息，关键在于欣赏中寓有创造，创造中寓有欣赏。

　　读《谈美》涌动思绪，产生灵感，尤其在当今西方学术和思想大量涌入，中国传统文化遭受巨大冲击，国人或主动或被动地卷入这样一股变迁的时代洪流中，我们需要冷静，需要反思，也许更需要重读在中西文化激荡中产生的像朱光潜先生这样一大批大师级学者的经典力作，让我们在未来的人生路上不迷茫、不彷徨，这正是重读《谈美》新的收获！

忠诚艺术　明心识鉴

——读邵建武《所谓虎去狼来》

2018年暮春，收到邵建武兄由人民美术出版社出版的新著《所谓虎去狼来》。初看书名颇有狐疑：以美术评论见长的邵兄咋去说"虎"谈"狼"？细看副题"当代中国美术创作与市场"，才知富有才气、正气、勇气的邵兄并非"不务正业"，他为文立言，三句不离本行，对美术、书法的挚爱，正是他新闻生涯中着色最浓、印痕最深的，他是近30余年中国美术与书法事业、近20余年中国文物与艺术品市场的观察者、研究者与参与者，如影随形，直言不讳。与邵兄相识、交往25年余，对他的人品、性格、文笔、才识，我是钦佩的。

我读书时有陋习，翻阅一本新书，常是"掐头""扫尾""拦腰"，读到《后记》，才知"虎者，极左思潮；狼者，市场经济也"，这个比喻很形象，近30年来的中国书画界不正是"虎狼成群"，吞噬与戕害中国书画艺术的正常发展？邵兄用此作为书名，不能不说是寓意深刻。许是同感，便细细展读，对全书的各篇文章有了整体了解。倘若归纳，一是宏观、脉络性；二是微观、个体性；三是靶向、批评性。对书画艺术，我是外行，通过细读，我有所悟感，赞同书中老画家张仃先生所说："在社会转型的今天，事物都在急骤变化，从经济形势到文化发展，有很多可喜可贺的事，但也潜伏或出现令人担忧的事，我们文艺界需要唱赞歌的歌手，更需要揭露黑暗面的尖兵。"

展读全书开首篇《新时期美术、书法思潮述评》，发觉不仅文笔优美、气势恢宏，而且将改革开放后近40年的美术、书法勾勒成一本全景式的史书，无论时期划分、概括，还是特征描述、分野，尤其思潮梳理、源流，对于美术发展脉络具有俯视式、鸟瞰性，特别对美术大潮起伏变幻，自有一种精神独悟，并列出具体例证、素材，识察发展轨迹的颠顿抑或偏向。难能可贵的是，他从中国社会、政治、思想的变化中，列举具有代表性的画家、作品细加剖析，可谓纵横开阖，擘肌分理，有根有据，准确研判。

文中，他指出当代美术潮流变异的基因以及国外思潮、西方艺术的引进、对流，"西方现代主义艺术的蜂拥而至与良莠不齐，说明了中国人精神空间的一时空洞。曾经盛行一时的审美观和它从属于的价值观、历史观被毅然决然地否定扬弃后，中国人的审美空间与艺术家的思想空间亟待填补，从数千年历史积淀的文明形态中还一时难以提取与刚刚被否定扬弃的一切绝然不同的东西，推倒重来还需要一个过程，最实用、最快捷的手段是拿来主义。而这，又和对外开放的大气候相一致"。当然，邵兄不仅说西方现代主义艺术，而且讲述中国特有的历史、文化艺术，指出"在一个历史悠久的大国，在许多年的极左思潮狂卷之后，中国当代艺术家特别需要传承历史中那股顶天立地的书生气","对于创作而言，为天下所重是一大原则。这重，即是外界对于作品的重视，尤其作品本身的分量，所以，我们要十分在意作品思想含量的深刻与否、历史价值的厚朴与否与人文精神的凝重与否，不重天下之重，便难以为天下重"。这些论断，无疑很精彩、很精辟，试想，美术、书法作品之创作，能否"立"起、"立"稳、"立"久，正在于它的思想分量，并非仅在它的外在技法。从这篇重要文章里，我读到的是近40年的美术史，更读到他所阐述的思想史，将其"打头阵"，足见他的旨趣所在，亦让人们有无穷启迪。

全书给人还有一个更强烈、更深刻的印象是，对具有代表性画家、书法家及作品个案的分析与评论。不妨举几例，像《张仃》一文，看似一篇报告文学，其实是将这位老画家艺术生涯的片段素材剪裁起来，像组画一般用六个板块连接，对其研究倾尽心力，资料翔实，评介贴实，文笔清透，栩栩如生地展示这位有风骨、有情怀、有才华、有涵养的前辈画家的形象。文中写道："《昆仑颂》是张仃焦墨艺术的代表作。从香山组画到《巨木赞》，画家由自然层面进入社会层面，完成了对物象的超越；由《巨木赞》到《孟母林》，画家由社会层面进入文化层面，完成了对理性思维的超越；由《孟母林》到《山鬼故家》，画家在文化层面纵横驰骋，完成了对个人固有气质的超越，或者说，画家丰富了他的个人气质，强化了艺术个性与艺术涵养力；由《山鬼故家》到《昆仑颂》，画家由文化层面进入历史层面，完成了对自我的超越，这就是庄子所说的'参万物而一成纯''天地与我并生，而万物与我为一''独与天地精神往来'"。

如此评介，既通俗又内含哲理，让读者知晓张仃、走近张仃、仰慕张仃：正是他，于1979年受命组织创作首都国际机场壁画群，复兴中国灿烂辉煌的壁画艺术传统，成为中国走出"文革"，走向开放的第一簇报春花，开启了波澜壮阔的中国新壁画。文中写下这样的评论：《昆仑颂》不仅是当代中国壁画艺术的经典之作，也是当代中国画艺术的经典之作。焦墨从此由一种墨法而成为一种独立的绘画语言。在近代振兴中国山水画的进程中，黄宾虹以其苍润，傅抱石以其豪放，李可染以其浑厚，陆俨少以其流畅，张仃以其雄强，而前赴后继，一扫明清以降清弱疏淡、静寂冷漠乃至甜俗倚靡的山水画风。足见邵兄的艺术概括简练精到，文字描述气度不凡，凸显出近现代中国画坛名家的个性特征。

自然不止张仃，像齐白石、徐悲鸿、张大千、黄宾虹、林风眠、李可染、傅抱石、潘天寿、石鲁等，邵兄对这些曾在中国美术发展舞台上风云一时的画家都有精彩的专论，而且见解独特、客观准确，行文清峭、妙有真契，读后富有回味。像对林风眠的评价不是为评而评，其中贯穿自己独特的剖析。他认为，林风眠"不是一个以技巧取胜的艺术家。他对于生活与艺术的领悟都是诗性的"，"林风眠以中国画的材料获得了西画材料拥有的厚重，又以西画的方式获得了中国艺术的灵性，可谓不巧难为，太巧即过；不厚不及，太厚又滞"，所以林风眠的艺术有着临摹仿制的难度，收藏他的作品艺术价值高、市场风险系数小，由此启示人们：艺术必须创新，创新必须有高度，标准就是艺术的、人性的、思想的。从这些剖析、阐述中，足见邵兄明心识鉴、琢研功深，他对画坛大家名师，所论皆不拘于一格，而是犀利观摩、见解独到，论述冷静、文笔厚重。

难能可贵的是，邵兄对名不见经传、技法不凡的青年画家的推介，亦是慧眼独具，极力推崇，侧重分析其艺术创造，或画风、或技艺、或志趣、或人格，均审端致力，慨然兴言，论断公允，辞达理见，表现出一个取舍评骘、拿捏精准的美术评论家的品行、气度。在《**热流奔涌 清荷空明——周思聪的创作及其市场意义**》一文中，对周思聪的艺术生涯则做了生动叙述，对她的作品如《矿工图系列》《彝女系列》《荷花系列》的论述既深沉又激昂。"她选择了与世俗、文人、宗教都关系密切的荷花，来自我反省，来自我安慰……到此，那曾经奔涌的热流，于天地间化为洁净、深邃的一泓秋水，其中，开着不败的荷花，一片清凉。"这些从艺生理、从理生文的精妙笔墨，充满多么深厚的情感，表达出对这位英年早逝的女画家的无限崇敬。

而对史国良、马健培、赵俊生、孟庆谷等一批青年画家，邵兄或撰写读感，或题作序文，不仅下笔有神出新思想，而且出笔有绳摒弃套话，把握分寸，评说精当，其所论及的许多画家业已成为画坛的中坚力量。需要特别指出的是，他对这方面的评论敢于"说真话"，正直率真，富有情感，在原则面前，守其志性，既不会顾及情面，也不做无谓的吹捧，读书中那些抨击劣迹之文句，甚感淋漓尽致，舒畅痛快。针对时下美术批评家"缺席""缺位""缺音"，画坛庸俗、媚俗、低俗之风泛滥，邵兄"不中庸""撞南墙""敢批评"的精神显得多么珍贵，这缘于他对人文精神的一种坚守，对中华文化的一片挚爱，其间融入他的思想火花和激情，更展示他的学养积累和沉淀。

纵观全书，谈及美术艺术收藏及市场占据较大篇幅，这是不能不涉及的重要方面。如果为艺术而艺术，那不过是一种隔靴搔痒的"空谈"，因为随着社会经济的发展、国民收入逐步富足，美术艺术品的收藏成为必然，而如何品赏、鉴别、参与市场，成为一个社会现实问题。事实上，20世纪90年代初，中国现代美术艺术市场发展迅猛、活跃，引来美术评论家纷纷进行观察分析，但也随之产生不少创作与市场的新矛盾、新问题，在持续几年后，大多数美术艺术评论家选择了偃旗息鼓，退守躲避，虽说也在各自领域"闭关"，但对市场的"非常态""非规范"，要么"洁身自好"，要么"明哲保身"，这也许是社会意识形态的钳制，更多的是攸关自身利益，从而放纵美术艺术品市场的扭曲发展。对这种"虎去狼来"，邵兄在多年文化学养积累基础上，在创作与市场之间的关系上做深刻研究，既敢于"擒虎"，又敢于"打狼"，他像极为负责、十分懂行的"艺术导游"，将国民收藏者真正引入美术艺术殿堂，他的呐喊、评介、坚守、抨击，无疑对促进市场的正常发展起到不可或缺的作用。读者读此书，对艺术市场的"狼性"如何转变成艺术市场的"人性"，可谓感触尤深。我们应该庆幸中国画坛有像邵兄这样的艺术评论家，他们的正直、坚守、审视、践行，为中国未来的画坛带来徐徐清风。

这本书多数文章、演讲虽说是发表在主流报刊上，但各篇不是那种难以卒读的高头讲章，而是经过精心集纳，妙得旨归，兴致逸发，自成一家的美术之论窥见一斑。读毕全书，掩卷遐思，让我想起二十几年前在他寓所我们初识的一幕：邵兄正认真临帖，心无旁骛，神而往之……正是这种人文气质融入他的血脉，也带动我们融入自己的躯体而成为一种精神、一股力量！

韵味绵厚忆京城

——读《百年旧痕》

与赵珩先生交往10余年，虽不常见面，但时有邮件通信，常从报刊上读到他清逸素雅、涉笔成趣的文章，感佩他笔耕不止、躬践文事的精神。2016年初夏，赵珩先生从京给我邮寄他的新著《百年旧痕 赵珩谈北京》，叙及来沪匆匆未能晤面之因。"快意之事莫如友，快友之快莫如谈"，其实我更喜欢他的笔谈。作为地道老北京，赵珩先生博闻多识，熟稔文史，懂碑帖、书画、词赋，懂京戏、古风、饮馔，不是浮泛的浅知，而是内行眼里的门道。

翻阅这本新著，是他的口述漫谈，起始于《南方都市报》副刊"名家访谈"约稿，也许是个性使然，感觉《百年旧痕》定的题目不错，比较自由，没有约束，故应答下来，整整一年多时间，连载45期，集成这部口述史书。赵珩先生自谦"不必看作是'信史'，只当是百年生活的一点随笔"，但在我看来，这确是一本读之有味、趣味盎然的随笔集。

全书从"引子"北京建城史谈起，从历史中见民俗，从民俗中见生活，时间跨度大约从辛亥革命以后到 20 世纪七八十年代，从衣食住行到婚丧嫁娶、饮食娱乐、社会工商、医疗卫生、文化艺术、收藏琐事和社会交往等，所涉猎的是百年来北京社会生活的方方面面。主要分《京城遗痕》《长安居》《公共视野》《余音绕梁》《新旧更替》五大章节，在文字平实、韵味绵厚的叙述中，既有考镜源流，又有回顾念想，还有亲身经历，读来颇有清新明快之感。

作为文化古都、政治中心，我侧重关注北京过去的文化、教育、医疗的叙事。从赵珩先生不偏不激、公正客观的漫谈中，让我了解到一个真实的老北京。不妨先说说大学教育，如民国时期的大学基本上分为：一类是公立或者叫国立大学；一类是教会大学；还有一类是私立大学和半公立大学。1928 年以后，虽然政治中心南迁了，但是作为教育中心、文化中心，北京仍然是老大，北京的大学数量在全国排第一，大学教育水平在全国也是排第一的。至于学生生活与毕业出路，书中亦有详叙，谈及民国初期大学毕业后谋职，压力不算太大，但战乱年代也面临毕业即失业的境况。各专业的就业情况有所差别，学工科的基本上还能找到工作，比如说建筑、土木工程、钢铁锻造，找工作比较容易；理科学基础数学、物理学的，相对来说就难一点；学文史哲的，找工作更难，一般来说，最好的出路就是中学教师，或者做一些文秘工作。

赵珩先生以自己父亲为例，他父亲八岁进北京美国学校读书，其教学全部用英文，没有中文，所以英文非常好。他祖父思想虽新，却仍然希望儿子在家中接受系统的经史教育，所以从学校回家完全是中国式的教育，最多时延聘三四个教师，有讲训诂和音韵学的，有讲《诗经》《礼记》《左传》《尚书》等经学的，也有讲文赋诗词的，所以他白天在学校里念"洋"书，晚上回家念中国的传统东西，对于他来说，受益终身的还是中国的文化。谈及这点，对当代中国颇有启示。

书中讲述了中西医之争和西医门派之争，除了公立、私立和教会医院，最多的就是私立诊所。私立诊所有传统的中医，也有西医。民国后，中西医之争日益尖锐。拿公立医院来说，最早是以中医为主，西医为辅，引入X光的检查手段后，西医的力量逐步加大，中医影响力渐渐削弱。私人开业的医生也由原来以中医居多，变成西医居上。在西医中，在20世纪20年代以后，能进入公立医院、外国医院或者大医院的主流西医基本上都是英美派，而私人开业的西医基本上都是德日派。赵珩先生特别提到老北京协和医院医护人员一流的素养，他举例"文革"后期自己到协和医院急诊观察室输液，目睹两三个值班医生、七八个护士面对一二十个患各种疾病的危重病人，有条不紊，操作麻利，让人叹为观止，协和之所以成为全国最让人信赖的医院，绝非浪得虚名。

书中还讲及北京画坛、戏曲、京剧、音乐、收藏、集邮的许多掌故逸闻，读起来趣味有加。这种独到的口述，实为白描式随笔杂记，叙风物人情，述历史掌故，既有老到洗练、机锋内敛的风趣与文气，又有故人忆往的脉脉深情与思想睿智，使杂家的博闻和专家的见识交融。由于此书涉及人物众多，书后附有人名索引，便于读者检索，也可见"口述"力求严谨与完整。赵珩先生出身名门，他说过"我家几代人都是以读书为主",其实著书、口述也是一种读书,不但融入个人的感情色彩和生命体验,同时对历史对文化不断积累与汲取,亦证实"学海无边,书囊无底"的道理。

摭拾逸闻存信史

——读《故人故事》

近读掌故学家、文化学者赵珩先生的新著《故人故事》,颇有"笔从曲处还求直,意入圆时更觉方"之感。这位20世纪40年代末出生的老北京,著述的多为清末民国年代的旧人旧事,尽管距今不到70年,然而世事巨变,岁月沧桑,许多往事烟消云散,恍如隔世。出于对历史的负责,抑或是生于读书世家的弟子,生活环境比较特殊,对有些人和事比较留意,且有些为自己亲身接触和见闻,作者秉笔书写,探赜索隐,文风忽庄忽谐,亦文亦史,说像是随笔,不如称掌故,读起来称心快意,兴趣盎然。

20世纪上半叶,作为政治、文化故都的北京,除了军阀、商贾,出得较多的还是政客和文人。政客是题外话,不屑赘聊,倒是文人颇有说道之处。像书中的《文人雅集的最后一瞥》,讲述了老派文人聚会方式,对其来历、条件、内容、人物说古道今,娓娓道来。有意思的是,文人不同其他阶层,文人雅集是同好社交，凡进圈入围者必须是诗坛翘楚、文苑精英，即便官做得再大，没有文声才情，也是没有资格担当文班领袖的，文人的傲骨风度可见一斑。而《岁时节令戏与合作戏、义务戏》一文，对清末民初的演戏更有详尽介绍，其中戏曲掌故叙述脉络清晰，行云流水，其中穿插作者幼年跟随家人看戏场景，由此不仅感佩赵珩先生知识渊博，经历丰富，而且领略一代名伶急公好义的品行与美德，由衷敬佩那时戏剧演员艰辛生存、执着奋斗的精神。

出于职业习惯，与赵珩先生结识后谈论更多的是文化出版。在《有正书局与珂罗版》一文中，作者谈及珂罗版印刷技术和中国新闻业、报业、报人，也许我对中国新闻史稍有肤浅研究，故相信这些史实是析之以理，信而有征；但对书画、碑帖的珂罗版制版、印刷乃至收藏的逸闻，包括作者亲身经历家藏《宋拓房梁公碑》的"身世"的叙述，我是首次所闻，读来亲切有加，文末说到珂罗版珍藏精品在"文革"之初被用平板车拉到废品收购站，用铁锤将100多块珂罗版砸碎装入麻袋，读到此不由得黯然叹息。赵珩先生还写及"百年摄影与业态发展"，叙述了"王开""同生""美丽"等老字号照相馆和中国摄影艺术奠基人、摄影大师郎静山的趣闻，让我辈印象深刻，也给年轻读者增加了不少实际的历史知识。摄影，是在稍纵即逝的时空瞬间留下弥足珍贵的记忆，对照历史长河，近70年不过是一朵小浪花，"窥一斑见全豹"，赵珩先生的掌故说是讲故事，其实是还原历史，不编造，不失真，这是难能可贵的。

叙述事自然离不开人，书中的《朱启钤与北京中山公园》《水梦庚和他的几个子女》《恽毓鼎恽宝惠父子》等，反映了老一代学人的风骨、风貌,将他们各种逸闻汇聚起来,在叙述一个个人物的同时,实际上也描述了一个知识群体,给后人留下真实的历史。这样的写作比那些唱高调、写空文更有现实意义、更具历史价值。作者自谦写的"多是些不太为人注意的生活角落,或是不太引人关注的人物""不敢以'冷饭'回锅,也不欲拾人牙慧,故只能就所知为旧日生活做点脚注而已",但我以为,这种"怀旧"是值得的,中华文化历来讲究渊源、传承,过去、现在和将来都是一脉相连的,用公正、客观、科学的态度叙事写人,不但有益于民族反思、社会进步,而且对后代的教育更有意义。事实是,近70年才刚刚过去,如今最直接反映彼时社会生活的文学作品尤其是影视文化却不时走样,甚至胡编乱造,从人物的形象、语言、气质到环境、服装、业态,几乎错谬百出,导致人们认知上的极大误区。赵珩先生撷拾掌故逸闻,在复原历史中澄清、纠偏,不能不说是功莫大焉。

《故人故事》还涉及风土人情、民俗民风,从衣食住行上阐述老北京风味,讲到饭店、骡车、旗袍、门洞、祭祀、公墓等,这幅生活长卷如浮眼前,与邓云乡先生所著《文化古城旧事》有异曲同工之妙。邓老先生说到老北京如数家珍:有数不清的足以代表中国几千年文化的专家学者、能工巧匠可供师承,有上千年的古迹名胜、几百年的前朝宫苑文物可供凭吊、观摩、研究,有古木参天的著名公园可供休息、游览、思索,有大图书馆可供阅读,有数不清的书铺可供买书……这一切还不算,还有极和谐的人际关系,极敦厚的风俗人情,一声"您"、一声"劳驾"、一声"借光"……代表了无限的受文化熏陶过的人情味。邓老先生的字里行间无不洋溢着对老北京的钟爱。赵珩先生则在新世纪回顾老北京的史实,他的文字更深沉、更严谨,可谓针针入线,古意森然,对今人更有对照或启发。这或许正是掌故学的魅力所在。

赵珩先生的《故人故事》没有固化、僵化、神化掌故的含义,而是既考证又实叙,文笔清新,文字轻松,称其随笔亦不为错。把好的文化传统、风俗人情讲述给后代,让后代汲取、传承,这是我读《故人故事》真实感受。

◎ 本文刊《文汇读书周报》,2017-01-23

一部"故宫活字典"

——读《朱家溍传》

也许是喜爱读杂书,又偏向文史人物传记,故稍懂点书画、碑帖、古玩等收藏知识。不过,近读凤凰出版传媒集团、江苏人民出版社出版的《故宫活字典——朱家溍传》,让我惭愧自己的这类知识几乎是皮毛,尽管此书作者并非大收藏家、大学问家,但对文物专家、清史专家朱家溍的故事叙述、往事考证,比较公正客观,评价亦有分寸尺度,使我对书法、名画、碑帖、珐琅彩瓷器、古玉、漆器、家具、版本图书等文物知识有进一步了解。

朱家溍(1914—2003)一生工作于故宫,而故宫博物院是一部大书,要全卷通识无有一人,而全卷通读能有几人,对后者来说,朱家溍先生对故宫这部大书不但通读了,而且读通、读懂了,有些篇章也读得很精,所以,齐白石先生后人、现在故宫博物院图书馆工作的齐秀梅女士说:"就朱家溍本身而言,他就好像是一部'历史书',是故宫宝贵的'活字典'。"她认为与朱家溍聊天总能学到很多知识，关于故宫的角角落落、藏品等他都能讲得清清楚楚，他对故宫的了解程度无人能及。这个评价、赞誉是贴切的。倘若只用文物学家或者杂家来概括他，那是远远不够的，在故宫，有专家评价朱家溍是填补空白、修缮残缺的人，没有人能干的事或没有人愿意干的事，他都去干，而且都能干出专门的学问来。

比如，现在钟情于古物收藏者不少，但他们是否知道清康、雍、乾三代的瓷器烧制的程序是怎样的？描绘彩漆器碗盅杯盘的纹样是谁批准的？悬挂在养心殿西暖阁雍正御笔对联的木框是怎样做出的？无人说得明白，但在朱家溍先生的著作里可以找到答案。朱家溍被人称为国宝级的人物，但他自己从来不承认："人家说我是国宝，我开玩笑地说，东北虎才是国宝呢。我不是国宝，在博物馆里头我不是专家，哪样我也没有出过书，人家外国人说我是清史专家，但我没有发表过一本关于清史的书。"当代著名书画家、教育家启功被尊称"国宝"时，他也开玩笑地说"国宝是熊猫，我可成了熊猫"。

其实，称朱家溍先生为"国宝"并非无稽之说，朱先生最早于1983年在商务印书馆香港分公司编撰出版有关青铜器、法书、绘画、瓷器、玉器、漆器、珐琅、木器、织绣等门类综合性著述，出版人给书起名《国宝》，朱家溍先生觉得这个书名有点俗气，建议叫《故宫所藏文物图集》，但出版人坚持用《国宝》书名，结果此书一炮打响，不但在内地、港台地区畅销，还成为中国官员赠送外国元首的正式礼物，英、法、日等外文版也持续畅销。

朱家溍还为故宫主编《两朝御览图书》《明清帝后宝玺》

《清代后妃首饰》《历代著录法书目》等,均由紫禁城出版社出版。当然还有其他著作,他则默默参与其中,熬尽心血。既是同事又是好友的王世襄先生回忆朱家溍说:"在认选文物门类时,朱家溍先让别人择选,把最后无人认选的《清代武备》《明清家具》《清代戏曲服饰》等承揽了下来。其中固然有他研究有素、出色当行,但也有比较冷僻、须下功夫收集资料才能完成的原因。耄耋之年的朱家溍仍像年轻时一样,迎难而上,挑战自我,可贵的学者精神在此可见一斑。"

被称为"故宫活字典",在于朱家溍先生的渊博知识、见多识广,在于他的敬业、钻研精神,更在于他对祖国文化的挚爱之心。在他晚年出版的《故宫退食录》中,囊括他在故宫工作与碑版书画等的鉴定,珐琅、牙角、雕漆、书籍等器物的研究,先世遗泽,清宫礼俗,有关宫廷生活的作品正误,宫廷和贵胄演戏情况,四时府邸园林,有关故宫博物院诸事,京剧及一些名家,方言及饮食等,可谓百科全书、无所不包。著名学者张中行赞此书:"一、所知的精与博;二、所见真,不人云亦云;三、记琐闻于备掌故之外还多有风趣。""不愧为知名专家,有关清代掌故,巨至朝政,细至礼俗,有问题,有争论,要人家朱家溍说了算。"这样的赞语不是凭空而来,此书中"故宫生活""寰宇鉴古""捐赠家藏""戏曲伴生""书画摄影"等章节中多有详述。

朱家溍先生是一部"故宫活字典",本身就是书写一个民族的历史,他的学识成就令人惊叹,他的精神业绩令人敬佩。朱家溍先生从小生于北京,祖籍是浙江萧山。据家谱记载,他是宋代理学家朱熹的第 25 代世孙,出身相国世家,其父朱翼庵于1902年作为中国第一批公费生"留洋读书",毕业归国后出任财政部盐务署署长。由于家学渊源,使朱家溍对中华文化怀以酷爱之情、敬畏之心。中学时代,除了学校功课,他在家还要背诵经史诗文,点读全部《资治通鉴》,学做古文、诗词,使他有了深厚的文化积淀,为日后从事的专业打下了坚实的基础。

抗战结束后,朱家溍正式成为故宫博物院的工作人员,从此他与故宫结下了半个多世纪的缘分。走在红墙环绕、宏伟壮丽的宫殿里,他的心情是如此舒畅。几十年来,他几乎没有一天不来故宫,故宫里的990多间房屋他都去过不止一次,边边角角、旮旮旯旯全走到。对生来就钟爱文物字画的朱家溍来说,在故宫工作,他如入宝山,目不暇接。在参加"提集""编目""陈列""库房整理"等工作时,他发现自己未曾见过的文物实在是太多了,要把它们从生疏变成熟悉,需要一生不懈地努力,他义无反顾地投入了这项烦琐的工作之中。即使在文物鉴定领域已有了很深造诣的阶段,他仍然认为"即使再熟悉的事物,只要深入研究,对它的认识肯定还会有变化。何况自己研究的不知道的事物每日层出不穷,也可以说从青年到老年一直是这样"。从这里,让我们知晓与明白朱家溍先生缘何能成为"故宫活字典"。对这份文化遗产、文化精神,值得我们去珍惜、传承、发扬,这部"活字典"永远活在我们中华民族的文化血脉中。

由"文丐"到教授

——读《游学生涯》

金克木先生(1921—2000)是我酷爱的作者之一,20世纪八九十年代,我从北京《读书》杂志上读到他不少佳作,折服于他的才气、文笔。近来翻阅他所著的《游学生涯》(东方出版中心,2008年8月版),勾起我对那段美好的读书时光的回忆。

说到金克木先生,许多人称他为"奇才"。那时我不明就里,只是认为他文章好,无论人生回味,还是轶事趣谈,落笔淳朴恬淡,行文本色天然,篇章尽显儒雅,至于才能奇在哪里,我一无所知。后来有同道者告知我,金先生的"奇才"有两点:一是靠自学精通梵语、巴利语、印地语、乌尔都语、世界语、英语、法语、德语等多种语言文字;二是他没有读过正规大学,只是小学毕业生,但在文化界,是一位大家公认的知识渊博、中外融通的大师级人物。他一生留下30多种学术著作,与季羡林、张中行、邓广铭并称"燕园四老"。金克木好学问却不猖狂,爱读书却不张扬,谦谦君子,温润如玉,人品高尚,文品恬雅，他可以不知疲倦地与后辈学生探究各类学术问题，可不愿意谈及个人成就，婉言谢绝别人对他的采访，以致终生无完整的个人传记。

确切地说，《游学生涯》是金克木先生的文章汇编，按他的人生经历编次，分为：小学生江西、安徽（1912—1925），少年时安徽、北平（1925—1936），十年灯国内、国外（1936—1946），善知识回国（1946—2000）四大部分，叙述了他的家境、求知、交友、教书、访学等，是随心散记而非刻意作文，但串联组合恰好反映他一生孜孜"游学"——深潜知识的海洋，终成大器，求得正果。

比起其他学者，金克木先生的身世凄凉、辛酸，少年时其兄不幸去世，顿使他在京失去经济来源，无奈只能放弃升学志向，改为在北大等校旁听，借替人看房子的机会学习法语，后在北大图书馆当助理员，曾翻译天文方面书籍，希望能借此谋生，金克木先生称其辛酸经历为"文丐生涯"。

日军侵华又打碎金克木先生的谋生梦想。此后，他辗转南渡，在湖南、云南、香港等地谋生，于1941年赴缅甸、印度，学习梵语、巴利文和印度各种方言，五年后，在印度大学获教授资历。后回国，在胡适导引下执教北大，培育众多梵语和印度学研究人才。

"文革"中，他受批斗，进而下放到干校种田，捏笔杆换作拿锄把，年富力强的他浪费做学问的大好时光，这种无奈与痛苦，是局外人难能体察的。改革开放后，他与时间赛跑，以退休之年致力于引进西方最新学问，可谓睿智无比，勇气有加，对古今中外学术无所不窥，其思想深邃新颖远超同侪，其论学不落窠臼别开生面，其译文信达雅完美共存，其中以用符号学方法研究八股的系列文字，与其他大家相比，水平高低立判；而研究印度现代化问题与甘地思想论文，深度似无人可及。同行称金克木先生为"奇才"，不是阿谀溢美之词，若无真才实学，不仅担受不起这顶桂冠，而且还会遭到讪笑和冷齿。

金克木先生缘何能做好做深学问，读完全书，我似乎觉得有几点值得称道：金克木先生自嘲有过一段"文丐生涯"，他回想，20世纪30年代初到北平，头两年家里还接济，后来哥哥一死，生活来源便断绝了。幸亏有朋友介绍他到德州教了半年书，没有挨饿。这时一位朋友当报纸副刊编辑，把他的一些习作拿去发表。金先生一文钱稿费也没得到，算是给朋友帮忙，为那家报馆尽义务了。金先生后来写了几首新诗寄给《现代》杂志，发表了，可是诗没有稿费，据说是文人遣兴作诗，给钱便俗了。金先生从此知道，诗文不是可以和金钱交换的商品。卖文的不是做买卖，是讨饭，当文丐，凭老板赏几文是几文，不赏也没法。金先生这时进学校没钱，没文凭，找工作没学历，做工当兵没体力，只有手中一支笔，不当文丐又能干什么？街头有卖艺，是艺丐，文坛卖文，是文丐。毕竟要生存，金克木先生继续讲述了他和朋友黄力合编副刊的故事，情节跌宕起伏，柳暗花明，虽然讲得平实、中和，但我内心体会到辛酸与苦楚，也许这段"文丐"生活，使金先生经受磨砺，至死不渝地走上从文道路。金先生在文末幽默地写道："照这样当文丐，那几年我是活不下来的。居然活下来仍然是靠卖文，不过不是自己的文，是翻译洋人的文。洋人总比土人值钱，翻译是土洋结合，仗着洋人大名，文就比较好卖，这是我那几年文丐生涯的经验。

至于怎么发现翻译的路,那就说来话长,要另起炉灶了。"金先生打住话头,而品尝"文丐"生活的五味杂陈由此显见。

说到金克木先生的"游学生涯",还须谈及他的"图书馆情结"。1932年冬,金克木又因经济上难以为继而离开北平,前往山东德州师范教国文。但1933年,他又带着挣到手的一点点微薄薪水回到北京大学做起课堂上的"无票乘客"。1935年,经友人介绍,终于在北京大学图书馆谋得了一个职员的位置,成天坐在出纳台后,管借书还书。那段时间,用金克木先生的话来说,"是我学得最多的一段时间"。他在另一本书《咫尺天颜应对难》中详尽谈及他是怎样充分利用北大图书馆自学成才的:"这里大多是文科、法科的书,来借书的也是文科和法科的居多。他们借的书我大致都还能看看。这样借书条成为索引,借书人和书库中人成为导师,我便白天在借书台和书库之间生活,晚上再仔细读读借回去的书。""借书的老主顾多是些四年级写毕业论文的,他们借书有方向性。还有低年级的,他们借的往往是教师指定或介绍的参考书,其他临时客户看来纷乱,也有条理可循。渐渐地,他们指引我门路。"金克木先生还特别谈到过一位从几十里外步行赶到北大图书馆来的鼎鼎大名的教授,虽然金克木没有透露他的姓名,但可以肯定他不在北大任教,只可能是当时燕京大学或是清华大学的教授:"他夹着布包,手拿一张纸向借书台上一放,一言不发。我接过一看,是些古书名,后面写着为校注某书需要,请某馆第准予借出。借的全是善本、珍本。由于外借须有馆长批准,而馆长那天又刚好不在,这位老先生又一言不发地离去了。"待这位客人走后,"我连忙抓张废纸,把进出书库时硬记下来的书名默写出来,以后有了空隙,便照单到善本书库中一一查看。我很想知道,这些书中有什么奥妙值得他远道来借,这些互不相干的书之间有什么关系,对他正在校注的那部古书有什么用处。经过亲见原书,又得到书库中人指点,我增加了一点对古书和版本的常识。我真感谢这位我久仰大名的教授。他不远几十里从城外来给我用一张书单上了一次无言之课。当然他对我这个土头土脑的毛孩子不屑一顾,而且不会想到有人偷他的学问"。可以说,金克木先生自学成才,与他的结缘北大图书馆分不开,日长时久,北大图书馆真正成为他的"大学课堂"。金克木先生晚年曾这样对他在北大图书馆的经历做出了总结:"我当时这样的行为纯粹出于少年好奇,连求知欲都算不上,完全没有想到要去当学者或文人。我自知才能和境遇都决不允许我立什么远大目标。我只是想对那些莫测高深的当时和未来的学者们暗暗测一测。我只想知道一点所不知道的,明白一点所不明白的,了解一下有学问的中国人、外国人、老年人、青年人是怎么想和怎么做的。至于我居然也会进入这一行列,滥竽充数,那是出于后来的机缘,并不是当时在北大想到的。可是种因确实是在北大。"

如果有人立志成为博学鸿儒,那是另外一个问题,但读书不是目的,博学也不是目的,只有为着解惑的读书才有读书的幸福与快乐。有些为稻粱谋而读书或者说是"专业读书人",自然难免把一本本未读的书当成是一双双讨债的眼睛,金克木先生却不这样认为,他告诫自己要"转苦为乐,把包袱改成垫脚石",因为"'学而时习之'本来是'不亦说乎'的",把读书认作快乐事、有趣事,才能有志者事竟成,他这样写道,"我当图书馆职员,没学过,不会,只好逢人便学,还自己学到了不少的东西，又养成一种习惯，在书库架上迅速看书。书库里中文外文书任我翻阅，只是要快，不能久留。这对我以后大有好处"。在图书馆上"大学"，使读书青年金克木有了归属感，他觉得那儿就是他的新家，是他的大学，是他的归宿，金克木深情地描述道："我几乎上午、下午坐在里面看书，大开眼界，补上了许多常识，结识了许多在家乡小学中闻名而不能见面的大学者大文人的名著。如果没有这所图书馆，我真不知道怎么能度过那飞雪漫天的冬季和风沙卷地的春天，怎么能打开那真正是无穷宝藏的知识宝库的大门。"这些肺腑之言，对当今的我们多么富有启迪。

最后一点需要提及，就是当年大学教学机遇和"不拘一格"任用人才制度，使得金克木先生学有所用，被破格提升为大学教授，"机会总是留给有准备的人"，而金克木先生的真才实学，一旦有了机会，便使才能、学识、见闻发挥得淋漓尽致，他拒绝人们称他为专家、学者或者大师云云，他笑称："我不是专家，也许可称杂家，是摆地摊子的，零卖一点杂货。我什么都想学，什么也没学好，谈不上专。学者是指学成功了一门学问的人，我也不是。说我是教员也许还可以。""我这摊子卖的不是假冒伪劣货物。我教书是货真价实的，会多少教多少，还可以多教一点，但不是掺水分，是我教三分，让学生能得到四分，让他自己多得，算是有点效率吧。""我觉得教师的任务是引导学生去学。本领不是教会的，是学会的。扳着学生手指教弹钢琴能行吗？我会得少，教得多，这有什么奇怪？学问究竟不是货物，是大有伸缩性的。"如此之言，中肯又一语中的！试想，时今我们的大学教师必须个个是"博士"头衔，而不去衡量其真才实学、真正本事，更有甚者，有人喜欢追名逐利，用不正当手段去钻营，弄虚作假，试问：这样的大学教育有希望吗？我想，金克木先生的"游学生涯"也许今后不再会有，但他的游历、阅历、学力、精神，值得我们深思和作为学习的楷模。

不挂笔的读书人

——读《辨是非》

近读来新夏的"古今人物谭"系列的《辨是非》(商务印书馆,2016年3月版),颇有些感想,便信笔写下,聊资备考。

准确地说,这是一本谈历史人物的文集,从作者个人叙述中得知,"古今人物谭"系列丛书分三册,第一册名《评功过》,为古代部分,即自上古至鸦片战争前的清朝止;第二册名《辨是非》,为近代部分,是活动于1840年至1949年间并卒于1949年前的人物;第三册名《述见闻》,所收为卒于1950年后的人物。之所以选读来新夏的第二册,恐怕与自己嗜好或对那些有争议的历史人物感兴趣有关。历史是一面棱镜,人物又是历史的灵魂,读历史,观人物,很需要从正反两方面考察、验证,听"一面之词"或"众口讨伐",常有一种被愚弄、被欺骗的感觉,与其偏听偏信,还是不读为好。

来新夏这本10来万字的文章合集,均以人物重点事迹为中心,文章或长或短,不拘形式,唯所述皆事有根据,文有出处，文字风格浅近，阅读轻松愉悦。全书所写27位历史人物，有些是我熟悉的，有些是我未知的，从阅读爱好而言，自然挑自己熟识的读，对其他则"一目十行"地掠过，我知道这不是良好的"阅读"习惯和"治学"态度，也有负于作者一番良苦用心，但我认定读有所获才是重要的，博览自然可贵，但读完即忘，还不如不读，相信作者也能赞同这样的读书法。

此书开篇写了一位笔记作家，叫梁章钜，是清嘉庆七年进士，福建福州人，先后做过知府、按察使、布政使、巡抚，说起来他比声名显赫的林则徐大10岁，同在鳌峰书院学习，是同一时代人物，虽说在"立功"上有些黯淡，比不上声名显赫的林则徐，但在"立言"上，尤其是著述事业上却超过林则徐而受到人们的注意。他一生赓续不断，著述甚丰，尤其至晚年完成《退庵随笔》，为后世瞩目。梁章钜不仅写了学术著作，还写下许多笔记题材的文字，而且他读书写作勤快，又能善采见闻，笔之于朋，岁月既久，积稿成册。这些笔记因为内容无所拘束，所以涉及面甚广，如政治事件、典章制度、社会经济、山川景物、风俗民情、诗文轶事、人物臧否等，几乎无所不包。对于了解历史、了解社会，都有很大帮助，成为一个重要史源。又因笔墨比较随意，易于为读者所接受，故其影响所及，往往超过其学术著作。对当今治史者，尤其专攻清史者，不读梁章钜的书，只能算"半个史学家"。

书中《姚莹的边疆史地研究》一文，也颇值得一读。作者认为，对清代中期，学术界颇多留心边疆史地，但注重西北者较多，其能全面研究西北、西南者，当推姚莹。为何如此说？作者叙述了姚莹的人生经历：他是安徽桐城人，乾隆五十年

（1785）生，咸丰三年（1853）卒，终年69岁；鸦片战争时任台湾兵备道，颇留心世务。后以抗英获罪，道光二十四年，方释出，以同知、知州至四川补用。曾多次奉命至乍雅、察木多地方处理藏僧纠纷。道光二十六年二月返成都。乍雅，在今西藏自治区东境与四川接界的宁静山一带。察木多即指康藏地区的"康"。姚莹在此期间，著述不辍，撰成《康輶纪行》十六卷。得益于这些经历，他撰成此书，内容繁富，凡川藏史地、域外知识、诗文考订皆所涉及。尤为可贵的是，他探求域外新知最服膺魏源，极推重《海国图志》，因此在《康輶纪行》十六卷中，除艾儒略、汤若望、南怀仁、陈伦炯等所制之图，尚有姚氏所制之《中外四海舆地总图》《新疆南北两路形势图》《西边外蕃诸国图》《新疆西边外属国图》《西藏外各国地形图》《乍雅地形图》等，皆各有图说，由此可见姚莹的研究之功。在晚年，姚莹还编订一部《识小录》，也是有关边疆史地的著作，这是他"每闻外夷桀骜，窃深忧愤，颇留心兹事"，可见并非玩弄笔墨，随笔涂鸦，他的壮怀、他的经世，值得后人感佩。也许是他用世之心未申，乃寄情于学术，而留下这笔文化遗产，后人更当珍惜。来新夏感叹，这些著述记"清疆吏武将轶事，足以见姚氏之博学而娴于掌故。若姚莹其人，事功、学术均有可记，而近代史学著述中颇少涉及，殊感憾然"，对此我深有同感。

书中《通俗史学家蔡东藩》一文，则叙述来新夏的这位同乡先辈和远房姻亲蔡东藩先生治学、从文的事迹。来新夏认为，中国有一套自黄帝开始至清朝为止，延续不断，只有重复而不中断的二十六史。但是这样一套通贯古今的大书要求国人都去阅读，实难行通。所以有些有识之士，以自己熟读史书的功力，把许多史事和人物消化咀嚼，加以故事化、情节化和通俗化，改写成演义，把演化出来的历史大义通俗地普及到万民之中，起到了一定的存世教化作用。这方面，来新夏对蔡东藩先生非常仰慕，对其评价十分高，"蔡东藩先生的生平行事，无愧于儒家亚圣孟轲所言'富贵不能淫，贫贱不能移，威武不能屈'"，他不仅精通史学，品行高尚，而且敬佩他"用力最勤、成就最大、影响最深的著述，则无过于他耗时十年所撰成的《历朝通俗演义》。正因为有这样一部通贯古今的通俗史学巨作，才使他赢得通俗史学家的美誉"。读书、写作有一时兴致几乎每人都能做到，但持之以恒地读一辈子、写一辈子，在中国历史上有几人？蔡东藩先生花十年之功，呕心沥血地写出《历朝通俗演义》，这对当下追名逐利、心情浮躁、急于求成的读书界来说，实在是最好的警示。

　　来新夏对蔡东藩先生的生活境况有一段描述，让我读来缄默许久：蔡东藩先生出身贫寒，过着箪食瓢饮的日子，住着以教读抵租金的居室。虽然是比较简单的斗室，但他因其临近浦阳江一支流而命名为"临江书舍"或"临江寄庐"，不过并无任何标志，只求自得其乐。吃的是青菜豆腐，穿的是一袭青衫。可是，他并不以此清贫生活为苦，依然教读行医，著述不辍。他在光绪十七年（1891）年仅15岁时，即成秀才，为乡人亲友所称赞。后科场不顺，多次失意，直至宣统二年（1910）34岁时，才以优贡朝考，名列一等，分发到福建候补知县。如果他能降志辱身混迹官场，也许能博得富贵。但一则他家境贫寒，无力应酬。再则他看到官场蝇营狗苟的无耻恶习，就在馆驿中奋笔疾书明示旨趣志向的话:"礼义廉耻,国之四维。四维不张,国乃灭亡。我枉文以求知,已增惭汗。如果再枉道以求官,那等于为国添一蝇狗,即为国家多一蠹贼。负己尚可,负国负民,断不可以。"这些慷慨激烈的言辞,实为晚清腐败官场所罕见。从此,他决意敝屣荣华,告病归里,重回"君子固穷"的旧日生活。读到这些,一位铁骨铮铮的知识分子形象跃然纸上,对他的敬意油然而生。

本书中还写了许多其他人物,比如林则徐、张謇、严复、梁启超、陈天华、李叔同、徐志摩、朱生豪等,这些历史人物都是演绎世间百色斑斓现象的重要角色,来新夏从事历史研究,往往集中人物某一特点,尚有会心,便操笔挥毫,藏之箧柜,日积月累,删定面世。读这样的历史人物随笔,在惬意中有所悟,在史料中有所得。

以前读来新夏的著作,对他的文笔、文风总有同辈人的亲近感,甚至主观臆想他的年岁与我辈差不多。也许读得多了,才发觉来新夏是我辈长辈,他是20世纪20年代出生,整整相差近30年,直至2013年已逾90岁,依然笔耕不辍,常有新著问世。他对各种名利、各类称颂都无动于衷,唯有兴趣在学术圈交各路朋友。他说,"读书人"三个字才是对自己的最高评价,而作为读书人,自己要"有生之年,誓不挂笔"。

后来翻得资料,才知来新夏的"来头"不小,他是浙江萧山人,幼年从学,显露天分,后考入辅仁大学,先后受到陈垣、余嘉锡、张星烺、启功等大学者的指点。其后,又在华北大学读范文澜教授的研究生。1951年,他奉召调至南开大学任教,读书写作成了他毕生的事业。说起来,来新夏走过的人生道路并不平坦。青年时性格狷介、锋芒毕露的他，被老师赠号"弢庵"，勉其韬晦。然而由于才华横溢、成绩突出兼之"本性难移"，在各种政治运动中，来新夏往往首当其冲，事业上也受到压抑与贬斥。直至风浪过后，才在花甲之年逐渐迎来辉煌。起起伏伏，风风雨雨，天磨人忌，也许是一代学人的共同遭遇。但无论如何，来新夏总能在读书、写作中找到自我，立定脚跟。

　　读《辨是非》此书时，才知来新夏先生于2014年3月31日去世，享年92岁，《辨是非》的出版，或许正是学术界、出版界对他的一种怀念，也期盼后人能继承他的学风，光大他的精神。现在回想，读来新夏的著作、文章，始终看不到他遭受各种磨难后的畏首畏尾，看不到舔舐伤痕时的怨天尤人，也看不到志得意满中的张狂自大，也许这一切，在他的笔下化作冷静沉思，他把自己的情感、学识、见地、洞察，融化在文字里。他记述往事释然幽默，评论世情平实理性，他把各种条条框框看得很轻，但绝不故作惊人之语。学养与阅历，给他带来了一种读书人特有的智慧和通达。不过，我最敬佩他始终践行的一句话："誓不挂笔！"这是一个真正读书人的宣言，是振聋发聩的心声，无论顺境还是逆境，读书人一定要将读书人的使命履行到底。

"四度空间"的写作

——读《余光中散文精选》

2018年8月15日,上海书展暨"书香中国"上海周开幕式这天,我购买了一批书籍,其中包括由长江文艺出版社出版的《余光中散文精选》,在此后的余暇里断断续续地品读,折服于他那种辽阔、深沉的文笔。余先生一生从事诗歌、散文、评论、翻译,自称写作是"四度空间",而有读者则称誉其为文坛的"璀璨五彩笔",读了他的《散文精选》,我觉得这个评论并不为过。

余先生的名字我早年就知道,他那首著名的诗歌《乡愁》,家国情怀,情深意切,既渴望着祖国的统一,又将乡愁描写得淋漓尽致,让人有一种绵长的思乡情、炽热的爱国心。而读他的散文,这种情感浸透在字里行间,为中国的文化、中国的文学延续一种鲜活的生命力,开辟一个优美的新境界。

余先生于1952年毕业于台湾大学外文系,1959年获美国爱荷华大学艺术硕士学位,语言、艺术正是他散文创作的两翼。

读他在 20 世纪五六十年代的散文作品，似乎更多地侧重于艺术领域，但绝非"为艺术而艺术"，他的艺术观非常生活化，在日常生活中提炼与感悟艺术之魅力，像《石城之行》讲述与哈佛大学教授安格尔夫妇及小女儿结伴郊游石城的故事，其间各种细节饶有情趣，但均围绕欣赏美国已故名画家伍德的名作《石城》层层展开，从这幅精美而细腻的乡土风物画上悟出艺术必须以自己故乡为对象，创造一种朴实、坚厚而经过艺术简化的风格，这种迷人、精粹的纯真是难以抗拒的。整篇文章极富意境，亦如一幅色彩斑斓的油画，从石城游历中感悟《石城》的魅力。《望乡的牧神》也有异曲同工之妙，其中对秋的描写、对主人公劳悌芬的讲述，正是景与人的相互衬托。"南密歇根的原野向远方无限地伸长，伸进不可思议的黑色的遗忘里。""高粱肥，大豆香。从越战想到韩战想到八年抗战。"由此及彼，作者从生活到艺术，从艺术到生活，其浓浓的"乡愁"一直根植于他的心间，亦同时点亮人们的心田。

余先生对艺术情有独钟，对诗与画更是兴趣盎然。书中有篇《自豪与自信——我的国文启蒙》，回忆抗战年代在四川所度过的中学岁月，"正是抗战，尽管贫于物质，却富于自然，裕于时光，稚小的我乃得以亲近山水，且涵泳中国的文学。所以每次忆起童年，我都心存感激。"他对教过他的几位国文老师以及自己父母、二舅父的往事记忆犹新，他感叹："习诵着这些古文，忘情地赞叹骈文的工整典丽，散文的开阖自如。这样的反复吟咏，潜心体会，对于真正进入古人的感情，去呼吸历史，涵泳文化，最为深刻、委婉。"余先生甚至这样认为：中国古典诗词之美在于纵情朗咏，曼吟回唱，这是中国古典诗词感性的生命所在。不过他亦叹息这种感性教育今已荡然无存，与书法同样式微。也许是有坚实的国文根底，所以他对翻译非常自信，其中举王尔德《温夫人的扇子》的例子，各国汉学家说王尔德的文字好炫才气，每令译者"望洋兴叹"，可余先生语出惊人，"有些地方碰巧，我的译文胜过他的原文""有些地方，例如对仗，英文根本比不上中文。在这种地方，原文不如译文，不是王尔德不如我，而是他捞过了界，竟以英文的弱点来碰中文的强势""我以身为中国人自豪，更以能用中文为幸"。这种自豪、自信，乃出于自幼秉承庭训，潜心学习国学的结果。

不过要如此说，似乎还显得狭窄些，余先生的《凡·高的向日葵》一文，或许是对此文的补充和注释。他很推崇凡·高的画，尤其是《向日葵》。他在分析凡·高的艺术行为、生平经历、兴趣爱好后指出，太阳、向日葵、凡·高，三位一体，粗茎糙叶、花序奔放、可充饲料的向日葵则富于泥土气与草根性，最能代表农民的精神！余先生如此写道："从认识凡·高起，我就一直喜欢他画的《向日葵》，觉得那些挤在一只瓶里的花朵，辐射的金发，丰满的橘面，挺拔的绿茎，衬在一片淡柠檬黄的背景上，强烈地象征了天真而充沛的生命，而那深深浅浅交错织成的黄色暖调，对疲劳而受伤的视神经，真是无比美妙的按摩。每次面对此画，久久不甘移目。我都要贪馋地饱饫一番。另一方面，向日葵苦追太阳的壮烈情操，有一种知其不可为而为之的志气，令人联想起中国神话夸父追日，希腊神话的伊卡瑞斯奔日。"余先生的中西合璧、互为交融，由此可见一斑。

余光中的散文大都写有感而发的游历，从中发散深沉的思绪、情感，《记忆像铁轨一样长》是其中的一篇佳作。作者回想少年时代在四川乡下居住的日子,那时年少,对神奇的火车充满各种憧憬。在人生之路上,他对火车的缘分"有时是出发的兴奋,有时是回程的慵懒,有时是午晴的遐思,有时是夜雨的落寞",从四川到台湾,从爱荷华城到芝加哥城,乃至周游欧洲各国,他以优美的散文笔调,像一帧帧绚丽多姿的图片,将他在铁轨上所遇见的一道道美丽的风景呈现出来。其中有一段描写特意把斯德哥尔摩到哥本哈根的机票换乘火车的旅行写得十分精彩:"云上之旅海天一色,美得未免抽象。风火轮上八小时的滚滚滑行,却带我深入瑞典南部的四省,越过青青的麦田和黄艳艳的芥菜花田,攀过银桦蔽天杉木密翳的山地,渡过北欧之喉的峨瑞升德海峡,在香熟的夕照里驶入丹麦……"这种动中有静、静中有动的写作,非高手难能如此精妙。确实,随着人生角色的改变,人生路上的景物不断变化,但"铁路之轨"始终镶嵌在他心里,无论走到哪里,他的中国情结依然那样纯真、浓厚。

余先生的散文并非一味追求华丽的笔调,而是蕴含深邃的哲理。比如《论夭亡》《朋友四型》等,在我看来,不仅是优美的散文,也是犀利的杂文,人都向往长寿,不希望夭亡,但余先生想得更深刻:夭者在"阳寿"上虽然吃了一点亏,至少他免了苍老这一劫;不仅如此,在后人的记忆或想象之中,永远是年轻的。"在我们心目中,雪莱是青年,佛洛斯特是老叟。""王勃死后一直年轻,一直年轻了一千多年,而且以后,无论历史延伸到多久,他再也不会变老了。"这是悖理吗,非矣,夭亡之幸与不幸,是按其对人类社会的文化值、贡献度所计。而交友,余先生分高级而有趣、高级而无趣、低级而有趣、低级而无趣四种类型,据此标准,如何交友、往来,则不喻而明。

作为读书人,余先生用幽默的笔调写了不少关于读书的精彩篇什,像《书斋·书灾》《夜读叔本华》等,读起来非常轻松、幽默,也许从中能悟出点道理。他自嘲:在大学时代,出于一种攀龙附凤、进贡朝圣的心情,曾有过一股脑儿的"啃劲",但后来发现这种"啃劲"越来越差,为忙着写诗、译诗、编诗、教诗、论诗,几乎毫无时间读诗,甚至无时间读书了。渐渐地,他深谙读书之道乃为"玩书"之路,由于常"玩",相当熟悉许多并未读完的书,要参考某一意见,或引用某段文字,很容易就能翻到那一页。事实上,有些书是非玩它一个时期不能欣赏的。例如凡·高的画集,康明思的诗集,就需要久玩才能玩熟、玩深。这样的读书法,对人不乏启示作用。而对叔本华,他有句名言:"作家可以分为流星、行星、恒星三类。第一类的时效只在转瞬之间。你仰视而惊呼:'看哪!'——他们却一闪而逝。第二类是行星,耐久得多。他们离我们较近,所以亮度往往胜过恒星,无知的人以为那就是恒星了。但是他们不久也必然消逝;何况他们的光辉不过借自他人,而所受的影响只限于同路的行人。只有第三类不变,他们坚守着太空,闪着自己的光芒,对所有的时代保持相同的影响,因为他们没有视差,不随我们观点的改变而变形。他们属于全宇宙,不像别人那样只属于一个系统。正因为恒星太高了,所以他们的光辉要好多年后才照到世人的眼里。"这句经典之言,让我默默地想了许久,而余先生的读叔本华的感言,使我豁然开朗起来:至于"高文化",最多只能"小众化"而已。轰动一时的作品,虽经报刊鼓吹，市场销售，也可能只是一个假象，"传后率"不高，所以评判作品高下，是批评家的事，不应任其商业化，取决于什么排行榜。这些，说得多么中肯！

　　读《余光中散文精选》言犹未尽，本该煞尾，但读了这本2013年的版本，忍不住要多说几句，说实话，这本书既然是精选，当然需要选题、目录、编校之精，可惜我在翻阅过程中读了四五篇后，发现书中的文字明显差错竟达五六处，《论夭亡》在目录中印成"论天亡"，余光中先生于2017年12月14日逝世，他生前此书应该印成，想必他未曾看到这本大陆版；若看到这样的差错、这样的精选，在天之灵的余先生只能憨厚地"呵呵"几声了，对此，大陆的出版界应该感到脸红！

杭州艺专的文化谱系

——读《国立艺专往事》

说起我国近代美术教育,不能不提到20世纪20年代前后成立的上海美专、国立北平艺专、国立杭州艺专、苏州美专等四所著名的美术院校。这些中国最先进的近代美术教育院校,引进了先进的美术教育理念与机制,向社会输送了大量经过严格训练的艺术人才,改变了中国艺术教育传统的师徒传承制。

某权威机构在数年前评选出的20世纪10位中国绘画大师中,除了吴昌硕,其余9位都曾在国内各个美术院校执过教鞭。可以说,这些绘画大师和一大批有志于改革传统中国美术教育的一流人才,执教于各个艺术院校,既为中国现代的艺术院校提供了雄厚的美术师资力量,也为中国学院派绘画的发展奠定了基础。

在这些教师中,不少人留过洋,广阔的视野、极高的审美、扎实的功底,不仅让他们在中国的现代美术教育方面有所作为,又对革新传统的中国绘画怀有远大的理想。这是一个星光灿烂的绘画者群体，既是现代美术教育的传道者，也是现代中国绘画的实践者。他们学贯中西，各显个性，对当时的美术现状、走向有比较深刻的认识。在教学和创作上，强调观念的更新、技法的完善，在保留民族特色的同时，巧妙运用外来艺术的长处，力戒泥古不化、自我封闭的痼疾。

很巧，手头正好有本郑朝著、中国美术学院出版社出版的《国立艺专往事》，随手翻阅，颇有心得。此书每篇文章不长，读来饶有兴趣，它像一颗颗珍珠穿在一起，用平实而生动的描述，成为一份"家族"往事的集萃；又宛如闪闪发光的碎片，拼贴而成杭州国立艺专（现为中国美术学院）一代名师的群体肖像。作者的写作态度严谨，史料依据可靠，这不仅因为作者对学院的深入了解和多年积累，更在于他对先辈们那种深挚的感情，对学院精神脉络的专注，尤其是他穿越历史将20世纪和21世纪的两代人紧紧联系在一起的一种独特的远望的目光。读此书，虽三言两语，一两件事，却让人感到先辈们的个性凸显，音容浮现，这些碎片正从浩淼的往迹中打捞出来，色彩纷呈，形象鲜活，连缀成一个令人难以忘怀的精神谱系，让我辈既异常感奋又唏嘘不已。

对杭州艺专原址，当代人几乎忘却，我辈生也晚，自然无知，读此书才晓该校于1928年3月用一块银元租位于西湖孤山旁一座罗苑而正式成立，并于4月在罗苑举行开学典礼。这得益于教育家蔡元培的张罗、推进，实现他"创造美"的人生理想。可惜现在罗苑大部分已被拆去，成为平湖秋月景点的一部分，看来不重视历史遗迹保护的陋习并非今人固有。

杭州艺专的人才辈出，声名远播，与首任院长、著名画家林风眠和首任教务长、美术教育家林文铮的辛勤耕耘分不开，也与蔡元培先生慧眼识才，鼎力支持分不开，没有蔡元培先生的大胆放手，提携呵护，杭州艺专不可能风生水起，红红火火，有了10年欣欣向荣的发展时期。当然林风眠、林文铮是同窗好友，交谊深厚，同声相应，同气相求，均是蔡元培先生"艺术代宗教"的信奉者和追随者。他俩均出洋留学，有着共同的艺术主张和理念，但个性和专长却不相同，林风眠温和、宽容，拙于言辞，不善行政；林文铮强硬、严格，善于演说，有条有理，所以互补短长，相得益彰。可见，办好一座学校与"当家人"的性格、风度、方法、手段有着极大的关系，"道不同不相为谋"，志同道合是首要条件。

办好一座学校，又与教师的教学水平、创造能力、性格个性难以脱钩。像被称为"艺专的一面旗帜"的吴大羽，有人誉称他是"色彩派大师"，他的画"不是追求物象的外表描绘，它只是一种凭借，为的是组成色的交响和形的组合，发挥画家的主体作用"。在教学上，吴先生反复强调"大体"，这"大体"就是在处理构图、色彩、线条、块面等关系上，都要从整体出发，从大体到细部再回到大体，多次反复比较深入，最后以大体印象为一张画的结束。他有名言："美在天上，有如云朵，落人心目，一经裁剪，著根成艺。""作画作者品质第一。情绪既萌，法逐意生，意须经磨砺中发旺，故作势完成亦即手法之圆熟。"他的"魏晋风度"，不随波逐流，做出示范，也带出得意门生即后来的大师：赵无极、朱德群、王式廓、董希文、丁天缺等。

杭州艺专人才济济，像潘天寿、李苦禅，这原是林风眠看中上海的吴昌硕、北京的齐白石想聘来学校任教,因二人年事已高,分别推荐他们的爱徒、门生,而潘天寿、李苦禅不负恩师托付,为中国画独辟蹊径,推陈出新。从杭州艺专学成走出,后成为大家的还有李可染、黄宾虹、关良、吴冠中、刘开渠、李朴园、陈佩秋等,这是中国美术教育史上的奇迹,艺术想象、自由创作、包容胸怀、宽广视野、治学严谨、互为借鉴的良好的环境生态,正是产生艺术大家必不可少的。

  书中叙述了不少画家、教授、学生的逸闻趣事,像赵无极,年轻的时候竟然在期终考试时七荤八素地涂上一个大墨团,岂非蔑视传统、大逆不道到了无可容忍的地步,以致惹得潘天寿先生大发雷霆,给赵无极吃了个"汤团"(零分)。他感慨道:"要不是校长林风眠和业师吴大羽的竭力担保,今天,艺术家的梦也做不成了。"对于这件荒唐事,赵无极到了法国多年才有醒悟,20世纪70年代初,他又开始用中国传统水墨作画,从此他的幅面很大的没有标题的抽象画,更加富有东方的情调,意蕴无穷,受到东西方艺术家的赞誉。说到朱德群与吴冠中,在校如兄似弟,朱德群是吴大羽的入门弟子,吴冠中是吴大羽的及门弟子,原来朱德群经常去吴冠中的教室看他的素描,并对着石膏像讲析素描的理念与方法,吴冠中虽不在吴大羽教室,却能感悟到吴大羽的绘画精髓,后来吴冠中也向吴大羽当面请教,抗战后吴大羽离开艺专,吴冠中长期通函请教,这对他的艺术生涯产生极大影响。说来也挺有意思,当年朱德群、吴冠中常常徜徉在西子湖畔,一高一矮,相映成趣,分别被同学称为"劳莱""哈代",朱个子高大,四平八稳,慢条斯理,很成熟的样子,都以为他是哥哥,其实他生于1920年,而吴生于

1919年，你说谁是哥谁是弟呢？再有，陈佩秋是"艺术代宗教"的信徒，认识到中国画是一门历史悠久、博大精深的学问，须用毕生之力深入它、掌握它，她考进艺专本制，学制三年，她觉得时间太少，读到快毕业时，她采取非凡措施，转入五年新制，自1944年入学，到1950年才毕业，共学习六年。她跋涉于艺术之途，心静如水，默默修炼，既疏于凡俗时尚的浮华，亦摒弃急功近利的浮躁，执着虔诚，终于攀登上高高的艺术圣殿，这对今天的人们不正是一种激励、警示？

要说的故事很多，当然杭州艺专只是其中一块，想必上海美专、北平艺专、苏州美专也有令人感怀的长卷，可惜至今这样的美谈、趣事渐渐离去，以致今天的年轻人尤其学美术的学子忘却先辈们的德功、学功、艺功，不免让人扼腕叹息。记得画家陈丹青说过："20世纪20年代，徐悲鸿出掌南京中央大学艺术系，林风眠任杭州艺专院长，刘海粟留法前创办上海美专，颜文樑则回国后一手营建了苏州美专。虽则同期前后另有几所美术学校，但若是没有这四位宗师，中国的现代美术，不可思议。"这句话意味深长。人们不妨阅读一下《国立艺专往事》，会从一代宗师、名师身上感受到如火如荼的激情，并认清和挑起自己所肩负的文化传统与使命担当。

揭秘中国援越抗法战争

——读钱江的增印版《越南密战》

2020年才过去3个月,钱江的75万字的著作《越南密战:1950—1954中国援越战争纪实》,又增印新版了,距离去年四川人民出版社再版不过半年。

新中国派出军事顾问团投入援越抗法战争,与派出志愿军投入抗美援朝战争同期,而且投入得更早,战争却结束得更晚。关于朝鲜战争的著作层出不穷,描写中国援越抗法史实的书籍却很少。钱江这部著述由此卓然而立,经得起时间淘洗,5年来两次修订增印。

从出版角度来看,这部书有些不便阅读之处:字号小、页码厚、照片小,给上年岁的读者增加了一些困扰。即便如此,在电子阅读越来越被广泛接受的今天,这部书依然一次又一次增加印数,表明它确是关于当代中国和越南两国关系的扛鼎之作,或者说是必读书,无可取代。

《越南密战》与作者2005年出版的《周恩来与日内瓦会

议》，实为上、下编，两部书加起来逾130万字，从1949年10月中越两党恢复联系入手，到中国派出联络代表陈赓（1955年授大将军衔），还有政治顾问罗贵波进入越南，再到由韦国清（1955年授上将军衔）率领的军事顾问团入越援助，打赢奠边府战役，后来到周恩来为首的中国政府代表团在日内瓦会议上折冲樽俎，最后达成关于印度支那问题的协议，实现越南停火。钱江在艰巨采访的基础上，发现和采集大量珍贵史料，以精彩文字揭秘这段历史的全过程。

我亲身感受到作者的勤奋。我和钱江相识于1994年秋天，他回到上海，担任人民日报华东分社上海新闻部负责人，工作极为紧张、繁忙，他将每天睡眠控制在6小时左右，尽量挤出时间读书、写作、思考，挑灯夜读或奋笔疾书是他的常态。可以说，勤奋、刻苦是钱江完成一系列中国当代史著作的基础，《越南密战》是其中很出色的一部书。

说到撰写中越两国当代史，钱江有独到优势。首先在于他是中越边境战争参与者，曾在战场采访，炮弹从头顶飞过，亲身感受了战争对期望和平的人们意味着什么，他对中越关系的大转折由此有了更深的体会，促使他去加深了解和全面认识。

作为《人民日报》驻云南记者、首席记者，钱江到过中越边境战场，有前方后方的现场采访和生活经历，这是许多研究机构学者或大学教师难以兼有的。

当时作者在云南工作，最初打算利用新闻采访中目睹和获得的第一手资料，撰写一部描写这场边境战争的全记录著作，记述和平是何等来之不易，需要珍惜。决心已下，他便有意识地在战区采访中不仅注意到现场和动态新闻，也留意收集历史资料。

为了完成这部著述,他采访了新中国成立之初有过援越经历的军事将领,获得许多意想不到的第一手资料,可谓打开了一段尘封五六十年的历史画卷。由此不断深入、不断积累、不断钻研,他逐步成为这个研究领域的专家。

身为记者,钱江是寻找和联系采访对象的能手,而且善于通过真挚、朴实的交往,很快得到采访对象的信任和支持。虽然他没有见到陈赓大将,但通过采访他的夫人傅涯和陈赓在越南工作期间的秘书兼翻译周毅之,对陈赓赴越的经历就有生动、翔实的了解。同样,因为联系韦国清将军时晚了一步(韦国清上将已在病中),尽管双方已经知晓意愿,最后还是没有见上面。但是钱江得到了韦国清夫人许其倩的大力支持,又采访到韦国清在越南工作期间的秘书王振华、办公室主任张英等,通过十几个韦国清的部下,经由他们的回忆和叙述丰富了历史记载。此外,他得到了罗贵波、梅嘉生等相关首长的直接帮助,通过多次采访得到了宝贵的史料,他们的口述回忆,均是宝贵的历史记录。

20世纪90年代以后,中越两国关系有很大改善。中越两国老战士恢复了交往,许多参加过抗法战争的越南老战士来到了北京。曾任越南国防部副部长的陈文光上将在奠边府战役中是越军作战局副局长,全程参加了战役,和中国军事顾问团的顾问们很熟悉。通过韦国清夫人许其倩,陈文光上将先后两次接受钱江的采访,他的动情回忆和叙述,从越方角度印证了当年中越两国战友的密切关系。

幸运的是,钱江甚至有机会在北京参加学术会议的时候采访来华访问的法军奠边府战役老兵,闻听老兵讲述在越南度过的战争岁月。许多采访故事至今还很值得记述、回味。回首以往,钱江于20世纪80年代中后期开始进行这个题材的采访,及时抓住了这个机遇。虽始料未及,却有备而至,通过深挖新闻矿藏、严谨缜密考察、撷拾史料互证,终于获得成果,实属来之不易。

现在距钱江的初始采访,已过去30多年,历史翻开新的一页,当年的资深受访者绝大多数已经归于历史。好在他们的口述、记忆和记录通过这部书留存于世。从这个意义上说,《越南密战》一书将中越两国关系与当代史的来龙去脉梳理得相当清晰,具有独特的无可替代的地位与作用。

《越南密战》帮助今天的读者了解中越两国当代史是怎样发端和发展的,以及进一步了解中越两国关系经历了曲折以后重归睦邻友好的渊源,进而思考今后还将怎样发展中越关系的脉络和未来。

作者文笔恢宏,描写的场景宏大,史实可信,这些都体现在钱江一系列著作和许多文稿中。在一段段惊心动魄、极富吸引力的叙述中,作者有深刻中的平易、密度中的疏朗、紧凑中的流畅。无论采访记录还是相关书证,他能从似乎互不相连的史料中,从隐约浮现的蛛丝马迹中寻找出别人未见的联系,再由细致入微的刻画,把当年历史景象勾连起来,合成全卷。在历史与现实的对照中,在细节的反衬下,还原真实风貌和客观事实。这种独有、精准、采访当事人并加以文献互证甄别的叙事风格,正是具有历史使命感的新闻记者最可宝贵的素质。

以我之见,钱江不仅在青年时代有充沛的精力和思维,勤跑现场做深入采访，还有深厚的"坐板凳"学术素养与学识淬炼功夫，这是许多新闻记者所缺乏的。他出身江南学术世家，自幼耳濡目染，长辈耳提面命，更兼从小好学，使他具有扎实的文史基础。中学毕业后正是劫难年代，他远行千里，到内蒙古西部乌兰布和沙漠中，当了一名农场知青。1977年恢复高考，只上过一年初中的他，仅复习了两个星期便参加高考，结果成为"七七级大学生"。天道酬勤。知道这个背景，对他此后的工作和学术功力就更容易理解了。

如前所述，《越南密战》不是短时间能够完成的，其最初的文字早在20世纪80年代末就落笔了，到1992年出版了12万字的《在神秘的战争中》一书，写作全书主体部分至少花了10年。这期间曾以许多单篇的方式在党史和当代史杂志上发表，及时听取当事人和读者的意见，反复修订，这对提高著作质量有着十分重要的积极意义。

对于为什么要写这部书，怎样写成这部书，《越南密战》的"前言""后记"中已有清晰的叙述，不必赘言。我感到高兴的是，进入2020年，看到了《越南密战》新增印本的改进。

确切地说，内容上没有变化，然而在历史著作的出版学术规范上进一步改进了。全书有详尽的引文出处、相关史料来源，无论当事人接受采访时的叙述，还是对相关著作的援引，其中包括对英文著作文字的引用，增印本一一注明。为此，本书的责任编辑杨永龙、李建波两位先生付出了很大努力，表现出他们的专业能力，作者深为感谢！

《越南密战》印证了中国学者在学术建设上艰辛跋涉的历程。20世纪80年代，人们还普遍缺乏列举引文出处的意识，钱江也没有例外，开始写作《在神秘的战争中》的时候，全书没有引文出处，图书正文中也没有附印历史照片（这些照片，当时印刷在正文前的铜版纸上）。

1991—1992年，他在位于美国首都华盛顿的霍普金斯大学国际关系学院做访问学者，研究中外当代关系，第一次参加教师组织的小型学术座谈提交小论文时，他因为没有对论文引文写明出处，结果主持人拒绝讨论，这给钱江很大的震动。通过这段时间的学术交流，他接触到了严格的学术规范，增强了版权意识。从那以后，他的采访和研究越来越趋于规范，更加注重对史实的准确表述和引注。正因如此，《越南密战》的质量不断提高，得到国际学术界的关注，被引用甚多。

此次增印，他在责任编辑帮助下，重新核对全部引文出处，弥补了此前各版的缺失。这种严谨认真的做法值得提倡。

以我对钱江的了解，他从来不对自己的著作表示完全满意。他认为《越南密战》仍然存有许多不足，主要是在全程描述中对某些客观状况叙述不足，写得不够详细，是很遗憾的，希望能有机会弥补；另一个缺陷是在早期采访中对当事人历史照片收集不足，错失了许多机会。当然这也有时代环境因素，现在回想一下，当时还没有轻便的扫描设备，照相机还需要使用胶卷，费用较高而且要有冲洗、放大等一系列程序。还有一个原因是当时作者年纪尚轻，在面对高级首长采访的时候还感到拘束，不敢大胆提出照片要求。采访邓逸凡中将时，邓将军拿出厚厚一本在越南时期的照片集，钱江当时觉得，请老将军提供回忆讲述就已经很好了，再提出照片请求不知是否妥当，因此颇有顾虑。结果此机会一失，后来再也未能弥补。回想起来，他对此感到非常遗憾。

还有一点，钱江历经努力，始终没有找到亲身参加了奠边府战役前线战斗的中国一个火箭炮连的官兵。对这个火箭炮连，中国指挥员有回忆，也有简短文字史料可佐证。但是还缺乏火箭炮兵当事人的回忆和照片。现在时间过去得更长，看来要找到他们就更难了。

作为读者，我个人觉得，这部书着力写了越南北方战事，对当时越南南方的政治背景、政坛状况的交代显得单薄，如果再于此增添介绍，全书更能生色。这些想法，我都和钱江有过交流，他也赞同，如果还有机会对这部书进行修订，他将有新的增删和修改。

《越南密战》是新中国成立以来第一部全面记述中国援越抗法战争进程的著作，称得上是作者在云南工作期间获得的成果，但只是一半。他最期望动笔写作的，还是写一部反映战争的书，表现战争中的军人和青年，为此进行了长期准备。如果这个愿望可以实现，也可以视为《越南密战》的姊妹篇。

◎ 本文刊人民日报·海外网，2020-03-24；编者对标题做了改动。

梳理中越关系的来龙去脉

——再读《越南密战》两篇附录

知名现代史学者、记者、《人民日报·海外版》原副总编辑钱江的新著《越南密战——1950—1954 中国援越战争纪实》,气势恢宏,细节生动,缜密的引证贯穿于这部鸿篇巨制。

我与作者相识多年,亲眼看到他勤奋于工作,不辞辛劳于采访,为确认事实而反复求索、论证,践行记者的使命与职责,在采访第一手史料上下了大功夫,与他熟悉者都有这样的感觉。《越南密战》成为中越两国当代史必读书,自然不会使人惊讶了。

我觉得,应该特别指出的是,《越南密战》一书有两篇重要附录,即《中越关系两千年》《风云际会中越近代史》,共计两万多字。准确地说,这两篇附录是中越关系史专论。前一篇说的是中越两国古代关系史,从远古说起,直到1887年,法国在中法战争之后,使用武力将越南和柬埔寨合并为"印度支那联邦"(随后又将老挝并入)。

后一篇则是中越两国的近代关系史。从1885年中国和法国勘定中越两国边界开始，直到1949年8月，在胡志明领导下，越南军民反抗法国殖民势力的战争进入艰苦的战略相持阶段，恰好与中国做出援助越南进行抗法战争的重大决定相衔接。

这样一来，《越南密战》实际上就成了一部中越关系通史，上下数千年，一气呵成，将中越两国关系的跌宕起伏，认真梳理了一遍，为中国援助越南进行抗法独立战争的来龙去脉，提供了广阔的历史背景。如果说，作者为了再现中国援助越南抗法战争的历史画面，需要南北奔走、不辞辛劳进行采访的话，他要进行中越古代史研究，那就主要依靠坐图书馆静静研读的功力了，由此需要深厚的古典文史知识和浩大的古籍阅读量。此种功力，就非一般新闻记者能具备。所幸的是，作者钱江恰恰具备了。

作者家世为江南钱氏一脉，祖辈有深厚的学养，家中藏书丰富。即使作者幼年时父亲遭遇了1957年反右派斗争，家中损失了大量藏书，但祖居中还是有相当数量的文史典籍可供勤奋好学的作者阅读。阅读中遇到困难，祖父和父亲都悉心指导，帮助解开疑团。

后来，作者成了"文革"中上山下乡的"知青"，挥汗屯垦于塞外沙漠之中，餐风饮沙。劳作之余，凭借身边携带的《史记》和《唐书》《新唐书》，借助词典细细阅读，则使文史学习始终不断，而且奠定了比较扎实的学术根基。

大学期间，作者学习上的刻苦为同学们共知。钱江置身于图书馆典藏之中，如鱼得水，如饥似渴般地阅读，进一步夯实了他的文史功底。他的学术功力，在诸多重大题材著述中体现得很充分。

在云南当记者期间，钱江有机会利用云南省图书馆和东南亚研究所书库的藏书，有效地推动了对中越关系史的研究。

钱江在《中越关系两千年》中列举众多中国古代典籍，如《尚书》《淮南子》《墨子》等，证实今天的越南北部古称"交趾"。"交趾"这个地名，在中国远古时期的传说中就露面了，而且最早在中文史籍中记录。

钱江列举了考古学家、历史学家、古地理学家的严密考证，清晰地表述，"交趾"最初是对中国西南部的泛称。中华民族经历了春秋战国时期的繁衍发展，到秦始皇统一中国以后，"交趾"就是现代越南中部和北部地区。在漫长的古代岁月里，越南中部和北部地区，在相当长的历史阶段中，曾是中国版图的一部分。

作者举《史记》《后汉书》《三国志》，都记载当时的"三郡"（即交阯、九真、日南）地区是汉朝版图的一部分，是由中央政权治辖的边疆。公元621年，唐朝设置交州总管府。公元679年，改为"安南都护府"，是为全国四大都护府之一，"安南"的名称就是由此而来的。安南都护府，不但对当地农民实行"租庸调法"，还对当地士大夫推行科举制度。为了遴选人才，安南专设了"南选使"，一批安南知识分子参加了科举，其中出类拔萃的当数唐德宗时期的姜公辅。

在长逾千年的历史时期内，中国中原地区的许多生产技术，如施肥、灌溉、深耕、种桑、养蚕、造纸、制陶，以及建筑、医药、冶炼技术等传到了三郡——安南地区。中原的风俗人伦之道，也逶迤南来，积淀在此。春节、清明、端午、中秋，也成了越南的传统节日。从历史上看，中国和越南的国家关系，产生于五代十国，中原大分裂的年代里。

公元963年，吴昌文死去，安南大乱，十二股割据势力各占州县，都自号"使君"，史称"十二使君之乱"。十二使君中，丁部领实力渐强，公元966年，丁部领统一了安南，建立"大瞿越"国，自立为"大胜明皇帝"，建都华闾（今越南河内），起宫殿，置百官。从此，越南成为一个独立的封建国家。

公元986年，北宋朝廷册封黎桓为安南都护、静海军节度使，实际上承认了黎朝的合法性。整个前黎朝时期，越南遣使11次赴宋，北宋遣使7次入越，由此确定了中越两国的宗藩关系……这类叙述，莫道考证容易事，几多辛苦不寻常，凝聚着作者的长期心血，是长期研究的学术成果。

钱江以准确的笔触，在附录中梳理历史，清晰地表述了在越南成为一个独立国家以后，中越双国之间，友好往来是主基调。中越两国长期保持宗主国和藩属国之间的关系，这是历史事实。

同样地，作者也写到了，在历史长河中，中国和越南之间在国家关系上的碰撞和冲突。而这样的碰撞和冲突也是付出了血的代价，使得中越两国关系也出现了许多波折。这是应该正视的。

由此读来，钱江所著的附录前篇，历史大背景始终透出灿灿光亮，能帮助读者理解当代中越关系史的源流。

附录第二篇《风云际会中越近代史》，实为中越近代关系史概述。作者以翔实的历史典籍，辅以多种史料，阐述了自越南沦为法国殖民地之后，越南人民反抗殖民统治、谋求国家独立的斗争过程。在这个历史进程中,越南志士仁人抬起头来,向海外寻求救国方略。包括越南救国运动领袖潘佩珠、越南革命领袖胡志明等,都与中国革命者建立了密切的联系。越到近代,这种关系越来越密切。1924年,中国共产党成立后热情支持越南的救国斗争,一批批越南青年来到广州,有的进黄埔军校,有的进了农民运动讲习所。1927年,胡志明等人以"黄埔军校学生队"名义在广州办过三期"特别政治训练班",培训来华的越南青年,参加者有阮良朋、范文同、黄文欢等数十人。中共领导人毛泽东、周恩来、刘少奇、彭湃曾为他们讲课。这些史实,都生动地阐述了中越两国山水相连,中越两党"血浓于水"的关系。

钱江在论述中越关系史时指出,平静的海面并非波澜不惊,美丽的港湾里可能暗潮涌动。中越两国关系追溯千年,其中包含太多的起伏变幻。由此可见,国际关系是一个不断演进的过程。今天的人们理当把握历史演进的大格局,通晓历史,见微知著,使中越两国关系的航船不要偏离正确的航道。这番话很有深意。

作为现代史学者,钱江的新著《越南密战》着力讲述当代中越关系史的开端和进展。从这个意义上说,两篇附录同样精彩。《中越关系两千年》《风云际会中越近代史》,使《越南密战》更显其历史价值。

我读了《越南密战》(包括两篇附录)后想到,中国是世界上的泱泱大国,中国读者应该有宽广的世界胸怀。中国读者的眼光不仅应该关注国内,关注世界上的发达国家,还要特别关注中国与邻国的关系,洞晓过去,判断未来。在这一点上,钱江的中越当代关系史新著《越南密战》开了一个好头，迈出了有意义的一步。其实，我们还应该迈出更加阔大的步伐，了解周边的国家，研究中国与邻国的关系史。这也是建设现代化强大国家题中应有之义。

以我之所见，从文化角度来看，亚洲东部国家中，中、越、朝、日等大致属于汉字文化圈。亚洲南部，有以印度吠陀文化为基础的南亚文化（包括巴基斯坦、孟加拉国、尼泊尔、不丹、缅甸、泰国、柬埔寨、老挝、斯里兰卡等），还有风格迥然不同的西亚文化（包括土耳其、伊朗等），中国与上述国家之间的关系是怎样发展的？今后的历史走向怎样？等等。要开展上述这些命题的研究，靠十数个、几十个学者远远不够，需要有高度素养的学术群体，尤其希望今天的青年人关注这样的命题。

历史长河奔流永无止息，衷心期望有更多中国与邻国关系的研究成果问世。从这个意义上说，钱江的《越南密战》和附录，铺垫了一块坚实的阶石。

◎ 本文刊人民网·云南频道，2015-08-07

风谊平生师友间

——读刘绪源《冬夜小札》

曾读过刘绪源兄的几本著作,比如散文随笔集《桥畔杂记》《见山是山见水是水》,学术专著《解读周作人》《文心雕虎》等,甚为他的学识见地、文学修养及优美文笔所折服。近来又翻阅"今人书话系列"《冬夜小札——刘绪源书话》(浙江人民出版社,1997年7月版),品读之余,不禁将书中的学人与他本人关联起来,深深被他那种纯正、真诚、率性、本色而富于睿智与灵气的叙事与评论风格打动。

虽说《冬夜小札》是随笔式的散记,夹叙夹议,但每篇主题都离不开书籍与人物,人物角色多元,书籍品种多样,行文不是笔若悬河、洋洋洒洒涂上万把字,而是摄取一景一事,或是采撷组合趣闻,寥寥二三千字,将"五四"以来现代文人的各色文格与人格画龙点睛地勾画出来。也有许多为亲身经历,其文字的真实性、情感的真挚性由此凸显,这种人与文浑然合一的身心体验,无疑给读者带来别有一般的精神愉悦和阅读快感。

相对而言,我比较关注刘绪源笔下所写的老文人,说是老学者、老作家、老编辑、老学人、老先生等,亦未尝不可,这个老不是倚老卖老,老腔老调,而是风雨沧桑,老实问学。他们大都出生在19世纪末、20世纪初或20世纪20年代,比如郑逸梅、周作人、俞平伯、废名、章衣萍、张中行、钱钟书、金克木、黄裳、耿庸、范用、邓云乡、任大霖等,均有深厚的国学根底,受到中华传统文化的浸润和熏陶,刘绪源直接或间接地写这批老文化人,不读他们的书目,不了解他们的脾性,恐怕难以为文,所谓"话不投机半句多",彼此心意不通,交谈自然不能相契,若不被这些老先生"轰"出来,或者"冷淡"搁置,乃是上上大吉了。在本书中,看得出这些前辈老先生非常器重刘绪源,他们谈古论今,纵横捭阖,不仅热情待之,而且交谊笃厚,要知道,这是两代人的交往,刘绪源以自己的诚恳勤奋、饱览诗书,或以通信,或以实访,耕耘副刊,赢得声誉。

《冬夜小札》主要谈书、评书,但离开作者,就品不出书味,唯有将书与人结合,才相得益彰。像《黄裳先生》这篇,写黄裳喜爱看书、作文,文章一开头,刘绪源没有过多地渲染黄裳的"书癖",用"不止一次听黄裳先生摇头叹息说'没东西看'"做开头,逐步引申到黄裳先生喜读马一浮、陈寅恪、陈垣、钱钟书的书,"有时则见到桌上堆着许多新文化运动初期的文学作品,都是保存很好的藏书。"刘绪源在叙述黄裳先生酷爱书籍的细节后,由此生发自己的感触:黄裳文章最主要的特色,即在于他写任何文章,都有办法使之沉浸在浓浓的书卷气之中，使之浑厚儒雅，百读不厌。刘绪源结尾发出议论：我一直在想，包括黄裳先生在内的多少代文化人苦读不辍、笔耕不辍，逐渐凝聚成的那厚重、淡雅、优美的文风，是我们民族的财富和瑰宝，她是应被广为流布和发扬，而决不该让其消散至湮没的。

　　文如其人，但人未必如其文，在《范用之可爱》一文中，刘绪源记述去京向范用组稿的事，将范用先生的文化性格描绘得惟妙惟肖。先是电话约定去范用先生的家，范用先生不急不缓、沉稳而有条理地告知刘绪源如何如何行走，第一印象范用先生并不像一个风风火火的人。在范用先生家，刘绪源环顾范用先生富有文化气息的家庭布置，后进入约稿话题，不料范用先生逐步"走题"，虽然思维精细，办事严谨，但性子相对急，喜欢"走来走去"，一会儿开书橱，一会儿翻书架，让刘绪源在茶几上饱览摊满的许多珍贵而有趣的资料，范用先生在边上催促看这看那，忙得刘绪源顾头不顾尾，或顾尾不顾头，在翻出钱钟书先生亲笔改定的《旧文四篇》后，刘绪源眼睛发亮，提出想借回抄一下即归还，范用先生亦答应了，不料在刘绪源埋头看另几本时，范用先生以迅雷不及掩耳的速度将茶几清理得干干净净，以至到临走，刘绪源也没再想起借书的事。这个小细节，真实刻画范用先生心急火燎又心细如发的"嗜书"性格，刘绪源幽默地写道，这位爱书的老人，终究还是放心不下我这后生小子！

　　对俞平伯和废名，刘绪源在《冬夜小札》中亦有精彩的书写，他俩都是周作人的得意弟子，周作人的作品体现了"儿童心态"与"老人心态"的奇妙组合，而废名主要继承了乃师的"儿童心态",俞平伯则与周作人的"老人心态"相通。刘绪源分析俞平伯的几本散文集,感悟到,禅宗哲学使俞平伯的"老人心态"时时流露于作品中,这也是他的散文让人觉得古气盎然的原因之一。而废名,虽然其文章是那样堂奥晦涩,外加"相貌奇古",性格怪异,但他的童心时时可见,刘绪源公正、客观地评价道:"儿童心态"是清新喜人的,带点儿"仙境"的气氛在驳杂的人间也颇不易得。如此笔调,如此评述,意味深长。

再来看看写张中行,刘绪源说与张中行先生从无交往,更未曾谋面,要说与张中行先生的缘分,那是从20世纪90年代北京读书杂志上读到他的文章而知晓张中行的鼎鼎大名,加上刘绪源家中仅存的三卷本《古代散文选》藏书,看到编纂人的名单中,赫然列着张中行,更是喜爱有加。也许读到张中行先生文章及出版的书籍,刘绪源在品读中逐步感受张中行先生行文的风格、魅力:即他的书、文其一在于人情的练达,他的作品充满一种深邃的人情味,他的文章之所以毫无方巾气,同他的这种真诚,同他人品之中内在的多情,怕是难以分割的;其二在于见识,张中行论人,常能一针见血,令人恍然骇然,诚如他论及周作人的散文语言特色,"话很平常,好像既无声(腔调),又无色(清词丽句),可是意思却既不一般,又不晦涩。话语中间,于坚持中有谦逊,于严肃中有幽默。处处显示了自己的所思和所信,却又像是出于无意,所以没有费力。"虽说是引用之语,但刘绪源的慧眼识宝与读者的感同身受,是一脉相承的。

《冬夜小札》还有不少精彩论述,不能说刘绪源"攀附"老文人而尽说好话，其实他也有委婉的批评，而对年青一代的写书人，他一视同仁，不过他不苛刻、不责备，更不辱骂、不讪笑，而是寄寓希望，期盼成长。需要指出的是，对老一代文化人，由于阅历、经历、环境、机遇以及受教育程度的不同，在辈分上，在量级上，刘绪源与文化老人自然亦会有"代沟"，但刘绪源却能从容地与老一辈文化人对上话、谈得拢，并且时时心有灵犀一点通，这与他的文化修养、学识见地、人格底气以及勤奋努力分不开，否则老一代文化人对他的评说是会不屑一顾、置之不理，刘绪源之所以能争取到不少老一辈文化人源源不断的副刊稿件，与他的人品、学识、修养莫不关联，称得上"亦师亦友"——平生风谊兼师友。

写到此，插上题外话，在2018年1月10日，富有才华、睿智过人、作风踏实、品行端正的刘绪源因病去世，这不幸消息来得真突然！记得2017年盛暑，因写一本上海著名法国文学老翻译家郝运传记，我们在上海市文联会场一起开会见面叙聊，刘绪源还专门做了有关人物传记写作的讲话，不过我无意中发现他讲话时不时咳嗽，我粗心地以为可能空调开得太冷，致使他畏寒而感冒。过了10月份，我才得知刘绪源体检查出患上肺癌，想去探望，后听说他开刀恢复得很好，正用中医药调理，所以想稍等时机去看望，毕竟我们相识交往30余年，是老友，更是挚友，不料一拖一等，竟是诀别，如今想想，后悔莫及。刘绪源的追悼会我没有参加，我很想把他那张带着微笑的脸时时铭刻在心里，不容破坏，不容走样，不容毁掉！写上这篇《冬夜小札》读后感，真想弥补我的过失，更想让时钟定格在冬夜，让我们围炉煮酒，边品边叙。

我的文友，著名诗人、散文家赵丽宏在2018年1月14日送别刘绪源的追悼会上做了悼词，录之如下：

刘绪源学识渊博，襟怀坦荡。他有"五四"以来现代文人的真性情、真品格。在生活中，他与人为善、和蔼热忱，公正无私、克勤克俭，可谓真君子；做学问，他严谨求实，追根溯源，不敷衍塞责，不人云亦云，无愧真学者。面对世间诸美，他不吝无私奖掖；面对文坛污浊，他敢于仗义执言。他对家人，对朋友，对同行，对同事，甚至对从未谋面的读者，都怀着真诚的关切与挚爱。他的一生，写就了一个大写的"人"字。

这样的评价贴切、真实，我没有更多的溢美之词，只是回想到他曾与我说过的话：做人要真，为人要实，特别做文字工作，不强求行云流水，但一定要不枯涩，文体介于随笔与论文之间……写上这篇文字，除了对绪源兄的追思，更希望为文者"风谊平生师友间"！

◎ 故友刘绪源（1951—2018）是知名学者、文学评论家、儿童文学理论家、编辑家，曾任《文汇月刊》编辑、《文汇读书周报》副主编、《文汇报》特刊部副主任、《文汇报》"笔会"主编等职，"君埋泉下泥销骨，我寄人间雪满头"，以此文悼念亡友绪源兄。

书卷真迹最有味

——读《隐秘·夜色》

闻悉知名作家姚华飞又要出版《隐秘·夜色》，我为他的勤勉而由衷钦佩。不过，他嘱我为他的集子作序，内心顿生一缕忧虑。说实话，尽管我为文数十年，也忝列中国作协会员，但天性慵懒散漫，写作又是我行我素，从无为他人著述作序的习惯和先例，如今作为挚友、兄长的他提出这个小小要求，我能拒绝吗？

君子之交淡如水。最早看到他的这本书稿，我随手翻阅，最吸引我的是他的那篇"代后记"——《不要做任何纪念的事》，不知内情的读者或许不以为然，但在我心中却荡漾一片涟漪，以往的交往像一幕幕电影回放，迄今留在我的脑海里。

大概在20世纪80年代中后期，经友人介绍，我认识了华飞，那时他已负责《谍海瞭望》杂志的编辑工作。后在一次会议上邂逅，他主动招呼我，我们一起聊文学、聊写作，谈文友圈子的趣事，在我印象中，他具有军人的秉性，为人正直，性格开朗，原则性强，且记性好。我有时约他稿件，他拿出的稿件字斟句酌，甚为严谨，刊登出来颇受读者欢迎。

我们有时探讨什么是好文章，这个命题是见仁见智的，除了思想性，还在文字表达的艺术性，比如标准在于文气相属，句断意连，宕折有致，而结构则简练精要，不枝不蔓，没有芜辞累句等，华飞则概括为"好读""耐读"，他时常打电话给我推荐《人民日报》原副总编辑梁衡的文章，说其文章"有韵味""大气"，华飞擅长反间谍、推理、纪实文学题材的创作，从中亦可窥见他对文艺作品创作标准的艺术追求。

姚华飞有着 21 年的军旅生涯，其部队有着特殊的保密性。后转业到地方，工作单位属于"隐蔽战线"。这些，对于酷爱读书、文学创作的华飞可能是限制，但华飞并不这样认为，他认为，在特殊的岗位上有特殊的素材资源，在严守党的机密、严格党的纪律前提下，把党的老一代情报工作者的事迹化成文学作品，将珍贵的历史流传下来，也使年青一代真正懂得红色江山来之不易。

"为有牺牲多壮志，敢叫日月换新天"。正因为无数的无名英雄为新中国的成立流尽最后一滴血、献出宝贵的生命，他们的事迹、他们的信仰、他们的奋斗，成为华飞源源不断的创作源泉，也练就他一颗不断强学探索的心和一支多练勤耕的笔，把真实的历史和真实的人物留下来，在这点上，华飞的书写，华飞的创作，意义深远，作用非凡，远比当今那些写党的地下工作者、情报工作者的"娱乐化""眼球化""神话化"更有针对性。

且说我与华飞的一段真实际遇。21 世纪第一个 10 年的中期,华飞意识到再有一两年将正式退休,他抓紧时间整理各种材料、写作了好几本著述——之前他已经出版了十几本经单位批准的书籍,即便是节假日,他依然放弃休息在单位写作;我有时受邀到他办公室小坐叙聊,使我万分感动。

那年我恰好到上海一家出版社兼职,像"学徒"一般熟悉出版各流程环节,并特约编辑出版有关人文社科类书刊,有次华飞打电话给我,说他有本书稿就搁在这家出版社,不知何因迟迟未动。我向出版社领导问及此事,并找出书稿底稿,粗粗读了一遍,觉得书稿挺有基础,问缘由,才知出版社担忧出版后市场销路。我据理力争,并找了位朋友资助点出版费用,经过几个月的出版加工、编校,又与华飞商榷,结果这本《谍战36计》一问世,销路特好,后又加印了2000册,这是原来编辑始料未及的。

后来,他与我商量决定不拿在这家出版社业已出版的所得版税稿酬,以此再出《谍海并蒂莲——沈安娜华明之地下情报生涯》《隐蔽战线传奇英雄吴克坚》(原名《无名英雄吴克坚》)。我审阅了这两部书稿,觉得书稿除个别章节须做点修改,完全可以公开出版,让今人了解、知晓这些当年战斗在敌人心脏的优秀情报工作者的英雄事迹(审阅时,书稿中的当事人均已逝世,有关部门、领导均做高度评价)。我以为,做这样的工作,不仅有意义有价值,而且功德无量。

我与相关编辑着手做了编辑技术工作,因我做满两年书籍责任编辑而离岗返回单位,而后又去当时《解放日报》参与筹备创办一个新刊物,但我依然关注着这两部书稿的出版。

原先报批选题先出《谍海并蒂莲——沈安娜华明之地下情

报生涯》，后出《隐蔽战线传奇英雄吴克坚》，相比之下，后面一本书稿编辑比较成熟，所以社里先将《隐蔽战线传奇英雄吴克坚》出版。书一上市，读者反响甚佳，《新民晚报》做了首期转载，不料风向突变，上面询问出版社出版经过，而《新民晚报》第二期转载"叫停"……面对这些变化，事后我与《新民晚报》主管副刊的负责人做了沟通，这位负责人听了情况后，也很大度，说不要责怪作者，希望作者不要背上思想包袱。确实，原先看来是"坏事"，实际倒成了好事，该书荣登2012年当当网热销书排行榜，2013年被国家教育一级期刊"现代阅读"推荐"图书榜"列第12名，并转载有关章节。这本书的出版，也给予吴克坚同志的家属无限欣慰。2012年5月，吴克坚夫人、84岁的徐玉书病故。在她去世前45天，《隐蔽战线传奇英雄吴克坚》送到她的病床边，她看到后激动不已，说了了她生前最后一个心愿，即能看到"吴克坚传"。她嘱咐逝世后，将她的遗体捐献给国家。吴克坚的长子吴兆力也多次从北京打电话向华飞表示感谢，并说他和他的弟妹决定，要求华飞把自己的银行账号给他，为表谢意，要给华飞打入2万元作为酬谢，个性爽直的华飞被这样的真挚情谊所打动，但婉言谢绝了这片好意。

  类似的例子不止一个。有时我们通电话，华飞表达了他一个想法，即为隐蔽战线的英雄作传，功成不必在我，这些无名英雄的事迹，是激励革命后来人最宝贵的精神财富，是永葆红色江山不变色的最好楷模。当然，写作中除了学习老一辈的远大理想、革命意志、坚定信仰，他说还享受"写作的乐趣"。我想，这正是华飞的真实想法，也是他的内心驱动力。

  值得一提的是，当今进入缤纷灿烂的信息时代与消费时代，人类享受前所未有的繁荣与方便，但时代的"物化"不能变成文化的"弱化"，我们需要像姚华飞这样，勤于拿起笔杆，继承革命传统，讴歌正面人物，从生命中寻找人生意义，摒弃思维的弱智化、心灵的空洞化，尤其须增强民族忧患和国家安全意识。

　　读华飞的这本集子，大体可看出其"小说中的散文，散文中的小说"风格特征，反间谍体裁篇幅占据大部分，从中体验到华飞的"退而不休"而非"马放南山"，他的职业使命感依然强烈，能做到这点相当不容易。不过，我还从另一方面来评价华飞的著述，即所有这一切与读书分不开，也就是说他的写作与他的读书分不开，他满屋收藏、塞满各类书籍便是一证。有人说，读书是人类的自救。这话在如今的"娱乐时代""影像时代""眼球时代"，更有深意。

　　现在党中央倡导"全民阅读"，我觉得不是无的放矢。华飞出版这本集子，是应时出世，值得庆贺。在这点上，我没有理由拒绝为其写序，即便没有写好，但我真诚地希望广大读者能读到这本书，读好这本书。倘若抛开名缰利锁，丢弃烦躁麻木，倒杯清茶，宁神展卷，你定会在此书中感受"书卷真迹最有味"的惬意！

穿越历史烟云

——读郭德照自传体小说

人的一生应该怎样度过?读完郭德照先生的这本自传体书稿,让我沉下心静静地思索这个问题,我想,这也是当下历经改革开放、社会进入发展转型时期所有中国人应该思考的问题。记得20世纪50年代,有首歌曲非常流行:"革命人永远是年轻,他好比大松树冬夏常青,他不怕风吹雨打,他不怕天寒地冻,他不摇也不动,永远挺立在山巅……"用这样的歌词比照著书者,不仅妥帖,而且真实,他和他的战友、同事一路走来,显示一位革命军人的胸襟和情怀,体现一位革命老兵的无畏和刚强。让我们跟随他的叙述,穿越漫漫历史烟云,勾起对那段难忘岁月的追忆和念想。

郭德照同志是一位老党员、老战士、老干部,已逾八旬,他的人生经历极其丰富多彩:13岁参加解放军,17岁加入中国共产党,参加过解放战争、抗美援朝、海防守备、边疆保卫……严格意义上说,他是有技能的老战士,当过卫生员、宣传员,在西藏、新疆做过军医,后到正规军医大学读书,再转业到地方,又调回上海,可以说:时刻听从党召唤,打起背包走天下。他的这番人生经历,也许使当下年轻人不以为然,甚至会怀疑是否值得。尽管一代人有一代人的不同际遇、不同见识、不同理念,但没有前代人的艰苦奋斗、艰难奋进,后代人就不可能走得相对顺利、行得比较舒坦,何况我们在深化改革、社会转型中还有相当艰难的坎坷路程,难道像郭德照同志这样的精神、理想不应该值得我们继承发扬吗?"前人栽树,后人乘凉"。唯有坚持、守望、奋进,我们的事业才有希望,我们的国家才有光明,我们的人民才能从物质、精神上真正富裕起来。所以,郭德照同志的人生经历是一笔宝贵财富,像火把,像路标,照亮我们的路程,引导我们前行。

这本书稿有许多故事,正是著者亲历,寓平淡而生动,以纪实而感人。著者从自己"孤儿"出身叙述到寻找母亲、弟妹的过程,让我们体验人生的艰辛;从参军参战讲述到千里辗转、万里出征的历程,让我们体味战争的残酷。所有这些,著者与他的战友们经受血与火的考验,经过生与死的搏斗,正说明南征北战的解放军队伍是一座大熔炉,无论战士还是指挥员,千锤百炼,对一个真正的老兵来说:翅膀的命运是迎风!

当然,在部队,在地方,著者也悟到世上最深或最浅的是人的感情,最宽或最窄的是人的胸怀。著者深深缅怀他与妻子从相识、相知到相爱、相伴的心路历程,其中富有传奇色彩的是,20世纪60年代初,著者随部队驻扎嵊泗守海防,当时他们的战士演出队在华东地区小有名气,吸引了一对上海电影制片厂摄影师、上海戏剧学院教师夫妇携三个女儿到岛上参观、游玩，因接待这一家子而变成真正的一家子：当时著者对这对夫妇二女儿生发爱慕之情，"月下老人"终于千里姻缘一线牵，有情人终成眷属，摄影师、教师夫妇后来成了著者的岳父岳母，大女儿成了他的大姨子、小女儿成了他的小姨子，而二女儿成了他的妻子，她从北京读大学分配到贵州，著者此时又调至南疆，后又作为调干生到齐齐哈尔军医学院学医，其中曲折、跌宕的生活故事，让人读得动容、动情。

著者的军旅生涯极为出彩、深有价值的是在南疆那段日子，去过新疆的人大都知道相比于北疆，南疆生活艰苦，环境复杂，在荒无人烟、海拔几千米高原地带保卫祖国边疆，需要多少付出乃至牺牲，作为军医，著者写道："我在驼背边防医疗队做了60多例手术，术后无一例感染被传为佳话。我们下山时，塔吉克族牧民跳起鹰笛舞，敬奉奶茶表示心中的谢意。歌声、笛声，伴随'解放军布仑基亚克西'的赞扬声回荡在帕米尔高原上……"这不是一般的自我表扬、自我叙述，其中浸润多少责任、心血、付出，后悔吗？著者虽然没有作答，但他以一种无声行动做了最好回答，他写道，"我们经常唱这首歌：'毛主席的战士最听党的话，哪里需要就到哪里去，哪里艰苦哪儿安家，毛主席要我守边卡扛起枪杆我就走，打起背包就出发……'医院—边防医疗队—医院—农村医疗队，周而复始年复一年，八个年头了，加上中印自卫反击战的两年，我在祖国边陲待了整整十年"。这平实的讲述，没有怨恨，没有悔意，不是能用"精神高尚""意志坚强"所囊括的，自我牺牲不是靠嘴巴喊出来，甘于吃苦不是凭调子唱出来，这是一种生活磨炼、斗志较量，这对我们年青一代多么具有教育意义！

1975年，郭德照同志分得名额转业到妻子贵州生活的地方，在"天无三日晴，地无三里平，人无三分银"的贵州，尽管自己在部队生活艰苦，此时此刻更体验到妻子一个人既要工作又要照顾家庭的艰难，他钦佩妻子比自己更能吃苦、更具耐力，而且很聪明、很智慧，将家庭安排得井井有条，书中对妻子的感恩之情跃然纸上，同时对岳父岳母的知识分子情怀、人格都有栩栩如生的描写叙述，包括夫妻儿女调回上海的家庭生活，著者的笔调含蓄、风趣。说到这里，曾作为"老娘舅"的柏万青，做过无数青年夫妇生活矛盾的调解工作，看到郭德照同志的真实写作，她心想，假如我们现代年轻人能读读这样的文字，间接体验郭德照夫妇当时生活境况，或许不少人火气发不起来，暴躁也会平息许多，只有吃过苦、患过难的夫妇，才会懂得和谐家庭的珍贵，远比拥有房子、车子、票子、位子等贵重得多！

十几年前，郭德照同志在上海离休后投身公益事业。让人敬佩的是，他离而不休积极参与社区活动的人格、风格、品格。有一天，他主动来到著名的人民调解员柏万青办公室，拿出一份份证书。原来，他是想到柏万青所在的社区学校教国画——他不但是军医，而且是文艺、书画爱好者，书法、画画都有一手。当时柏万青正负责静安寺街道社区学校的工作，因社区学校国画老师年岁已高，行走不便，没人教国画使柏万青感到犯愁，他的主动请缨让柏万青喜出望外。不过，出于谨慎，加上对郭德照同志不了解，又怕他嫌教画报酬太少不愿干，柏万青便跟他说："我们社区学校是公益的教学活动，每一节课只有50元的报酬。"不料他爽快地说："我不计报酬，哪怕没有钱。"

当柏万青把这个消息告诉国画班的学生时,大家高兴地报以热烈的掌声。

就这样,郭德照同志成为社区学校的国画老师。社区学校的教学不是桩易事,首先是学生的年龄差异,有白发苍苍的老人,也有年幼的学生,他们画画的技艺悬殊,甚至有的连笔也不会拿。但郭德照同志毫无怨言,对每个学生一视同仁,他认真负责、一丝不苟的教学精神和因材施教、得体有方的讲课技巧、绘画技能得到学生们的赞扬、认可,无论是寒冷多雨的冬天,还是酷暑难耐的夏日,教室里座无虚席。这方面,郭德照同志在书中有具体讲述。值得一提的是,郭德照夫妇俩很有爱心,经常会收养一些可怜的流浪狗、猫,你打开他们家的冰箱,基本上都是猫食、狗食。动物也会传递信息,老两口的爱心经动物的传递,来到他们家的流浪狗、猫络绎不绝……可以说,已到高龄的夫妇俩忙得累,但忙得值。

郭德照同志是位多面手,不但能写能画,还能唱能演,他是个客串演员,经常客串电影、电视剧,他的新疆舞也跳得相当出色,社区活动的舞台上经常看到他优美的舞姿。后来,我从电视上的一档节目中了解到他与新疆有不解之缘,他的人生轨迹确实多姿多彩,他将书名定为《一个老兵的七彩人生》,是他的心里话,诚如他的诗中所写:"毕竟白色太单调,七彩才美丽。"生活态度可以轻可以重,人们心灵可以美可以丑,有了七彩,世界美丽,人生美好。

走笔至此,不禁想起苏联作家奥斯特洛夫斯基在他长篇小说《钢铁是怎样炼成的》中一句名言:"人最宝贵的是生命,生命属于人只有一次。人的一生应当这样度过:当他回首往事的时候,不会因为碌碌无为,虚度年华而悔恨,也不会因为为人卑劣,生活庸俗而愧疚,这样,在临终的时候,他能够说:'我已把自己的整个的生命和全部的精力献给了世界上最壮丽的事业——为人类的解放而奋斗'。"黎明晨曦,夕阳余晖。愿郭德照同志拥有闪亮光彩、金色瑰丽的人生。同时祝他身体健康长寿,快乐生活每一天!

万历年间大悲剧

——读《万历五十年》

历史如江海，岁月似长河。读学林出版社新近出版的历史小说《万年五十年》，就像亲身在晚明的那段历史河流上畅游了一回。记得前几年浏览过原哈佛大学教授、已故美国华裔历史学家黄仁宇先生的历史专著《万历十五年》，对其臧否人物、引史镜鉴的"大历史观"留有深刻印象。而今，胡月伟、钱法成、姚博初联手创作《万历五十年》，用文学样式对整个万历年间"从树根到树梢"做全景式的聚焦和扫描，讲述着万历年间遥远而陌生的故事，进而凝视一个明代王朝逝去的背影，自是感慨良多。

明朝万历年间是一个封建王朝由盛及衰的时代，又是一个变革与转型的时期，各种社会矛盾和文化纠葛复杂尖锐，沧桑之变，似在瞬间。这段历史除了史学家研究，一般不为人所知，这或许是作者创作历史小说《万历五十年》的动因。这部定位和定性于今天变革的历史维度，审查亡明之际历史变化、人物心迹的作品，与当下中国社会的大变革和文化转型有许多脉息呼应之处。而与众不同的是，这部小说在完成历史重构时以"大历史观"来指导、维系艺术再现的全过程，使得全书具备了异于以往类似作品的品格。可见，《万历五十年》作者具有强烈使命感，乃谓"思想祭坛，聊备一格"。

作为历史长卷，涉及的内容丰富、广泛，除了事件、人物，还关乎当时的风情、民俗、典章。《万历五十年》带有影视文学的明显特征，前后主要围绕"万历新政"和"储位之争"两大事件，着力塑造新政派、改革先驱者张居正的悲剧，这是作者的一家之言。令人思索的是，这部作品没有为万历帝评功叫好，却对万历王朝历史做了大失败的总记录。主要人物，包括万历皇帝朱翊钧、首辅张居正、大内总管冯保、大学士申时行，以及海瑞、戚继光等，或身败，或名裂，没有一个功德圆满。即便是次要人物，如郑贵妃、李太后、宦官张鲸、福王常洵，也统统没有好结果。作者认为，这情形断非个人的原因所得以解释，而是当时的制度已到山穷水尽的地步，因而上至天子，下至庶民，无不成为牺牲品而遭殃交祸。作者也没有一味坚信过去明史中关于"税重民穷"的说法，而是从根本的社会结构入手，揭示固有的社会结构已经难以承担新的社会发展需要的历史现象。

如果说在主题上，《万历五十年》是对一个大失败、大悲剧的全面展现，那么这整个大失败、大悲剧则是由无数个人和社会的悲剧性历史所构成的。17世纪西班牙剧作家维加有句名言："悲剧以历史作为它的主题。"普列汉诺夫在论及历史悲剧时指出："真正的悲剧以历史的必然性的观念做基础。"在《万历五十年》的文学建构中,最为鲜明可取的特点,就是能通过人物,真实而深刻地再现中国封建社会末期整个社会结构倾颓的悲剧必然性。作者通过潜心研究历史资料,考证历史事实,洞悉历史"悲剧"的演变过程,从而揭示产生悲剧的社会因素与个人因素、发生悲剧的必然性与偶然性。这或许让人们从阅读《万历五十年》中获到不少启示。

当然,《万历五十年》毕竟是历史小说,按现下历史小说创作行话,叫"大有出处,小节不拘",细节不可能照搬史实,总会与历史著作有差异。但无论是对万历新政纵深式的描绘,还是对立储斗争的全景式展现,作者对历史的反思超出了直接的见闻而上升到知性水平。这种在一个抽象的观念的引导下对历史资料进行分析、概括和整理的过程,即是黑格尔所期望的"哲学的历史"的境界,也是《万历五十年》一书历史重构的迷人之处。

古人的行侠仗义

——读《太平广记》

闲暇之时,翻翻古书,常有一股无以名状的惬意。也许现代人的生活节奏太快,诱惑太多,顾不上去翻老祖宗的东西,钻进故纸堆里去"之乎者也",犯不着当"老古董",加上文言文的障碍,不如"短平快"地读微信、微博,既轻松又解闷,这样的浅阅读,久而久之,让自己变得浅薄起来。

我倒不是为了自己的深沉而去阅读古书,只是全凭阅读兴趣。古书是古人智慧的积淀,犹如一座富饶的矿藏,用此作为燃料,点亮思想"长明灯",寻找先哲,以启后人。说起来,我亦羞愧,我的古书藏书不多,多半是为了工作才去购买、阅读。也有例外。记得40多年前,一家文化单位要处理、甩卖一批图书,其中有位图书管理员是我熟识的,她告知我这一消息,于是我抢先购得一大批古籍书,那时图书价格不贵,仅以"分""角"计算,最贵的不过一二元,况且还打折,如今想来,我是"占了大便宜"。这批古籍书虽有点旧,但套书完整,品相亦好，现存1961年中华书局10册《太平广记》，正是这次"内部购买"而得，业已伴随我40余年，有时翻翻，闲暇时读其几篇，大有优哉游哉、怡然自得之感。

《太平广记》是古代文言纪实小说的第一部总集，即宋代人撰写的一部大书，按行家眼光看，其实属于类书，就是采摭群书，辑录各门类或某一门类的资料，随类相从而加以编排，以便寻检、征引的一种工具书。书中神怪故事占的比重极大，有神有仙，有鬼有怪，加上道术、方士、异人、异僧、释证、草木、鸟兽、精怪等，大体属于志怪性质的故事。直到清代，著名小说家蒲松龄创作文言短篇小说集《聊斋志异》，题材虽与《太平广记》大同小异，但蒲氏的文学性和社会性远远超过《太平广记》。

尽管《太平广记》繁杂，但它的分类，有益于后人检索、校辑，对学术研究亦颇有价值。有些六朝志怪、唐代传奇作品，全赖此书而得以流传。像杂传记的九卷，《李娃传》《柳氏传》《无双传》《霍小玉传》《莺莺传》等传奇名篇，多数仅见于本书。鲁迅编辑《古小说钩沉》和《唐宋传奇集》时就充分利用了该书，他在《破〈唐人说荟〉》一文中指出："我以为《太平广记》的好处有二，一是从六朝到宋初的小说几乎全收在内，倘若大略的研究，即可以不必别买许多书。二是精怪，鬼神，和尚，道士，一类一类的分得很清楚，聚得很多，可以使我们看到厌而又厌，对于现今谈狐鬼的《太平广记》的子孙，再没有拜读的勇气。"

也不去深究《太平广记》的学术价值和文化意蕴了，这次是偶尔翻到卷一百六十六《吴保安》篇，慢慢读下去，发现很有意思。故事情节并不复杂，主要的主人公三人：吴保安、郭仲翔、杨安居。大体情节是这样的：吴保安的字叫永固，是河北人，官职是河北方义县尉。他家乡的郭仲翔是宰相元振的堂侄。郭仲翔很有才学，元振想帮助他当官。南方的少数民族作乱，朝廷派李蒙为姚州都督，率领军队前去讨伐。于是，元振向李蒙推荐郭仲翔，跟随他一起上战场建功立业。郭仲翔很有才干，被聘任为判官，帮助李蒙处理军务，表现出色。当他们到了蜀郡，吴保安便写信给郭仲翔说："有幸和你是同乡，知道你品德高尚，虽然平时没有结交，但是心中对你一直很仰慕。"于是叙述自己："我从小爱好读书，长大考取了功名，才学不比别人差，可只做了一个县尉，又是在很偏僻荒凉的地区，离家几千里地，有重重关山阻隔。况且我的任期已满。下一个职务不知道什么时候才能任命。以我的才学，却因为受到选拔官员的办法的限制，再想求得晋级升官，怎么能有希望？将来只好回归农舍，老死田园了。听说你急人之难，重视同乡的感情，希望能伸出援助的手，保举我去军中服务，跟随你的左右，记录下战绩细节，沾你们一分功劳。"

这是故事的铺垫，可谓引子，郭仲翔接到吴保安的信以后，很受感动。便向李蒙将军请示，决定任用吴保安为管记。吴保安还没有赶到，敌人就迎了上来。李蒙将军率兵抵达姚州，与敌兵交战将敌兵打败，大军乘胜追击，深入敌人腹地。敌人又杀了回来，将朝廷的军队打败，李蒙将军战死，军队也被消灭了，郭仲翔被敌军俘虏。于是故事便分叙开来，当时少数民族军队想要换取汉族的东西，叫被俘的人员和家里通信，让家里人拿东西往回赎人，每人需要30匹绢来换。吴保安赶到姚州，正是前方军队战败的时候,便滞留在姚州。郭仲翔在敌人的押解过程中给吴保安写信,讲述了自己状况:"李蒙将军阵亡,我成了俘虏,忍辱偷生,远在天涯地角,感叹自己的遭遇,想到家乡是多么遥远。""我被迫成为奴隶,在湖边放羊,很像当年的苏武。希望有人像宫中射雁的故事一样,将我像李陵一样救回去。我自从身陷敌方,饱尝艰苦,身体遭受摧残,血泪流得像池水一样多,人生的艰难,我都受尽了……"至此,他庆幸吴保安好在没有赶上这场战事,由此得以保全性命和名声。信中他希望吴保安能解救他,由于他身份特殊,所以他被严加看护,须拿1000匹绢来赎,多于别人的30倍。

  吴保安接到信以后很着急,这时元振已经死了,吴保安为了报答朋友的信任,决定设法赎回郭仲翔。他变卖了所有家产,买了200匹绢前往南方,到达嶲州,10年不回家,在那里做买卖,共得到700匹绢,仍然没有凑够1000匹绢的数目。吴保安的家历来贫穷。妻子仍然在遂州,吴保安为了赎郭仲翔,毅然和家里断绝了来往。结果他的妻子挨饿受冻,没有办法独立生活下去,便带着幼小的儿子,骑着一头毛驴,前往泸南来找吴保安。在途中钱花光了,离姚州还有几百里地,她没有办法,只能坐在路旁哭了起来。这时正好姚州都督杨安居沿着驿道去州府,看见吴保安的妻子在哭,奇怪地过去询问,吴保安的妻子告知实情,这使杨安居既惊奇又感动,于是资助吴保安妻子几千文钱路费,到驿站后安排车马送她继续向前走。杨安居到了州府,立即将吴保安找来,握着他的手来到堂上坐下,对他说:"我常读古人的书,佩服古人做事,没想到亲眼见到了你的仁义行为。但也不必只顾及朋友的情义而抛弃妻子,去赎朋友,也不要这样做,我遇到你的妻子,想到你的道义,心中敬佩,想和你见面。我今天刚到,没有东西给你,便从仓库中借四百匹绢,资助你办这件事。等到朋友回来以后,你再慢慢地偿还所借的绢。"

吴保安很高兴,取了绢,派人前往少数民族地区赎人,过了 200 天才将郭仲翔赎回来。后面的故事由此围绕吴保安、郭仲翔、杨安居三人展开具体情节的叙述,特别是吴保安夫妇死于彭山,"仲翔闻之,哭甚哀。因制衰麻,环绖加杖,自蜀郡徒跣,哭不绝声。至彭山,设祭酹毕,乃出其骨,每节皆墨记之,盛于练囊。又出其妻骨,亦墨记贮于竹笼。而徒跣亲负之,徒行数千里,至魏郡……"这样的情节,读之令人感佩。

或许这是小说,或许也是记史,但使人想到古人的行侠仗义,他们的古道热肠,放到时下社会,会让人们觉得不可思议,甚至会认为不真实、不可能,用经济利益和物质交换眼光看,这些人可算得上是"犯傻",显得很迂腐,可细细想想,这不正是我们当今社会交往所缺乏的品质与风气?试想,若无行侠仗义,何有见义勇为?若不扫一屋,何以扫天下?吴保安、郭仲翔、杨安居他们都是"萍水相逢",属于"官人",但一旦认定他们应该去做的,则义无反顾,担当到底,这是古人的一种道德标准,即一种官德,因而影响民风。对比今人,或许我们可以从中得到教益。当然,这是从正面所受启发,至于贪官的"臭味相投""官官相护"则不入此列,贪官为"自保",他们"出卖"朋友都来不及,还顾得上什么情义,他们的心早已变得又黑又狠!

所以,我的理解是,古人之侠就是仗着自己的力量帮助被欺侮者的人。古人之义就是以公正、合宜的道理积极行动，归纳起来，就是有胆略，讲义气，不计利害，舍己救人。《太平广记》的这个故事，让我想到这层既浅显又深刻的道理。

警惕双重人格的两面派

——读《阅微草堂笔记》

翻阅清朝著名学者纪昀在晚年所作的文言笔记小说《阅微草堂笔记》,感触颇多。也许被当代电视剧夸张"戏说",不少读者、观众只知纪晓岚,且有才高八斗的铁齿铜牙,是个超凡脱俗的风流才子,虽关心民间疾苦,亦周旋风月情场,可见,电视剧的影响力实在太大,以致掩盖甚至扭曲历史人物纪昀的真实面貌。这番"戏说",权作影视娱乐,是喜是悲,姑且不加评说。

历史上的纪昀(1724—1805),历经清雍正、乾隆、嘉庆三朝,字晓岚,又字春帆,直隶献县(今河北献县)人,乾隆进士,由编修、侍读学士累迁至礼部尚书、协办大学士,是乾、嘉时期统治阶级在文化界的代表人物。曾任《四库全书》总纂官10余年,撰有《四库全书总目提要》及《四库全书简明目录》,在整理古籍方面有着一定贡献。《阅微草堂笔记》是他于乾隆五十四年(1789)至嘉庆三年(1798)间,即在65

岁至 74 岁的晚年期间，以笔记形式而编著的文言文短篇志怪小说。

在这近 10 年时间里，纪昀编著此书，主要收集记述各种狐鬼神怪故事，以及亲身所闻的奇情轶事，采用篇幅短小的随笔小说形式，不仅是"追录旧闻""消遣岁月"，而是以期"不乖于风教""有益于劝惩"，实际上着重在封建道德的说教和因果报应的宣传，迎合当时统治阶级的需要。全书有意模仿宋代笔记小说质朴淡雅的文风，内容丰富，娓娓道来，亦庄亦谐，笔调从容，每则故事结尾处写上几句短短的评后语，耐人寻味。

《阅微草堂笔记》具有鲜明的反理学反理教倾向，对道学家有较多的揭露讽刺，纪昀虽然写的多为狐鬼神怪，但极为"人性化"或"人格化"，实际上在揭示世态人事。鲁迅在《中国小说史略》中指出，纪昀"处事贵宽，论人欲恕，故于宋儒之苛察，特有违言，书中有触即发……且于不情之论，世间习而不察者，亦每设疑难，揭其拘迂，此先后诸作家所未有者也"。他对此书做了适当的肯定。

我读此书自然多为消遣，毕竟时代隔远，而今科技先进，纪昀所叙之事，不会像小时候那样听了惊悚害怕却又想再继续听讲，大概臻入老境，阅历增多，不重阅读情节而品味学理。按纪昀所处年代，离不开封建道德伦理的合理和永恒，脱不了天道轮回、因果报应的三纲五常，但任何事不是绝对的，纪昀对道学家的虚伪相有入木三分的刻画。在《阅微草堂笔记》中，他对一些道学家满口仁义道德，一肚子男盗女娼的伪君子形象做了无情揭露和强烈讽刺，比如，卷二中一篇叙述有一位以道学家自诩的塾师，因贪图游方僧人的钱财，结果被蜂群蜇得头面尽肿，狼狈不堪。卷四中一篇揭露两个道学家在门徒面前大讲其天理人欲的关系，背地里却合谋密商夺取一个寡妇的田产，阴私恰被揭穿，弄得丑态百出。凡此种种，不但是抨击道学家的伪装，于今之社会，这类伪君子不绝于世，由此也让我想到某种人的双重人格，即这类两面派半是"神"半是"鬼"的心理。

也许在当时社会环境里为自保生存而迫不得已采取的随大溜的大部分人的应势而变，或者说在当时社会环境的重压下，人格分裂成双重、多重，这是社会生存不得已的选择，当然也有保持独立思考、独立人格、不做"墙头草"的群体，尤其是知识分子，不出卖灵魂、不同流合污，保持自己独立思想、思考未来的特质品行。这些都成为历史尘埃，似乎不该重提。但历史总是传承的，历经三四十年后，中国社会发生翻天覆地的巨变，人们的思想、理念随着时代的进步而进步，但不能说双重人格的两面派由此销声匿迹了，在经济、政治、文化大变革的洪流里，一些人的双重人格犹如沉渣泛起，以另一外貌、形态出现，像贪官、奸商，实是典型的双重人格。

在当今社会，贪官非起先就贪，奸商亦非起先就奸，在不正常的、利益交换的、缺乏制度监督的社会形态下，贪官、奸商的人格才开始"裂变"，变成台上是人、台下是鬼，白天是圣、晚上是魔，这类双重人格愈演愈烈，民心丢失，党性褪色，所以，人们特别要警惕这类双重人格的两面派。《阅微草堂笔记》卷九中有一篇讥讽某翰林表面上故作俭素，拒收同乡馈赠，事后却懊恨得失魂落魄，大骂家奴出气。其描写着墨不多，却勾勒出道学家一副虚伪、丑恶的嘴脸，对照某些贪官的行径,如出一辙,所以,纪昀在《阅微草堂笔记》中所讲述的故事,他的讥讽,他的揭露,给予我们某种思考、衡量,要让中国社会变好,让人民更为幸福,对官场、商场包括职场,需要警惕,防止双重人格的两面派"得势""掌权",特别在社会改革、社会发展进程中,纪昀反对不切实际的空谈,斥责双重人格的两面派,提倡学以经世致用的崇实精神,对当今社会仍有借鉴作用。

渐渐翻到卷二《滦阳消夏录二》,其中一篇不妨录之:顾员外德懋,自言为东岳冥官,余弗深信也。然其言则有理,曩在裘文达公家,尝谓余曰:"冥司重贞妇,而亦有差等:或以儿女之爱,或以田宅之丰,有所系恋而弗去者,下也;不免情欲之萌,而能以礼义自克者,次也;心如枯井,波澜不生,富贵亦不睹,饥寒亦不知,利害亦不计者,斯为上矣。如是者千百不得一,得一则鬼神为起敬。一日,喧传节妇至,冥王改容,冥官皆振衣伫迓。见一老妇偶然来,其行步步渐高,如蹑阶级。比到,则竟从殿脊上过,莫知所适。冥王怃然曰:'此已升天,不在吾鬼录中矣。'"又曰:"贤臣亦三等:畏法度者为下;爱名节者为次;乃心王室,但知国计民生,不知祸福毁誉者为上。"又曰:"冥司恶躁竞,谓种种恶业,从此而生,故多困踬之,使得不偿失。人心愈巧,则鬼神之机亦愈巧。然不甚重隐逸,谓天地生才,原期于世事有补。人人为巢、许,则至今洪水横流,并挂瓢饮犊之地,亦不可得矣。"又曰:"阴律如《春秋》责备贤者,而与人为善。君子偏执害事,亦录以为过。小人有一事利人,亦必予以小善报。世人未明此义,故多疑因果或爽耳。"

此段是讲贞妇烈女、贤臣良相的标准,虽具封建迷信色彩,但对"心向王室,只知国计民生大事,不知祸福毁誉的人为上等"之语,颇值得赞叹,我掩卷沉思:今日之天下,中国的党政干部尤其是党员领导干部,"只知国计民生大事,不知祸福毁誉的人"若越来越多,那种双重人格的两面派就会越来越失去滋生之地,党的事业、人民的信心才能越来越有希望,中国的前途才会越来越好!这正是我一则浅薄的读后感。

退隐山林著书立说

——读《梦溪笔谈》

近来有暇,偶翻古书,重读宋人沈括的《梦溪笔谈》,似有新感。年轻时,虽爱好古籍尤其是经典作品,却因学问功力薄弱,常常浅尝辄止,正应了陶渊明在《五柳先生传》中所说的"好读书,不求甚解;每有会意,便欣然忘食"。读书是快乐的,现在觉得读书也是痛苦的,这个痛苦并非指自己,倘若读懂读通抑或正确理解书中所叙,才会真正体谅作者的用心良苦,会随作者内心的痛苦而痛苦,这些,在字里行间不易看出,只有读深读透,才会体察作者一丝凄凉或者说是产生一点顿悟。

以前读《梦溪笔谈》这部名著,常以为是讲古代科技知识,随手翻阅一下,一目十行地跳跃过去,自以为了解了。现在兴许是有更多时间能静心读书,便改变读书方法,宁可少看而精读,仔细品味,掩卷而思,会有不少的读书感想。

读书自然需要了解作者的生活经历、著书背景,在教科书上,常把作者沈括(1031—1095)作为北宋科学家、政治家,可再对照学者胡道静《梦溪笔谈校证》一书，觉得应将沈括的身份反过来说，他首先是政治家，准确地说，他出身于仕宦之家，但因父亲去世，21岁时家境不甚好，"不幸家贫"，不得不"亟于仕禄"，从小吏做起直到升迁为朝廷命官，仕途最高峰即擢升翰林学士、权三司使，总揽朝廷财政，史称他主政"博物洽闻，贯乎幽深，措诸政事，又极开敏"，无论地方政务、馆阁编务、边备军务、外交事务、朝廷财务，沈括几乎左右逢源、无所不能，得到宋神宗（赵顼）信任。不过到熙宁末，由于他对免役法说过与先前稍有不同的话，竟引起变法派的不满，被弹劾而降职到今安徽宣城任知州；至元丰三年（1080），他复以龙图阁待制知审官西院，后又命出知延州（今陕西延安）；两年后，永乐城之战发生，沈括得罪责，从此结束了从政生涯。

　　淡出政坛后，他无心做官，以"措置乖方"责授均州团练副使，命于随州（今属湖北）安置（即在指定地区居住而行动有一定限制的一种处分）。三年后，哲宗即位，允许他迁居秀州（今浙江嘉兴）。元祐三年（1088），因为他献进费多年精力编制而成的《天下郡县图》，得赐绢100匹，便允许任便居住。此后他卜居润州（今江苏镇江）梦溪园，潜心学问，直到去世。宦海沉浮，心死如灰，于是将人生最后岁月放在京口的"一偏"住了下来，他所独得其乐的是："渔于泉，舫于渊，俯仰于茂木美荫之间。所慕于古人者，陶潜、白居易、李约，谓之'三悦'，与之酬酢于心；目之所寓者，琴、棋、禅、墨、丹、茶、吟、谈、酒，谓之'九客'。"在这样的环境里过退隐生活，也是古代士大夫的"一绝"，他的政治上失意却成就了学问上的得意。

沈括一生著述颇丰，据胡道静先生考据，仅见于载籍著录及前人和沈括本人杂记的就有40种，可惜基本保存原貌而最受人重视的只有《梦溪笔谈》一本，其余则差不多全都亡轶了。当然，作为笔记结集《梦溪笔谈》，不一定都作于沈括卜居梦溪园之后，有些可能在他贬居随州时已开始写作，或者是更早笔录的拣选整理，自然大部分条目的写作和全书的结集一定是在他入住梦溪园之后，这是一部涉及古代中国自然科学、工艺技术及社会历史现象的综合性笔记体著作，被英国科学史家李约瑟评价为"中国科学史上的里程碑"。最古本元大德刻本的《梦溪笔谈》，一共分30卷，其中《笔谈》26卷，《补笔谈》3卷，《续笔谈》1卷。全书有十七目，凡609条，内容涉及天文、数学、物理、化学、生物等各个门类学科，其价值非凡。书中的自然科学部分，总结了中国古代特别是北宋时期科学成就。在社会科学、社会历史方面，对北宋统治集团的腐朽有所暴露，对西北和北方的军事利害、典制礼仪的演变，旧赋役制度的弊害等都有较为翔实的记载，所以称沈括为科学家，当之无愧，并无异见，但不能忘掉他曾是大官，没有政治家身份及其经历，要写出这样一部古代的"百科全书"，几乎是不可能的。

也许是多年涉身官场，谙熟"潜规则"，知晓"人言可畏"，所以他的著述不讲政治，回避政治，以此逃脱"封杀""罹难"之祸，由此给后人流传《梦溪笔谈》这本不朽之作。也许正因为不欲涉及人事利害，所以所记都是正面的，即所谓"不言人恶"，而正面材料也只着眼于轶事本身，能给人以启发者则记之，在事不在人，无阿谀颂赞之词，也无志异猎奇之心，这样的写作态度，保全了事物真相，也给予后人探讨的空间。

令人印象最深的，是沈括的笔谈均以考证义理为特点，即以文献记载、书本知识与亲历见闻、实地调查及自身实践经验相印证，以自己深厚的学术素养和前沿式的治学方式为基础，构筑起一个足以服人又自成一格的实证体系，上至天文地理、国典朝章，下至人伦日用、族群风俗，以至种种人不经意的物理现象，一经其手便皆成学问，这是让今人佩服之处，虽然随着历史的发展和科技的进步，沈括所言未必事事正确或者说件件得当，但他的考证、求真的精神之光，依然照耀着后人。

对待读书、学习，沈括不迷信书本，像"卷三·辨证一"中《钧石之石》《汉人饮酒数石不可信》《古说济水伏流地中》等篇，强调读书须有独立思考、不同见解，而《"南"为乐名》《"野马"为田野间浮气》篇，反对的是读书不能食古不化；再如"卷四·辨证二"中《"建麾"之误》《除官之"除"》《钱陌之"陌"》《李白作〈蜀道难〉》，沈括对望文生义、混淆词意的读书法更有一番较真，但他绝不轻率指责，而是释疑解惑、从容道来，那篇百余字的《世人画韩退之》，纠正了把五代十国南唐时名臣、文学家韩熙载（902—970）错认为唐代杰出的文学家、思想家、哲学家、政治家韩愈（768—824，字退之）的谬误，也为今人辨识南唐画家顾闳中的名画《韩熙载夜宴图》提供佐证；《云梦考》则对古今地理做了认真求证，查证了长江以南的梦泽和长江以北的云泽的区别，这种求知识之真的精神令人感佩；又如"卷五·乐律一"中《羯鼓》《杖鼓》《凯歌》《柘枝旧曲》等篇，讨论了羯鼓、杖鼓、钟口、磬、羌笛、琴等乐器的形制、制作及演奏等，对中国音乐史具有不可估量的意义。

凡此种种，沈括的笔谈，常常是文字贴实、言之有物的小品文，他把平时和客人在园内的交谈,即"与客言者"记录于册,友朋聚散无常,时长日久,沈括觉得好像自己是"所与谈者,唯笔砚而已",他的笔谈其实是另一种读书方式。

当然,读书环境也是十分重要的,沈括淡出官场,退隐山林,安心当隐士,潜心做学问,他的著书立说的成果流传于后代,正是"隐逸文化"的产物。不过,话说回来,他表面上超脱,在意识形态上脱俗,内心实有无穷的痛苦。纵观沈括一生,与物打交道,沈括是成功的;与人打交道,沈括是失败的。因为他显赫的才华不足以在政治的风险和浊浪中游刃有余。沈括在宦海沉浮中,一次次地把自己推向浑水浊浪的最前沿。至晚年,沈括举家迁居早年在润州购置的梦溪园,此时的他总算明白过来,于是隐居山林创作《梦溪笔谈》,成了生活中的乐趣,亦为他一生不幸中的大幸。《宋史·沈括传》如此评价沈括:"博学善文,于天文、方志、律历、音乐、医药、卜算无所不通,皆有所论著。"在那个崇文读经、吟诗填词的时代,理科被视为末学,甚至被讥为奇技淫巧的旁门左道,但沈括却用自己的行为证明他的这种著书立说是不朽事业,他才学绝世,兼擅文理,是个文化和科技通人,所从事的研究领域极为宏阔,可谓独步文苑。人的一生,能够专注地干成一件有益的事,是十分了不起的,这方面沈括做到了,他不但博而专,而且博而精,后来人几乎没有再能超过他的了。

第二辑　文苑语丝

我的读书观

时今谈读书,似乎是一个多余的话题。在公众场合,总见不少人拿着手机,时不时地埋头"阅读",是看微信、短信,还是读新闻、段子,抑或玩游戏、听歌曲,不得而知,要说正儿八经地细读一部书,我猜无有几人。

这番情景,不禁让我想起几次到外地途中与外国人"行万里路,读万卷书"所形成的对比:有次在北京地铁一号线车厢里,在我座位的对面,见得一个西欧女青年倾心阅读一本外文书籍,至终点苹果园站,她始终心无旁骛地阅读;还有一次是去西安的飞机上,我座位旁来了一对英国青年学生,我起身让他们坐下后,两人各自拿起自己的书,很礼貌地向我点头示意,然后静静地看起书来,直到西安咸阳国际机场,途中眼睛一直没有离开过书本;再有一次是在去南京的高铁车厢里,我对面坐着两个美国女青年,很文静,亦很端庄,一路上安静地读书,任何干扰都无碍她们的读书。看到这些,我很想来个"角色换位",若换成我们中国的男女老少,这该多好!

当然，中国有中国的国情，"上班族"在乘坐地铁、公交时，拥挤的人流无法让他们悠闲地如此阅读，只能"快餐式"地浏览，即便是阅读，也是支离破碎、读个大概罢了。现代信息技术的发达，使不少年轻人不愿去阅读纸质书籍，宁可便捷地在线阅读，至于读到什么、读懂什么，便像云烟随风飘散。对此，我不知说什么。或许我可能还是怀有"图书情结"之人，常常去图书馆借书、跑书店买书，渐渐发现在这些曾被称为"知识殿堂"的场所，门可罗雀，人员稀少，看不见二三十岁的青年读者，净是些五六十岁以上的老年读者，我困惑，我迷茫，有点不知所措，甚至更是杞人忧天。

也许我是一叶障目，或是抱有偏见，希望我的孤陋寡闻是例外，更祈求我的所见之处是错觉，我相信中国的青年、中年、老年绝大多数是爱读书的，因为不读书的民族是没有希望的民族，只不过是阅读方式在改变，阅读品种在变化，读书的种子始终在我们的心田里萌芽、开花、结果。不过，我又细想，不管如何改变或变化，如何读书还是值得探讨的，不加细究，一切枉然。

要说我是读书人，可算可不算，准确说是爱好读书的人。也许职业使然，走过几十年爱好读书的人生之路，"每谈虚语玄，不觉日之将夕；登涉山水，不知老之将至"，如今想想，爱好读书要把动机与方法融合起来，有时沉默静思，归纳如下几条：

起始凭兴趣。每个人的读书都有不同起点，但凭兴趣读书恐怕是共性。说实话，我中学时代爱好数理化，我们那个年代是"学好数理化，走遍天下都不怕"，谁的数理化成绩好，谁就在同学中赢得敬重,威信就高。不知怎么,我那时迷上数学,当然班上也有几位数学成绩特别好的同学,我们经常一起解难题,不同的读书、不同的思维,常让我们得到解出难题的欢悦,后来参加市里数学竞赛得了名次,让全班有种"王者归来"之感。我们的目标是"做当代华罗庚""当现代苏步青",正当我们向"数学王国"进军时,"文革"爆发,美好的梦想一下子全被破灭,我们像散落树叶,漂泊各方。幸运的是,在延迟毕业时,学校打"派仗",我们好几个同学都是"逍遥派",两面不得罪,有时我们在一派"占领"的学校图书馆里偷偷地看书,数学论著很少,只能读各种文科书,"封、资、修"的书均被收集起来用麻袋捆起来,好在看守的高一二年级的学生"网开一面",其实他们也巴不得能读到这类书,由我们开头,他们便有缘由,一旦发现,"罪名"可安在我们头上。好在配合默契,没有发生意外。如此近两年在"伊甸园"偷吃"禁果",逐步引发我对文科的兴趣,之后无缘也不想去登上数理化的"大雅之堂"。

渐渐读经典。后来知识青年"四个面向"(面向边疆、面向农村、面向工矿、面向基层),将全国两三千万的青年学生(包括毕业与未毕业的大专高校学生)像"赶鸭子"般地赶到"广阔天地"的农村、农场"锻炼",如果说有"出头"之日,知识青年自然会"战天斗地",以"又红又专"的出色表现回归本位,学得知识本领报效国家,可惜事与愿违,这里用东坡先生的词来形容就是,"十年生死两茫茫,不思量,自难忘。千里孤坟,无处话凄凉",干死干活连养活自己的口粮、工分都挣不到,那种孤寂、无奈是当今青年学生无法想象的。我是"逃过一劫"，后来被分配到一家十分封闭、纪律极严的保密工厂劳动、工作。其实我内心感到更痛苦的是精神空虚，前途渺茫，过着"两点一线"的"机器人"生活，不过我遇到一批"贵人"，他们是从北京、天津、西安、上海等地名牌大学分配来的66届、67届毕业生，虽然大都是学理工科的，但文学素养极高，起先他们很谨慎，不愿与我这小老弟交谈，渐渐地，他们发现我本质不坏，加上闲聊能谈些中国、外国的文学名著，于是我们私下悄悄进行交流，后来他们偷偷地借给我不少当时的"禁书"——其实是经典名著，我夜以继日、囫囵吞枣地勤奋阅读，现在回想起来还颇是胆战心惊，万一被人"告密"，我们会被"一网打尽"，后果不堪设想。或许是我的工作间是别人不经允许不能进来的单独小间，这是独特优势，但也不能不防，我读书准备两手，上面是马、恩、列、斯、毛，包括一套《鲁迅全集》，下面是"封、资、修"的"黑书""毒草"，万一有人闯进，我把红色书籍掩盖其上。或许是得益于这批经典名著的阅读，我打下较为牢固的文科基础。自然，我不能张扬、吹嘘，更不能透露、说漏，这种地下式阅读的心境迄今刻骨铭心，但正是这样的阅读，使我珍惜，使我长进，书中的各种人物、心理、对话与现实对比，使我老成不少，以致不少同事感觉我寡言少语，老气横秋。

  进而读精深。如果有了读"黑书""毒草"的经验，那么就会有品赏、鉴别的机缘了。由于心虚，我读这些"黑书""毒草"不敢动笔墨、做笔记，生怕落下把柄而"东窗事发"。加上单位制度严密，管教严厉，一旦被人查到，不但是我及我的这些"哥们儿"倒霉，还会连累家庭及弟妹前途，可要"小心驶得万年船"。因为小心翼翼，没出事，我胆子有点变大，不再满足"借来还去"，对其中的章节用铅笔浅浅地勾画起来，用张纸条写上几句，算是心得，也算是批语，后来干脆用本黑封面抄本写上自己的读后感、评论，这样积累二三十本，出于小心，我秘而不宣，从不示人，自以为读得精深。后来我进报社工作，与一位老记者闲聊，他说他那时也读过不少类似的"黑书""毒草"，不过他有理由也有条件，乃是为了"批判"所用，说完他拿出大概足足有百来本黑封面抄本，我顿时咋舌，真是"小巫见大巫"。

我当时的读书大概属"偷鸡摸狗"的地下行为，但对我日后的思想滋养、文字锤炼、个人创见有着深深的影响。特别是读18、19世纪外国文学名家作品，让我看到另一片天空，思想启蒙由此发端。我记得在学校喜欢读哲学经典，后来接触、阅读文学经典、史学经典、经济学经典、政治学经典、社会学经典以及各种人物传记，眼界开阔许多，想问题更为深入，对各个大家的风格、个性有了自己的体悟，比如读苏格拉底，感到一种踉跄，一种窒息，一种焦灼，由此更加渴望，更加需要，忘情地扑向对方的怀里，进而喃喃自语：我的灵与肉都需要你的拥抱，而我同样也紧紧地拥抱着你——没有羞涩，没有胆怯，没有邪恶。读托尔斯泰，觉得自己的精神家园辉煌富丽，像一个容光焕发的贵妇、举止优雅的绅士，携带着生命中明丽耀眼的财富，在爱与欢乐的沐浴中，灵魂因饱满而跳荡，散发出甜蜜的芬芳。读尼采，让我感到每句话都是烈性炸药，尖锐地呼啸着，抛给自己一个又一个黑棺，使人的生命空间感到游荡在死神的魂灵中，让人震颤，又有恐怖的启悟，在精神似乎被炸毁、被掏空的同时,却又分明地感到内心有强烈的抑制不住的灼热的燃烧……

有人说:"开卷有益。"我的读书观也是如此,当然需要积累到一定程度,书读多了,自己有自己的评判,任何"愚民"政策,最终是会搬起石头砸自己的脚。读书可以结交智者,读书可以遇见高人,读书可以对话先哲,因为书是印刷出来的人类,上接前人与古人,下启子孙与后代。在我看来,读书可厚可薄,而文约义丰、言简意赅的书最值得读。

读书的要义在于,读书要读出真情、真话、真实,这样的书能提供思想养分,蕴含智慧,明白事理;读书的篇幅可长可短,立意可庄可谐,题材无所不包,天地君亲师,神仙虎狼狗,各类书都可读,只有读人所未读之书,方能言人所未言之论。写到此,想起南宋诗人陆游的话:"吾室之内,或栖于椟,或陈于前,或枕藉于床,俯仰四顾,无非书者。吾饮食起居,疾痛呻吟,悲忧愤叹,未尝不与书俱。"而宋代诗人尤袤的话说得更有道理:"饥读之以当肉,寒读之以当裘;孤寂而读之以当友朋,幽忧而读之以当金石琴瑟。"不过,我要加一句:读书是一辈子的事,持之以恒方能读好书。

现代信息社会读书方式在改变,但万变不离其宗:大众读书开启民智,个人读书是让自己活得更明白、更有价值。这便是我的读书观。

再谈读书观

说到读书,总有意犹未尽之感。每每拿起书本,会被书中的人文、科技知识所吸引,惬意徜徉,快乐遨游。也怪,倒是在不读书时,我常会扪心自问:为什么读书?再看现实社会,有些人皓首穷经,生活过得却是一般,有时还相当窘迫;而有些人几乎不看书,日子过得却很是滋润,花起钱来如流水一般。我怀疑古人所谓的"书中自有黄金屋,书中自有颜如玉,书中自有千钟粟,书中车马多如簇"不过是一种诱导,是挖个坑让你跳入,怪不得唐太宗李世民在开科举时看到新科举子从皇宫门口鱼贯而入兴奋道出"天下英雄尽入我吾彀中矣",科举制不过是他统治国家的一种伎俩。

不过,随着我读书涉及面广,发现自己有所偏颇,其实历史上有不少读书人志不在此,像晋代著名的"竹林七贤"之一的嵇康,隐居不仕,屡拒为官,因得罪钟会,遭其诬陷,而被司马昭处死。再如唐代大诗人李白,是豪气冲天、才华横溢的"诗仙",他的"天子不能臣,诸侯不能制,王公大人不能凌辱"的伟岸形象和独立人格，历来为民众钟爱。可惜历史活生生地把一个完整的李白劈成两半：一半是，志不在于为文，最后以诗仙、文豪名留千古，攀上荣誉的巅峰；一半是，寤寐思服登龙入仕，却坎坷一世，落拓穷途，不断地跌入低谷。

经年累月的阅读，慢慢体悟到读书的真实意义，读书是谋生的准备，也是阅世的奠基。读书，通常一是泛指阅读书籍；二是专指学校读书。相比学校的读书，踏上社会的读书更显重要，这是一本"活书"，一辈子读不完，将伴随你的一生。

中华民族繁衍生息，延续血脉，正是靠中华文化维系。在中国，不仅具有追求真理、热爱读书的良好传统，而且还形成了千姿百态、性情迥异的读书观念，在历史上形成无数有关读书的不同认知与理念，若对各色人等的读书观念及其演变加以探赜索隐，大可从中发现中国历史文化独具的丰富内涵和散发的无穷魅力。

据《淮南子·本经训》记载："昔者仓颉作书，而天雨粟，鬼夜哭。"足见文字与其载体的出现，对人类社会产生多么巨大的影响。于是久而久之，古人便形成了"开卷有益"和"敬惜字纸"的传统，读书时往往要"澄神端虑，净几焚香"，以示庄重、虔诚、敬意。同时，还从"万物有灵论"出发，把书卷奉为神灵来顶礼膜拜。

在中国古人看来，书的"本体要义"就是"代圣贤立言文以载道""以文化人"。刘向指出："书犹药也，善读之可以医愚。"明代郑瑄认为："读书医俗。"于谦《观书》诗云："书卷多情似故人，晨昏忧乐每相亲。"他们以生动的比喻来说明书的本质特征，表现出对读书的热爱之情。虽然历史上曾多次出现"焚书""禁书"事件,但"雪夜闭门读禁书""红袖添香夜读书"等境遇,依然是读书人梦寐以求的赏心乐事。

对于读书的目的,历来见仁见智,有人为功名利禄,有人为安邦济世,有人为修身养性,有人为休闲娱乐,不管何种目的,读书让人开慧生智,明晓事理,悄悄改变自己的人生命运。不过,在我看来,读书夯实人生的基石,迸发丰富的感情。在中国文学史上,我们可以看到:屈原作《楚辞》,李陵作《河梁送别诗》,太史公作《史记》,诸葛亮写《出师表》,曹植作《赠白马王彪》诗,庚信作《哀江南赋》,王粲作《登楼赋》,陶渊明作《归去来辞》,他们的作品都可以说是千古绝唱。我们还可以看到:李白、杜甫、白居易、李商隐、李煜、柳永、晏殊、苏轼、秦观、辛弃疾,一直到清朝的纳兰性德,曹雪芹,他们的文章诗词,热情澎湃,回肠荡气,感情从笔尖下滔滔不绝地倾泻出来,这些美文佳作成为中华民族的文化瑰宝。这些作者,并未刻意为文,却能情不自禁,绝妙佳词,冲笔而出。他们的情感充沛、笔墨饱满,如孟子所说"吾善养吾浩然之气也",能够影响古今传世文章,其情其气必须至柔至远、至大至刚。

"文以载道"。南北朝时刘勰著《文心雕龙》,他评论五经,认为从文学的角度来看,经文都是上品,以其载道也,载道的文章必定富有文气。古今中外,概莫能外。人文科学这样,自然科学也一样。自古希腊的科学家到现代的大科学家,文笔大都优美雅洁。他们并没有刻意为文,无病呻吟,然而文既载道,蔚然可观。科学与人文,实有错综交流的交会共通,互为借鉴。

知名科学家丘成桐指出，古希腊哲学崇尚自然，为近代的自然科学和数学发展打好了基础。中国人偏重人文，在科学领域主要的贡献是应用科学。但有趣的是，中国人提出五行学说，希腊人也企图用五种基本元素来解释自然现象，柏拉图甚至用当时发现的五个最对称的正则多面体来跟这些元素一一对应。中国人提出阴阳的观点，西方人也讲究对偶，事实上，希腊数学家研究的射影几何就已经有"极点"和"极线"的观念。文艺复兴时的画家则研究投影几何，对偶的观念，从那些时候已经开始了。丘教授对这一问题的探究，对我们富有启示。

丘教授着重指出，文艺复兴时期的科学家理文并重，他们也将科学应用到绘画和音乐上去。从笛卡儿、伽利略到牛顿和莱布尼茨，这些大科学家在研究科学时，都讲究哲学思想，通过这种思想来探索大自然的基本原理。以后伟大的数学家高斯、黎曼、希尔伯特、外尔等都寻求数学和物理的哲学思想。黎曼创造黎曼几何，就从哲学和物理的观点来探讨空间的基本结构。爱因斯坦在创造广义相对论时，除了用到黎曼几何外的观念，更大量采用哲学家恩斯特·马赫的想法。丘教授强调，很多大科学家尤其是有原创性的科学家，对文艺都有涉猎。他们的文笔流畅，甚至可以媲美文学家的作品。其实，文艺除了能够陶冶性情，文艺创作与科学创作的方法实有共通的地方。

由此可见，读书明智生情，笃行致远，表现出一种浓厚、美好的感情和理想。在中国古代，不少人为了理想而不惜性命。当年张骞出使西域，万里跋涉，使西域的文化、农产和牲畜，源源不断地输入中原。而卫青和霍去病奔驰大漠，窦宪勒石燕然，出生入死，才去除匈奴数百年来在北方造成的祸患。

有了这些勇气、这种志愿、这样情怀,他们才能够建立这些名垂千古的功绩。

也许有点扯远了,还是不妨说说自己的读书观。我以为,读书是人生一大乐趣,犹如唱歌、跳舞、画画、下棋、打牌、练剑、游泳等,不同人有不同爱好,读专业书是"滋补",开拓知识疆域;读闲杂书是"休闲",调息心头杂念。读书是思想的牧场,大思想家卢梭说过:"读书能促进我的思想,我的身体必须不断地运动,脑力才会开动起来。"读书是精神的寄托、心灵的憩园,大科学家爱因斯坦在郊外河边散步常会带上书和笔,当灵感来临,就随手拿出笔与纸演算起来。读书,从滚滚红尘中淡出,从功名利禄中解脱,拂去心尘,纯净灵魂,忽而触景生情,忽而文思泉涌,这种快乐惬意,唯有自知自得。

我的读书观,比起古人、名家也许很浅薄,但以为读书知世,读书阅人,似亦可用16个字概括:心通天地,思入风云;洞察人心,见微知著。诚如一位老出版家所言:在书中,徜徉在青山绿水之间,既窈窕以寻壑,亦崎岖而经丘,仰观悠悠白云,俯视盈盈绿水,或任思绪天马行空,忽而天上,忽而人间,观古今于须臾,抚四海于一瞬,或让脑海混沌一片,虚静得一无所有,思虑全无功利的羁绊,一种精神上的洒脱感和自由感灌注全身。进入这种忘我境界,岂不快哉!

读书是养心

对于读书，我没有经验之谈，也许出于一种爱好、一种习惯，或者说是一种职业，常把读书作为培养自己的情趣、开阔自己的视野、提高自己的境界的路径，行走在这条道上，看到无数相同与不同的人生风景，有快乐的，也有呻吟的；有愉悦的，也有愤懑的；有血性的，也有奴性的；有静谧的，也有喧哗的；有优雅的，也有低俗的；凡此种种，不一而足。自然，我不是无动于衷的旁观者，我边走边看，边看边想，慢慢产生自己的判断与选择，渐渐生发自己的欣赏与鄙视。常言道：读书是寂寞的。对我而言，读书其实不寂寞。

所谓不寂寞，就是书中有各色各样的人物、言谈、行为与自己相伴，影响自己，遇上这么多的人，那就要选择境界高、情味深、人品好的作为自己的榜样，以此激励自己，诚如擎起一支火炬，消融内心的冰点，点燃生活的热情，照亮未来的希望。实不相瞒，年轻时读书似有功利性，为了谋生常偏爱某类书，不合自己胃口者，则随手扔到一旁不予理睬，这种"偏食法"可算是职业读书的弊端,容易将读书视野局限于专业范围,由此则可能一叶障目。

"五十而知天命",这个时候开始有点明白为什么读书——读书不仅为"谋生""生活",更重要的是为了如何"做人""为人",读书使"智慧""智识"得以开发,有"谋生""生活"的"技术""技巧",更重要的是如何去做一个真正意义上的人。"六十则耳顺",也许经历得多、涉世得深,原先心浮气躁、血气方刚,现在逐步稳重起来,不去贪图读书的功利性,可称为业余读书。业余读书,常常轻松自如地读各种书,美的丑的、好的差的、优的劣的都能容忍,不过自有舍取。此时的读书能让心静下来,自由地读,读得自由,只是自愿,不是强求,既不为学问而学问,也不为论文而论文,既不献媚他人,也不迷失自我,进入一种极为轻松自由的境地,只如孔夫子所言"默而识之"便得,此刻,心神遨游古今,思想飞翔天宇,这种快乐也许只有心静下来方能享受,当然这是一种高级、高尚、高端的精神享受。

流水之声可以养耳,观书晓理可以养心。这种读书养心,是不为外界的五光十色、光怪陆离所动,而在心灵深处汲取他人的智慧阳光和思想养分,渐渐地渗透,慢慢地陶冶,从而让自己的心灵变得愈加丰采、愈加洁净。也许默默地读书阻挡不住年岁的苍老,但足可让自己的心灵变得更为年轻、更具活力。现代人讲究养生,其实养生重在养心,让自己的心灵从躁动不安的外部环境中沉静下来,好好安顿,能增添生活乐趣,亦有益于身体康健。中国有句古话,叫"相由心生",是说人的相貌由心灵决定的。一个经常生气的人,面孔必定是愁眉纠结；一个开朗乐观的人，面孔必定是喜庆舒展；一个内心充满邪恶的人，面孔必定是阴晦冰冷；一个内心充满善良的人，面孔必定是慈眉善目的。这种"以貌取人"未必全对，不足取，但人的内心是脸相的展台，所思所想，日久天长，一定会表现在"脸相"上。读书是养心，由心到相，由相入心，正是一种转化，唯有恒心，养成习惯，才有高品质的享受，有极快乐的生活，岂非人生一大佳事！

　　说到读书养心，还须对书重新认识。以前对书的界定，通常指用纸张印刷而成的文字。许慎《说文》曰："著于竹帛谓之书。"朱骏声《说文通训定声》云："上古以刀录于竹若木，中古以漆画于帛，后世以墨写于纸。"随着现代科技的发展，书作为文字的载体，其形态、形式发生颠覆性变革，比如，电子书横空出世，逐步出现"纸质书与电子书并存""电子书跃跃欲试，欲取代纸质书"之势，但我以为，这不过是书的载体形式的一场变革，其书的"本体要义"——"文以载道""以文化人"，在本质上没有变，准确地说，现代人通常将书视为信息的载体与学习的工具，或誉为人类进步的阶梯、思想的宝库与智慧的结晶。相对来讲，在现代社会，纸质书比较静态，电子书比较动态，在这境况下，读书养心更要"寓动于静"，弄明白读书为何、养心为何，正如古人所说，"书犹药也，善读之可以医愚""读书医俗""书卷多情似故人，晨昏忧乐每相亲"，这些生动的比喻，表明了读书的本质特征始终未变，由此把心静下来，在喧闹的世界里潜心读书，显得多么迫切、重要。

　　读书养心是一种内涵，也是一种方法。对读书的方法，前人通过实践总结，有着不少的真知灼见，在文化典籍中亦记载了无数读书人勤学苦读的感人事迹，像悬梁刺股、凿壁偷光、**囊萤映雪**、焚膏继晷、负薪挂角、圆木警枕等成语故事，更是古代读书人刻苦勤勉的生动例证。朱熹认为："读书之法，莫贵乎循序而致精；而致精之本，则又在于居敬而持志；此不易之理也。"他的弟子将其训导总结为"朱子读书法"六条，即循序渐进、熟读精思、虚心涵泳、切己体察、着紧用力、居敬持志。朱子读书法集古代读书方法之大成，被后世称为最系统的读书法。至于陶渊明自认"好读书，不求甚解"，杜甫主张"读书破万卷"，左宗棠强调"读书人要有蠢气"，则可以视为对各自读书方法的真切体悟，但这些，都与静心、潜心、安心的心境有关，也可以说是养心的良法。读书的心境极为重要，而心境唯有在读中养，养中读，心境变佳，心胸变阔，在此过程中，就能正确处理博与约、学与问、学与思、信与疑等各种读书问题，而敢于质疑，实事求是，不盲目迷信，不盲从迷失，这是读书的正确态度，由此，读书养心才有正果。

我们还读书吗

第十三届上海书展在 2016 年三伏期末伏闭幕了,此天气温又正值 35 摄氏度以上,但读者热情不减,依然冒着酷暑,络绎不绝地前往展区寻找自己酷爱的书籍。对上海书展,只要本人在沪,几乎每年都参加,除寻觅喜爱的好书,更在于在书展期间常能遇到相熟或认识的书友,彼此交流互叙外,还通报出书行情,是难得的书友聚会。

开幕那天,原本是上午 9 点开门,我特意提前半小时到,在网络时代,纸质书籍遭受冲击,青年读者渐渐失去,我原以为这次多半中老年读者居多,可到了现场一看,嘿,但见东、西两门排起长龙,很让人想起改革开放后在原人民公园边老上海图书馆排队借书的读者队列,自然现在的条件好多了,参加书展购票的读者今非昔比,头顶上有主办方搭起的凉棚,还有凉爽的水汽喷雾,再仔细瞧,不但有中老年读者,在队列中大部分是青年人,这是我意想不到的。

书展开幕这天也是高温,好在我事先有了入场券而从西门准时进入，保安措施挺严，也许有以往参加书展的经验，我双手空空，连包都未携带，很顺利地通过安检，于是按老路线从西边的高校出版社摊位开始浏览、查找书籍，再向北又向东，进入世纪出版集团，一家一家地访书……上海曾是中国出版业重镇，莫说20世纪二三十年代，即使到了七八十年代，上海所出的各类书籍在全国也非常有影响力，无论社科、人文，在自然科学方面亦是如此。

在找书、觅书中，我注意观察读者群，年轻人相当多，这使我始料不及。常听人道，如今的年轻人几乎不看纸质书籍报刊，他们的读书方式往往是从手机、电脑上阅读，而且读书趣味也从古典、经典转换成时尚、新潮，尤其对国学、名家名著不屑一顾，热衷于读在我辈看来连书名都是稀奇古怪的书，其中原因自是我辈弄不清楚的，或许是"代沟"，或许是"断层"，可能是我杞天忧人，总觉得中国的传统文化正在"滑坡""沦陷"，好似王小二过年——一年不如一年，长此以往，何以提升整个国家和民族素养，何以用软实力走向世界？在这方面我并不是很乐观。

出版界当然是第一责任，因为所出的书会影响或引导读者，用花花绿绿、花里胡哨的封面来"吸引眼球"，而书里内容空空如也，或者不知所云，读者自然不会买账，也不会来购买；可话说回来，一旦"经济效益"捆绑出版社——尽管也强调"社会效益"，可骨子里"铜钿眼里出书"，岂能有大手笔、大作品、大家书？当代人很注意包装、宣传，而书评界一味著文捧吹，缺乏真正的褒扬、真正的批评，使得书业在"一片叫好声"中衰落、败退，这对年轻人是有很大"杀伤力"的。我想，年轻人不读纸质书不能"全罪"怪之，倒是要反思我们出版界、书评界包括著述界的行为、动机，扪心自问：我们出版界究竟做了点什么？

自然也有技术因素，像互联网的发明，改变了世界，改变了生活，也改变了书界业态，年轻读者群的丧失、锐减，需要出版界除了选题、品质、精细，更需要"拿来主义"，运用现代技术手段，来引导、吸引读者阅读的口味，提高阅读的品位，扩大阅读的视野，一味批评年轻人不读书、不看报，这其实是一种偏见，是不公正的。

在这次书展上，我看到不少青年读者孜孜不倦、全神贯注地寻书、找书，不是说年轻人不喜欢读纸质书吗，可现场看看，倒是年轻人不惜工本、不加盘算，认定的书毫不犹豫地买下，这个"一举拿下"的读书风度，使我辈汗颜。是读书人，对钟爱的书好比对情人、爱人，可以赴汤蹈火、全部付出。看来，后生可畏，向来对青年人不读书抱以悲观态度的我，刹那间心中涌起一股暖流与敬意！我恳切希望，青年人爱好阅读，无论纸质还是电子版本，应该成为常态，成为生活中不可或缺的一部分，让这个氛围越来越浓厚。

有趣的是，我偏爱学术类书籍，在东一馆及东一馆中央大厅，我浏览、购买中国出版集团如商务印书馆、中华书局等大牌出版社所出的学术价值很高的老书、名书、新书，渐渐发现我身边挤满一群人，再看看，他们的年龄不大，不过是二三十岁以上者，这引起我的好奇，不禁看看他们所购买的书目，嗬，大都是古籍名著，当然版本是新的，是新瓶装老酒，再看看著者或注家，他们挑选很内行，都是国内一流的当然也已仙逝的名家、大家，看来他们的眼光不错，至少懂行，识货，故我对年轻人又刮目相看了，至少在我头脑里纠正一种偏见，以为当代年轻人不看"书"只看"机"。也许，在书展上是个例，实际生活中还存在不少不看纸书、报纸的现象，如果我们把纸质书与电子书融合起来，出版社真正地出好书、出佳作，便像一个好厨师能烧出一手佳肴，何愁没有食客？精神食粮的酿制，需要好厨师、好食客，而且还需要中肯的评价、客观的评述，厨师与食客互帮互携，才能真正振兴书界。

逛书展还有一个想不到，以前参加书展多多少少能遇上一些读书界、出版界的老朋友，近一两年参加书展，发现以前的书友极少见，最多一两个，而不是一二群，我纳闷儿：以前的书友哪里去了？兴许相互交错，但从这次参加书展的概率讲，见到以前的书友不会少却偏偏少。何因？大概天热，大概人老，大概好书难觅，大概不凑热闹，这些大概填满我的头脑，理出一条线索，即爱读书的喜欢从网上购买，要读的书未必能从书展上购得，加上喜欢读书的人对如今的书籍介绍非常反感，有些书"名不副实"却大肆宣传，结果会上当连连；有些书用没有学问根底的"明星"当牌子，也使书友们极为嫌恶。还有书价涨价，不少书友学会"网购"，抵销被涨的部分。也许，读书是静悄悄，不须喧哗，不许张扬，读书是一种精神愉悦、精神享受，不必"赶大集"，不必"闹哄哄"，想到此，我释然，对这个"想不到"有点想通了，但看看那么多年轻人购书阅读情景，我想书友们以后再也不要对年轻人的阅读说三道四了，倒是要起点作用、帮助，莫说"读书导师"，至少以书与年轻人相会相友，或许能从他们身上学到新鲜的东西，而不要去做"九斤老太"。

　　回过头来看看题目，发觉这个题目有点走题，"我们还读书吗"是疑问、设问，其实这个"书"应该标明"纸质书"，且是工余、课余、业余读纸质书。虽然当今网络发达、信息密集，但读纸质书不该放弃，而纸质书也不会消亡。这次书展虽然结束了，但国民阅读尤其读纸质书的风气不能丢；相反，我们要营造、培育、养成，这样，"我们还读书吗"将不是一个问题。但愿我们能够解决好，同时更期待年轻人成为全民阅读的主力军。

读书为何要读经典

以前我的读书属于"翻书党"一类,看到什么书都是"胡子眉毛一把抓",囫囵吞枣地读,有兴趣的就翻阅下去,而有的读着读着觉得没劲,就把书扔到一遍,再无雅兴去浏览。在读书圈里,听书友讲述某书如何如何好,心里便痒痒的,有机会就去寻觅,结果是两个:一则是"英雄所见略同",大有知己之感,甚至迷信起此书友推荐及描述的书目,哪怕成不了"英雄"而只能"惺惺相惜",也毫无埋怨;一则是轻视同好,觉得荐书书友言过其实,读其书未必如其所言,于是渐渐产生读书距离感,在这点上,我相信"信而不美,美而不信;知者不辨,辨者不博"。

我的读书其实有许多陋习,不能专心致志地读完自己想读的经典,常会读到大半部就束之高阁。如今细想,这个陋习与"文革"中断学业、出现"书荒"有关。在"文革"爆发时,我们正在按部就班地读中学,并准备通过升级考试读上去,结果"文革"来临取消考试,如此在学校又耽误两年参加所谓"运动"。说实话，我不理解"文革"，在荒废学业的日子里，我就"躲"到学校图书馆偷看书，其实高年级的同学也有偷看书的，只是大家都心照不宣，而且更不能将书带回家看。兴许是在高年级同学的影响下，知晓了不少中外经典名著，彼此默契，互相弥补，因怕被人揭发偷读"禁书""毒草"，常常是一目十行、快速阅读，只要知道大概意思、情节就可，对这些中外经典书籍不会也不可能慢慢地去欣赏、体会，更不会去默默地闭目遐思、猜想后面的情节，毕竟偷读心里发虚，而高年级的同学富有智慧，常常用木棍、脸盆、器皿等放在门框的机关上，一旦生人闯入，发出声响犹如警报，让我们好准备应付。现在想想，这些偷读经典的行为是"斗智斗勇"，虽然我们大都是"运动逍遥派"，倒也生发不少乐趣。后来离开学校，那些经典名著公开被禁，但读书的火种始终没在心里熄灭，后来与那些大学毕业，先被分配到农场、工厂劳动锻炼的大书友交往，他们对经典名著烂熟于胸，娓娓道来，更吸引了我对经典的向往，可惜难以借到书籍，只能享享"耳福"，而大书友慧眼独具，就看你这个人的人品、性格如何，爱书、读书怎样，那时他们都算"臭知识分子"，感谢他们看得起、看得上我，我与他们"臭味相投"，偷偷摸摸地又读上一些经典，对我人生途径、职业生涯产生很大影响。

改革开放后，不少中外经典名著再版重印，我兴冲冲地购买不少经典，还与书友互换经典，在20世纪80年代，应该说是我读书尤其是读经典的黄金时期，再也用不着偷偷摸摸地阅读，可以堂而皇之、理直气壮地看书，直到今天我还怀念这样的日子。

50多年过去了，影响我们这代人的经典常常可在书店里看到，而且书的品相更显美观，遗憾的是，购买经典的读者少了，书价贵是一个原因，但对经典漠然视之，或者是熟视无睹，缺乏敬畏之心是一个普遍现象，我有点茫然。当然不要去说别人，就拿自己而言，好像对经典再无像当年的激情那样，如今有那么多经典，竟无一种深深的渴望，一种强烈的求知，想去阅读，想去探究，想去冥想，也许时代变了，加上网络媒体兴起、电子书籍发明，纸质经典真的"日薄西山"吗？难道读书人真的与经典"挥手惜别"吗？现代科技发展确实在推动社会进步，也使经典出版多姿多彩、熠熠生辉，但在我看来，经典名著在不少读者尤其是年轻读者心目中不再那么重要，以前是书友看重经典，现在是网友看重网文，而快餐式阅读，使经典尤其纸质名著背着沉重的包袱，步履蹒跚地行走，现代年轻人满足时尚的消息、快捷的微信、无伤大雅的调侃，经典只能轻轻地叹息，显得那样背运背时，微不足道。我有时也无聊地瞎想，我每天拿着手机，不时看上面信息，每次10秒或几分钟，每天积累起来可能就是一两小时或者更多，倘若将这些时间用在阅读经典上，那么我们的读者、我们的民众潜移默化，对国民素养、文明程度的提升将起多少重大作用！当然信息资源也是文化、文明的重要源头，舆论监督、褒贬也是文明社会所需，但阅读经典犹如重型武器，比一枪一弹的"鸟枪"不知强多少倍。经典不仅是专业学者需要阅读，作为民众读一点经典，对当今中国的改革、创新更具作用、更有影响。这与当今出版界也有关系，"跟风出版"蔚然成风，而将经典出版看作可有可无，殊不知，这种"谦让"只会让"俗书"泛滥，而文化经典渐行渐远，会被人们遗忘，这将多么可怕！如今，我们一直在强调文化创新，但倘若对自己国家的经典都不熟甚至一知半解，何以传承乃至创造新的中华文明？恕我孤陋寡闻，现在的书店似在渐渐消亡，犹如大城市的农田正在不断萎缩、荒芜，这种状况令人担忧。使人更为不安的是，现在网上的经典看似经典（这里要指出的是，网络好像只讲技术，对经典的把握审定，缺乏专业人才，以致漏洞不少），但诠释、标点、文字差错极多，如此贻误子弟，只能毁掉经典，就像农田不产粮食，中国民众的精神食粮也会由此"断粮"，不是我辈杞人忧天，真正的后果将不堪设想！

　　有时我在想，经典塑造了中国民众（以及外国民众）的文化观念，调控着人们的行动方向和价值追求，由此经典的阅读是个体自我认识的需要，也是族群自我认同的需要，更是文化自我更新的需要。在今天，阅读经典不再像我们当年那样遮遮掩掩、偷偷摸摸，阅读经典使当代中国人能将文化观念加以固化表达和传播，可以与世界交流、沟通，这就是经典之用，看似无用，实是大用。记得牛津大学理查德·道金斯教授曾说过，所谓经典，是通常的文化模因，像流行歌曲，"只能在短期内迅猛地扩散，但不能持久"，而那些"可以流传几千年历久不衰"的文化模因，"通常是由于见诸文字记载的东西拥有巨大的潜在永久性"。所以，一个人或者一个社会，如果要认识社会与自己行动的深层根源、行为模式和价值追求，阅读经典是一个最好的方法。随着社会的开放，中国不断地融入世界，人们包括年轻学子掌握娴熟外语，对中国和外国的经典会有更深的了解，也可在深层次上进行自我反思和自我改进，如此民智得以开掘,民风得以淳厚,民学得以滋养,中华民族千年以来的"内在和外在行为的规则"可以得到经典的仿效和制约——尽管经典也是在不断变化、衍生。回想阅读经典的经历,我觉得经典阅读会让我们得到精神上的较高满足。这种满足不同于物质的满足,也不同于阅读流行作品带来的满足。其所得到的满足不是当下的,而是推后的。如看流行作品,也许我们当下便会得到满足,但阅读经典一般有一个相对漫长的时间间隔,这是发酵、催化、成熟过程,在浩如烟海的书海中,真正发现经典是困难的,而这种发现是经过一代一代读者沙里淘金筛选下来的,所以,在有限的生命中阅读到数量有限的经典,乃是一种幸运与幸福,所以在阅读经典时需要一定的速度,但这个速度并不是像我以前的囫囵吞枣式阅读,而是需要慢慢细品,它强迫我们读它必须慢下来、静下来,甚至需要不断重读,所以,阅读经典是"我正在重读"的书,而非"我正在读"的书。也许,它并不满足我们什么欲望,即有意地拒绝满足的即时性,但阅读经典中,会在我们心灵深处产生回应,这种回应,就是改变和转换自己的命运。"书读百遍,其义自见",你会得到许多启示,得到许多欢悦,得到一种安心宁静、无以言表的享受。

意大利当代作家伊塔洛·卡尔维诺写过一本书,叫作《为什么读经典》,这本书有三十几篇文章,许多文句有点遗忘,但他的有些话说得非常在理,不妨笔录下来:"我爱简·奥斯汀,因为我从未读过她,却只因为她存在而满足。我爱果戈理,因为他用洗练、恶意和适度来歪曲。我爱陀思妥耶夫斯基,因为他用一贯性、愤怒和毫无分寸来歪曲。我爱巴尔扎克,因为他是空想者。我爱卡夫卡,因为他是现实主义者。我爱莫泊桑,因为他肤浅。我爱曼斯菲尔德,因为她聪明。我爱菲茨杰拉德,因为他不满足。我爱拉迪盖,因为青春再也回不来。我爱斯维沃,因为他需要变得更老。我爱……"确实,经典是每次重读都像初读那样带来发现的书,经典是即使我们初读也好像是在重温的书。卡尔维诺将他的经典藏书向我们娓娓道来,也让它们在读者面前呈现千姿百态的魅力,对此,我记住他的经典之语。

新 年 夜 思

又一年过去了，时光真像流水。是夜，四周静寂，悄无声息，窗外是寒风瑟瑟，一片漆黑，也许是我居住地偏僻如此，大上海不乏繁华热闹处，不说是灯红酒绿、醉生梦死，至少是亲友团聚、畅叙心曲，若用"几家欢乐几家愁"形容，亦为贴切。可能我喜静不喜闹的个性使然，每逢节假日，我总愿意"躲进小楼成一统"，独坐在书房品茗阅读，这是最美好的时刻，也是最幸福的享受，自感远比那些政客、老板、明星、大咖要舒心得多、快活得多。当然在阅读中，我会恬然静思，望着窗外，看着台灯，盯着房梁，此刻我默默瞧了一眼墙上的挂钟，2016年的最后秒钟已指向零点，这意味着时光跨入临界，宣告2017年的到来，恭贺自己的生命路程又添长一段。

时下流行微信，说实话，我并不喜欢它，如果珍惜生命的话，微信是凶狠而又温情的"杀手"，它把生命的长度一段段切开，切得像薄薄的碎片慢慢地撒出，何况微信有时只能微微相信，而真实的则消散在微微中，不必去较真，不必去热闹，也不必去谴责，权当微信者自说自话、自娱自乐，我很怀疑当初微信发明者的身份与爱好——要么是古代汉语的崇拜者，即用最凝练、最简短的语言来抒发情怀，传递信息；要么是现代汉语的偷懒者，即不用纸张、笔毫而干脆用26个字母及其他符号、笔画替代，以此掩盖自己的真实情感。在中国书信中，笔端流出的字体是有喜怒哀乐的，有感情奔放者，有多愁善感者，有嬉笑怒骂者，有温情脉脉者，微信发明者智商高，情商低，确切地说是冷血型，也许他们不懂信件的情感，让含蓄委婉、刚烈强硬在微信中一概抹平，用僵硬、冷冰的字体替代不同情感、扼杀个体生命。社会、科技总是在进步，亦不能说微信一无是处，其中的视频、音乐、语音倒是强项，此时我耳闻朋友在微信中传来《友谊地久天长》的曲调，那优美动听的声乐，伴随我在静夜中的思绪，我闭上双眼，想象着，记忆着，飘动着，导领我走进纯净、美妙的天地。

不过，我慢慢地移神换景，回想起我的故乡、我的幼年，想象变得辽远，渐渐编织成一帧水墨小品，诚如我的同乡先辈、著名画家吴冠中的那幅《静巷》，几笔疏落淡雅的写意，走进我的回忆，钻入我的心灵——那是我故乡的老街旧景，尽管现在荡然无存，但依然那样栩栩如生，他的简约笔调中蕴涵着一种空灵飘逸的美丽，一种韵味无穷的意境，永难磨灭。也许人老了，不会记当下而只会记过去，但那份情怀、情愫、情感，是时光掩埋不掉的。

在我故乡的老街，除了店面商铺、茶馆酒肆，有一条长长且弯曲的石路小巷，一直通到设有码头的河边，我跟随祖父或祖母出远门就坐上小船，看着清澈的河水，望着两岸的景色，数着蓝天的云朵,不知怎么,我幼小的心灵充满愉悦、幻想,这种心境大概现在的孩子都不会有。现在我知道这就是童真,一辈子唯一的、不可再生的。

　　有时跟大人上街,我对这条小巷格外钟情,我慢慢地走、细细地看,不过是一条石街小巷,但在我眼中是一片大世界,那份喧哗、那份宁静,像一曲悠扬、飘逸的旋律,而透过四季的景色变化,这曲调时时变化,真如《友谊地久天长》,确切地说是《故乡地久天长》,在我心头缓缓地流淌,这是一首柔美的天籁,一帧纯净的水墨,在安宁中浸润自己的身心,在孤寂中升华自己的灵魂,含蕴着圣洁的禅意和美妙的心音。

　　小时候我还喜欢雪,看到窗外雪花翩翩起舞,勾起我不尽的遐思:每一片雪花都是一个动人的故事,每一片雪花都融入了一段欢乐的情趣,每一片雪花都有一幕美好的回忆,那时我不知什么"白雪公主",早晨一掀开窗帘,窗外那夺目的雪光便耀得人不敢睁眼,顿时兴奋起来,于是孩子们欢呼雀跃,欣喜异常。雪稍微一停,小伙伴像一群从笼中放出来的小鸟,一阵风飞出大门,在大街小巷雪地里追逐疯闹,用冻得红萝卜似的手搓着雪球,打着雪仗。跑累了,孩子们就回家拿出铁铲,你一铲我一铲,堆出一个憨态可掬的大肚如来佛——如来佛双手合十,用煤块镶嵌的黑眼睛静静地望着面前的孩子们,好似在为孩子们虔诚地祈祷幸福安康。可惜,如今冬季下雪的日子几乎没有。在这静夜,我多么期盼飘起雪花,哪怕一点点碎片,给我在阅读中增添情趣、赋予幻想。

　　黑夜让许多人感到可怕、孤独,于我而言,喜欢夜读、静思,我与书中的人物对话、聊谈,而场景各有不同,风物也是各异，但从内心来说，我羡慕、向往老庄的那种恬淡的生活。在今日世界，当然不可能会像嵇康、陶渊明那样对月饮酒、采菊东篱，但那种不畏权贵、乐观豁达的精神状态与生活态度，我由衷佩服并感觉值得效仿。我想，在这个"金钱至上"的嘈杂世界，至少要留有自己的生活空间，有一块没有污秽的田地，而读书世界是最适合的，可以让自己纵情于其中，游离于其外，这不是躲避，更不是畏惧，而是以高洁的精神滋养自己的心灵，用纯净的思想贯通自己的心脉。

　　对我来说，那些熙熙攘攘的都市大街，那些庸俗不堪的人情往来，不仅不屑一顾，而且也很难驻留在我的记忆中。我讨厌那种浮躁的纷扰与虚假的繁华，我相信真正的生活是朴实无华和真诚相待。如果说能够常常在我心头萦绕的画面，是那些寂静幽深的小巷，是那些洁白无瑕的雪景，弯弯的一条石街小路，悠悠的一片霏霏雨雪，它带来的诗意，带来的愉悦，常让你感到人间世界的美好，从而怀有一种浓浓的情结，一种淡淡的念想，一种让宁静回归生活的心愿。这不是我个人，也许是众人，尤其是真正的读书人。

　　秒钟早已过了 2016 年，我哑然失笑，真是自作多情，何必去想那么多、那么烦，我立起身弯下腰，伫立窗前，默然望着静夜。

难忘今宵

今宵，是2015年的最后一晚，当然按中国人的农历计算，还是"大吉羊（祥）"的乙未年，尚有一个月零一个星期才算正式进入"金猴子"的丙申年，可如今年轻人不习惯农历而熟稔于西历，只有待过春节时才想到除夕夜，而后是正月初一、初二地算下去，大概过了正月十五后又进入公元年的计算法，如此一年复一年、一代又一代，中国人对"过年"始终是不会忘却，但对今夜也很看重，因为明天是2016年的元旦，新的一年（西历）将开启，人生又长一岁，像靠岸的航船再次鸣笛进行远航。

对于我来说，今宵是难忘的，不是年龄增长、身体衰老的含义，而是对人生路上的沉思。也许，此刻外界很是热闹，而我却静静地坐在书桌旁，回想自己曾走过的路、做过的事，倘说是家国情怀，似乎看高自己，本人则是一介平民，说得好听些，不过是一介书生，于家于国是"蚁民"而已，以前的大志、宏愿，随着时光的流逝，在渐渐地变小、变浅，但我还有点不太甘心。兴许是长期的职业生涯，让我懂得人的自由思考、人的思想精神比年龄、财富更可贵，我没有专长，唯有对读书、写作抱以浓厚兴趣，由此长点慧识，只想一门心思看书、写书、评书——尽管写得少，越来越有眼高手低之感，可我依然想在阅读视野、文字写作上突破，我的贪念在于，世界上有那么多好的书还未来得及阅读，或者说来不及品味，匆匆地走完此生是极大的憾事，这就激发我对未来的憧憬，勉励自己以沉静去面对周围的喧嚣，在沉静中我坦然、欣慰，在沉静中我定然会看到灿烂绽放的思想花朵。

说真的，当今的世界真精彩，也很无聊，最令我看不惯的，是所谓生活物质化，人际金钱化，社会媚俗化，交往空心化，尤其是互联网给人类生活带来颠覆性的变革，也由此导致人性缺乏，道德缺失，让中华文明、文化传统穿起长衫戴上西帽，道道地地地变味变样，说是不三不四不为过。让我忧虑的是，虚拟的世界冲击着现实的世界，在虚拟世界是黑暗遍及，现实世界却光明一片，让人不知所措，亦不知所云，于是，便有一种虚无缥缈、空空荡荡的唏嘘，一种让人感慨万千的失落。

怪谁，怪"互联网"这只猛兽，还是怪"西天域"那道圣光？在这静夜，我百思不解，难以找到答案。在这青灯黄卷中，我唯有沉默，只是静静地思，静静地读，我想，中国人的文化不是化在时髦、时尚里，中国人的气质不是显在外表、外衣上，他与他的祖先、前人有天然的默契、联通，当代中国人要走出这片混沌，理出头绪，可贵的在于行动，在于学养，在于精神风貌，更重要的是，需要具有一种特立独行的思想、敢于冲破藩篱的作为。人们呼唤好官、好人、好的社会之风，窃以为这一切关键在于读书人，取决于是否有一大批忧国忧民、敢怒敢言、具有社会良知的读书人。如果说现在没有，不等于一直没有，好的读书人需要造就、培育、滋养，我坚信，未来的大思想家、大政治家、大著述家一定会出现，中国历代不缺好的读书家，中国的未来只能靠中国人自己——尽管我自己很卑微、羸弱，但潜心于读书的人，在中国永远不会"断代缺种"，犹如播撒种子，只有慢慢耕耘、辛勤劳作，种子才能生根、开花、结果，中国读书人的人生百味也绝不会伴随时代变幻而显得苦涩、辛酸。

今宵，四周寂静。远处，夜空散发一道道灿烂的灯光，而我坐在书桌旁，只见窗外树影重重，杳无人声，大概是腊月，寒冷笼罩着我的住宅小区，邻居在自家屋里享受着生活的快乐，而我读书读倦便枯坐着，无思无想，忽而联想翩翩，想到幼时，想到中年，想到老境，时钟突转到子夜12时，猛然觉得跨过了一年。是啊，2016年到来了，不要再无谓地想了，再无谓地累了，不如早早休息，养精蓄锐，在新的一年里照着自己的规划重新出发。是啊，公元年是新年，农历年是老年，那么自己将在新年——猴年有何作为，则要重新盘算，也许能练就一副"火眼金睛"，识别真人假人，辨出真书伪书，只要自己努力，一定能登攀书山，鸟瞰世界。

今宵难忘，难忘今宵。

二十年代追想录

时间过得真快,转眼是 2019 年最后一天,今夜零点后就跨入 21 世纪 20 年代,按公历计,标明历史指针又跳过一格,意味着自己年岁又长了一岁。每年我有个习惯,喜欢在公历最后一晚守夜,尽管万籁俱寂,天气寒冷,但开启空调,点亮台灯,拿一本书静静地阅读,眼有所观,心有所想,陪伴这个特别日子、这段特殊光阴的流逝。

很巧,前些日子我又第四遍重读鲁迅的著作。前面三次都是在"文革"期间阅读的,我所藏的是 1957 年由人民文学出版社出版的 10 卷《鲁迅全集》版本,这套书在"文革"中"书荒"年代,伴随我度过寂寞的青春,因为那时除了红色书籍就没有其他书可读,书店里也没有什么书好买,鲁迅先生的书算例外,但那时书店里全套的没有,何况囊中羞涩亦买不起,正好有一位好友借我,这套全集从第 1 卷到第 10 卷,我在三四年里反复读,重要篇章不止三遍,那时虽然读得似懂非懂,但十分佩服鲁迅的文字,尤其是鲁迅的讽刺技巧及战斗精神。天道酬勤，我的这位好友亦好读书，1977年考取复旦中文系，大概忙于学业，或许遗忘此书借阅于我，一直没向我索还。在我印象里，我记得可能还有一个最大原因，就是初读全集，我不时在书上画线、圈圈、批注（借阅别人的书，养成这个坏习惯，至今我很有愧意，对不起这位好友），待还书时，友人翻开书不禁皱眉说道：怎么在书上画上条条杠杠？我无语，默默地看着他，突然他做出一个我意想不到的决定：干脆将此套《鲁迅全集》赠送我。那时我们都年轻，心有灵犀一点通，彼此都没多言，一方再无责怪，一方也无感激。我这位好友大学毕业后留校任教，并协助中文系教授兼主任郭绍虞先生做助手，郭先生是我国著名教育家、古典文学家、语言学家、书法家，学问高，人品好，对我此友有很大教益与帮助。也许是好友自小爱好书法，是大书法家沈尹默的关门弟子（"文革"开始前便入门），郭先生很看重他。郭先生于1984年去世，我好友于1987年以访问学者身份赴日本创价大学进行中日书道比较研究，1988年9月被日本东京大学聘为客座研究员。也许相隔两国两地，我俩渐渐中断联系，至1993年突闻他患病英年早逝，让我无比悲恸。今夜，读到这套《鲁迅全集》时，脑海里不时浮现出席在沪他的追悼会场景，内心哭泣，特别想念我的这位好友。

　　说实话，读鲁迅的书，我尤爱看他在20世纪20年代所写的文章。从1920年到2020年，时空跨度100年，整个中国社会发生翻天覆地的变化，但细读鲁迅的书，对比社会，鲁迅所刻画典型人物的性格特征、行为举止远远没有过时，鲁迅的伟大也许在此，他生命终止了，但他笔下的人物、往事依然存活，警示当代人和后来者。我的这位好友当年亦爱好鲁迅，研究鲁迅，给我讲述鲁迅的不少逸闻趣事，今日夜读，我似乎将好友与伟人两者混合起来，读着读着，眼眶湿润。

我真正感悟的是或者说真正产生兴趣的是《全集》中的20世纪20年代。在翻阅鲁迅书时，我觉得鲁迅的犀利、精彩的杂文大都在20世纪二三十年代写就，无论是论战、杂谈、小品还是散文、小说，20世纪20年代是鲁迅文学生涯最为重要的10年，他许多重要作品均在此期间写出——当然不排斥在30年代的作品，这里是相对而言。我百思不解：为什么会是这样？

20世纪20年代是中国历史上大动荡、大转变的时期，军阀混战，大概武士忙于干架，文士自有游弋空间，而那年代，中国社会底层百姓生活艰苦，文盲居多，不会去关注与理会文人们的"笔战"，对他们的争执、言论、派别等，全无兴趣。这些均是外部性，内在性是中国社会处于变革时期，受各种外来思潮影响，以及随着资本主义经济在中国的发展和西方政治思想学说的传播，代表新兴资产阶级的政治势力开始登上中国的政治舞台，文化思想界不是一而统之，定于一尊，出现不同派别、不同团体、不同思想、不同声音在20年代似乎很正常，鲁迅敢于向专制制度、黑暗势力抗争、呐喊，无情地解剖、抨击病态社会和伪君子，正是有思想表达的自由、书写出版的自由，这个社会虽有种种罪恶，但那个年代对文人相对比较宽容宽松，况且作为知识阶层，"皮之不存，毛将焉附"，军阀们忙于争地盘、争权势的"枪战"，自然顾不上、瞧不起文人们各自攻讦、互相辱骂的"笔战"，给"左翼"作家提供生存、活跃的空气与天地。

　　需要特别指出的是，那时的教育对培养国民性起到重要作用。中国百姓历来重视读书人，希望自己的后代通过读书有出息有出路，倘不能升官发财，至少生活不会穷困逼仄。可以说，20世纪20年代的教育，对后来中国社会、政治、经济、文化、科技的发展起到巨大作用，尤其科技界，一大批知识精英就在那个年代受到良好培育，这代"新学堂"教育出来的人，一代传一代，对中国之后的100年，即到了中国21世纪20年代的今日，影响力依然存在。不过，随着国力增强、读书人增多，当今中国的教育（也包括其他领域）似乎出现了问题，兴许社会生态起了变化，读书人也在改变，说得严重点就是"质变"。当今读书人是否能传承中国读书人的秉性，担纲中国社会未来的发展，在21世纪20年代来临之际，我有相信也有怀疑，至少疑惑不解。有点我自信可以肯定，就是在当今社会，再也不会有鲁迅式的文学家、思想家、政论家，因为社会变化了，生态改变了，难道还期望有个鲁迅再现？绝对不会。即使有，文化界、出版界、媒体界早将他"毙了"，还会有鲁迅？鲁迅塑造了著名的"阿Q"，在现在情势下，"阿Q"精神胜利法不但在普通百姓身上体现，而且又大都恰恰现身于有乌纱的官人了。

　　夜已深，时针指向2020年，我想我的夜读好像正在变成乌托邦，只能算是题外题，不必多言了。还是回到读书主题上，按我的读书经验，人的读书分前半生和后半生，前半生的读书是一直做加法，希望数值越加越多，这是为职业生存做加法，希望个人境遇与家庭变好。现在到了人的后半生，读书成了减法，不再有功利性，趣味趋淡，只是一种兴趣爱好，一种生活方式，我常常检讨自己，往日的激情失去，未来的希望绝望，于是兴味落了，情致淡了，追求少了。恕我直言，我现在的读书似乎没有宏远志向，只是自娱自乐、保持雅好，但愿自己清心、沉静、安详、通悟，至于那些无厘头、商业味的书，我不屑一顾，一律不看。我想，世上还有那么多好书要看，还是拣自己最最喜欢、值得一读的书。但愿现在这个年代，能像20世纪80年代那样，出那么多经典书，让人看不够。当然要回到20世纪80年代是不可能了，现在读书人多了，可惜再也不是以前的读书人了。

宋朝有位叫翁森的人作过一首《四时读书乐》的诗，其中"蹉跎莫遣韶光老，人生唯有读书好。读书之乐乐何如，绿满窗前草不除"的诗句颇有味道，不过我夜读鲁迅，觉得这位古诗人对读书过于乐观，如今的读书之乐不在乐，而在利，不时散发铜臭味。在现实社会，我想有时不读书反倒"无知无畏"，读太多的书反而捆住自己手脚，左右摇摆，毫无作为，现实例子实在太多，真的希望21世纪的20年代不要亦不再这样，关键是制度机制。罢了，夜如此静，还是停笔吧！

"巴金在上海"展览遐想

2004年11月25日,是人民作家巴金百岁华诞。中国作家协会、中共上海市委宣传部、市委统战部等在上海图书馆主办了"'巴金在上海'——巴金先生百岁华诞图片文献展",引起社会各界的极大关注。

没想到,有那么多人会自发地来看这个展览:一对白发苍苍的老年夫妇拄着拐杖仰头看着巴金在上海曾经居住过的益康里4号(今建国东路39弄4号)的照片,这是巴金翻译克鲁泡特金作品的居住地,老年夫妇互相对视,像是沉浸于历史的回忆中;一个清癯的中年男子则在展厅里徘徊良久,他忽而凝望巴金在创作的照片,忽而注视巴金晚年写《随想录》的那只小桌子,似乎在走入巴金老年正直而沉痛的心境;而两位30来岁的女士很仔细地观看巴金与妻子萧珊当年幸福家庭生活的真实写照,对萧珊写给巴金的家信、巴金在"文革"期间请求为萧珊增加医药费而写的报告的真挚感情油然产生敬仰之心;当年无锡钱桥10名学生写给巴爷爷的信、如今成都100

位小学生寄来"送巴金爷爷的 100 个祝福",让许多人感慨万千……比起大呼隆一哄而上的商业展,"巴金在上海"图片展不显热闹,不求华贵,只按巴老的心愿——让真诚的人来此聚会,也让真诚的读者悄悄地为他的生日祝福。

在文学领域,巴金的作品与成就是无与伦比、举世瞩目的。年轻时代的巴金因为不满旧社会的黑暗,他自谦不善说话,而心里有一股要说话的念头和激情,所以拿起了笔写出了《家》《春》《秋》等一系列伟大作品,诚如他说的,"我是一块木柴,我愿意让自己化成灰烬,给人间添一点温暖"。在做人方面,巴金的谦恭、平和、与人为善的品行,世人皆知,也成为世人楷模。他从来不前倨后恭或者前恭后倨,他说"要把心交给读者",生活中"不要去麻烦别人",所以他总是怀着平常心做个平常人。

有位新华社女记者说起她与巴金 20 余年的"忘年"交往:巴金在会见大官时总是紧张,但对她以及许许多多的朋友、读者却非常随意、亲和。有一次这位女记者写他为整理文集不慎骨折的细节,其中用了象声词"咔嚓",尽管巴金已住进医院治疗,可看到报道后却与女记者打趣"咔嚓"这个词,这位女记者曾经也骨折过,所以听到自己的"咔嚓"声,巴老善意、委婉的批评使记者意识到报道的精确性,让她以后更加"如履薄冰""兢兢业业"地从事新闻工作。在"巴金在上海"图片展开幕前夕,女记者写出《感觉巴金》一书,用许多真实、真切的细节反映真实、真诚的巴金。确实,作为文学家,巴金是中国现代文学的"本义"和"高度"的象征,其文品操守,高尚纯净,堪称中国的"文化泰斗",尽管巴老自己不愿意人们这样称呼他。作为人瑞，巴金又是泱泱中华良知和勇气的代表，其人品德行，将为今人与后人所称道。

"巴金在上海"展有无比珍贵的图片文献，它给观众带来无限的观感遐想，产生无形的思想空间，是一堂生动、难忘的人生观教育课。巴金的作品，值得人们评价；巴金的寿诞，值得人们庆贺。然而，我觉得巴老的人格魅力，尤其是他的真诚与真切，在当今社会更值得我们去关注和反思。

作为世纪老人，巴老用他的言行、文章，踏踏实实、兢兢业业地一路走过来，给我们留下无比珍贵的精神财富。在巴老的作品、思想、演说乃至日常生活行为中，真诚——是他的性格精髓，是他的人生标准，也是他的心灵寄托，希望所在。在生活中，我们未必能做成什么什么"家"，什么什么"家"常常只能是少数人，按时下流行说法"成功人士"只会是少数。可我们不能因为是多数就可以放弃奋斗，放弃机会，放弃努力，在人生进程中就去学假、作假、炒假。最要紧的是，我们要学会做一个真人，说一辈子真话，这是极为不容易的。"巴金在上海"展有无数个令人感怀处，但晚年的巴金，非常真诚非常投入地去做了一件事，他完成类似卢梭《忏悔录》的反思作品《随想录》，痛陈"文革"给中华民族带来的灾难，疾呼要建立现代文学馆，让子孙后代牢记这历史教训。巴老深深地解剖自己，并为自己讲过违心话、做过违心事而自责。这千古文字将是不朽的，而其真诚的精神、真诚的态度、真诚的行为，应该成为我们社会的良知和时代的珍品。如果说我们当今社会处在一个变革、转轨期，物质丰富了，需求增加了，可在做人道德上老是利己，老想满足个人欲望而不择手段，甚至不惜作假，整日痛苦地当"假面人",那么请问:这样活着有何意义?人性变得贪婪、假性,这生活将呈现何局面?要知道,资本主义社会也是反对说谎的,不诚实不率真,不仅买卖做不成,连坐在总统宝座上也会被拉下马。巴金说过:"我们的生命必须开花。道德、无私心就是人生之花。"展览中,有位诗人用这样的语言赞扬巴老的书和人格:像您的信仰那样年轻／像您的疑虑那样衰老／像您的自信那样年轻／像您的恐惧那样衰老……这是意味深长的。

　　人活到百岁不易,但倾吐真爱,留驻真言,展露真情,让心与心碰撞,让精神家园复归,更是艰难。尊敬的巴老,您正是初冬里的一捧炭火,您百岁生日便是炭火微光,而您的真诚之心,正像寒天送炭不畏途的热能,将温暖人间。

镜头里的真实记录

　　《追光逐影展视界》摄影画册终于面世了，可喜可贺！这是资深摄影记者陈焕联近年从在美国旅行所拍摄的百余幅作品中精心挑选出来的。这本摄影画册以纪实的手法，反映了美国的风土人情、民俗民风、民间活动以及部分华裔的生活场景，题材多样，角度各异，画面不一，中国读者从中窥见太平洋彼岸另一国度民众生活之一斑，有老年、中年、儿童，有上班族、大学生、情侣们，有街市、交通、港湾，还有建筑、夜景、山峦、沙滩、阳光、树林……随着中国改革开放的深入，国门越开越大，中国人民越来越融入世界，世界也越来越多地了解中国。陈焕联的美国之行，以记者的独特眼光，重新审视，重新发现，他的镜头里反映出美国人民热爱美好生活、祈求世界和平的心愿。这与中国人民和平发展理念和追求是一致的。

　　这本摄影画册出色处在于人物摄影，其中惟妙惟肖的人物特写、表情展露、背景烘托都有独到之处。不同于艺术摄影，陈焕联的作品画面形象是他在现场观察的基础上，经过最有代表性的情节和瞬间的选择，耐心等待，细心观察，伺机摄得。他为拍摄一张心中的好照片，不惜等上半天、一天乃至几天，时有"画面本天成，妙手偶得之"的境遇。正因如此，他日思夜想、琢磨构思地"拾遗"，绝非心血来潮去"碰运气"。长期的职业训练养成他敏锐的新闻眼光，其艰辛"捕捉"，并非突发奇想的创作产物，而是新闻敏感的职业反应。

陈焕联的摄影作品是技术的，亦是艺术的。在他看来，任何一张新闻图片，光有景是不够的，新闻图片须有人物，人物应该是新闻摄影的主心骨，不反映人的喜怒哀乐，不反映人的内心世界，新闻图片只能徒有其表，有"外壳"而无内核，缺乏灵魂。人的外表与内心，其实要表达或者传递的是一种思想、一个理念，包括多元性的社会文化。像《人物剪影》中，一张是脸部表情，一张是外部形态，细细品味，发现那张脸部透露对某事物的挚爱，而另一张的外部形态则散发对某景致的专注，实际上表现出热爱生活的一个片段。再如《街头即景》，大街上大人的脚步匆忙，而坐在小推车里的一对儿童，却非常悠闲、好奇，这就形成对比，把一对儿童放在图片中心位置，表现出儿童心理、思想，亦反映出摄影者的思考；有趣的是，该章中还有好几张别开生面的画面，展现不同人的欢乐或沉思情愫，摄影简练，内涵丰富，起到画龙点睛的效果。很欣赏《校园美哉》其中的两张，表达的是高校的教师形态，女士拿着书本，阳光照射她的面部，男士拿着书本，脸上似乎愁云密布，这两张图片的互比，凸显摄影者的思想，也间接反映不同行走者的不同思想、不同境况。

对城市风景的拍摄，陈焕联用了心思、花了苦功，在《街头即景》中最末,左边一张构图别致,拍摄方法采用俯拍,左、右、后均拍人的脚步,而进门者则亮出全身影,主体结构以门框为中心,这给读者留出想象空间……可见,作为摄影记者在现场的观察要力求深透,随时注意现场的中心和高潮的出现,并力求看到事实发展的全过程,这样才能心明、眼亮、腿勤、手快,边观察、边选择。

《车厢众生相》《爱的瞬间》《街头即景》的组图,富有生活气息、毫无造作之感,这正是陈焕联在深入观察的基础上,找到现场全局中最有代表性的情节,以及事实发展中最有代表性的瞬间加以拍摄的。《街头即景》的抓拍,不是灵机一动,而是用娴熟的摄影技巧,寓摄影实践而提炼、升华,其街头游行,各色人等,各种乐器,各样动作,具有异国情调。他出于主观的拍摄,因地制宜,在客观的环境限制下,发挥最大的主观能动性,使得主客观有机统一、浑然一体。陈焕联以获得最有代表性的情节和最佳瞬间形象为中心,并优先选择拍摄点和拍摄时机两个主要环节。他知道,拍摄点决定着主体的地位和画面的基本结构,拍摄时机则决定主体的动势和神态,这些都是构成画面形象的基本因素。对这方面,陈焕联运用得既老练又有创意。

对政治题材的把握,陈焕联有自己的思考。像《珍珠港记忆》,那幅《世纪之吻》的雕塑像,看似静态,但经过他的拍摄,让整个画面"动"起来。究其原因,在于拍摄的角度选择平视,而雕像下面的人群的流动,使人感觉到这尊雕像是"静"的,这样的一动一静,让人回味历史的流动与定格;加上配以军舰、参观者的背景画面,这种记忆与念想、回顾与思考极具现实意义。

　　从陈焕联的摄影画册上，启发人们对新闻摄影这样的思考：它的表现形式可以多样，大致可分为两种：一种是让人一看，一目了然，明白是怎么回事；一种是让人回味、去联想，得到启示。这就使人们懂得：新闻摄影的价值在于它将新闻事实的真实性与新闻形象的纪实性统一起来，好的新闻摄影作品，能把新闻价值、历史文献价值与形象的审美价值交融一体，既有新闻感，也有艺术美。

　　新闻摄影不同于艺术摄影，艺术摄影是人们经过化妆，配以华丽的衣装，通过灯光和背景等效果显示，而随着高科技的发展，艺术摄影又可随意地调整修饰，甚至是剪切拼贴。在这点上，陈焕联坚守新闻摄影的底线，真实记录和还原新闻事实和历史史实。这也是陈焕联摄影画册的成功处，是值得庆幸的出彩点。

　　与陈焕联交识多年，深知他对新闻摄影情有独钟，勤奋耕耘在新闻摄影战线上。记得好几年前，他独访被誉为上海"最美司机"的刘银宝，拍摄了他在昏迷了近60天之后终于苏醒的新闻图片，画面上有华东医院院长俞卓伟及医务人员，以"生命的奇迹"为题刊登在《解放日报》头版，引起广大读者的极大关注。这个事例，则是他新闻摄影生涯的一页。现在，他把镜头从上海延伸到海外，相信他会拍出与众不同的新闻图片，可以说，新的一页正在重新掀起、展开。在此，作为新闻同行的我，真挚地祝愿陈焕联有更多的佳作问世！

百年史话老建筑

当今上海建筑究竟消失了哪些,也许今人说不上什么,不过,有曾在上海生活过的海外华人返沪探亲访友道出一句"我们有历史,眼前却总是新建筑",实在意味深长。在他们眼里,老上海确实"老了",需要"变新",但亦忧虑"海风不再,土味不存",莫说市中心,即便在上海明显的一些副中心,例如提篮桥、老西门、曹家渡、杨家渡,包括十六铺、大自鸣钟地区等,颇有一番"无可奈何花落去,似曾相识燕归来"的尴尬和惆怅。

有部著名电影叫《罗马》,反映城市无数旧痕,表明这座城市像一个拥有大量孩子的母亲,没时间照管孩子从哪里来,什么时候来,什么时候走,但她让孩子永生惦念自己的城市、自己的家园。历史上的上海也许同样如此,才显得特别丰富,生发大量生动的生态画面。可惜如今的上海,只有往日的"城市建筑"回忆,因为失去,才懂得失去的痛苦。时今带有鲜明上海特征的城市建筑不断拆光,人们毫无旧迹可循,发出感喟与叹息再正常不过了。

比如过去的老式里弄、新式里弄、连排别墅、公寓、独立洋房乃至公房，形态聚集，交相辉映。俯瞰上海中心城区，积淀着往年岁月旧痕，一种上海情感油然而生。有时走进小弄，各时期的房屋像各种植物生长在一起，有点年纪的上海人恍如时光倒流，珍爱有加。不知城市的决策者是否有同感，面对"怀旧"和"发展"的冲突，内心会不会有歉意？毕竟地面建筑不同于种庄稼，建筑是百年大计、千古遗存，不能一茬一茬地割去，更不能大笔一挥抹去，将老建筑夷为平地，追求什么"万丈高楼平地起"，若拆除老建筑，上海完全丧失了历史！

20世纪二三十年代，上海涌现了大量的弄堂普通民居，即只属本地的上海式弄堂、上海式民居，之后不再建造，即使江南周边各地，也少见这一类样式，这个现象值得深思。设想一下，建筑设计师们能否设计一种只属上海的地域民居标本？看来很难。因为"要与国际接轨""听领导话跟上司走"，它们必须高层，十几层、三十层、五十层，全国一律的居民楼。可是建筑设计师们有没有想过，你的建筑个性哪里去了？你敢不敢与上司"对决"？说老实话，上海建筑师们未必有胆有才，你们再也做不出前辈那样独立的民居了。

有趣的是，上海的村、邨、里、弄。"里"本意"居"，田土为居，五家为邻，五邻为里。当年普通的"里"式建筑多有意思。"民德里""元亨里""四达里"，"里弄"的"里"，形成某种品牌，弄堂门楣都塑有中文名号。除了"里"还有"坊"：像"尚贤坊""田子坊""梅兰坊"；"邨"：如"裴邨""四明邨"；再有"别墅"：如"中行别墅""兆丰别墅"等，它们都采用林林总总的中国名称、中国味道。如果翻阅当年上海旧里弄的名录，租界民居当时除"马立斯""凡尔登""巴黎"等少量洋名，其他全然是中文语境，马路都取外国名字，中西混杂，这些，显示了上海中西交织的城市细节特征，富有上海城市个性色彩。

也许拆得过多，如今政府保护上海老建筑意识日益增强，但"败笔""损招"还是不少，像闸北区（现为静安区）苏州河边的"慎余里"，有保存完好的石库门精华的7条弄堂、50幢二层建筑，规划严整，清一色青砖到顶。当年众多闸北"石库门"被日军炸毁，但"慎余里"逃过一劫，却在2012年被拆毁。"慎余里"质地精良，全用青砖。要知道，一块块青砖砌的墙壁极为坚固，但这条弄堂在那年完全拆除，理由是建一块绿地，从而没获得保护建筑名目。有人设想绿地公园落成后再设法重建部分的"慎余里"，弄出几幢弄堂。但建筑师们都懂，一旦拆除，再恢复旧貌很难，也很假，它的经典的细部、整体的效果，由此彻底消解，再造的历史质地和细节已非往日了。现在上海的老弄堂，还在一条条地被拆，这是明智吗，简直是愚蠢。类似所谓的"大变样"，实质是没文化。

曾经大名鼎鼎的民厚里，现是静安寺"嘉里广场"地盘。附近是曾经的哈同花园（爱俪园），上海当时中外政治文化的聚焦中心，孙中山在园里下榻，王国维、徐悲鸿在此教书，清宫几个老太监都住此园。隆裕皇太后的母亲在园里住了一段时间，想坐有轨电车，哈同安排了电车请老太太观光，从南京西路开到"王家沙"再开回来。因为哈同花园，当年他投资了附近的民厚里，聚集起中国文坛最著名的作家群，上海最有文学凝聚力的时代，生息于这片建筑中。但现在均被拆得荡然无存。在这大片的南北民厚里，最后只保留了毛泽东故居，"独立寒秋"，毛泽东词中的句子，他当年住面街的二楼，现"嘉里中心"背后。不少的回忆文章包括斯诺的书里都说，这是毛泽东来上海最重要的居住时光，他常从这里出发，到渔阳里会见陈独秀，遗址非常重要，因此保存。其实南北民厚里同样重要，可惜被彻底拆除，附近的哈同花园消失得更早，20世纪50年代在此建"中苏友好大厦"（如今上海展览馆），它同民厚里的命运一样，原址原貌没留下片言只语的纪念。

  再有，如今城市决策者患有一种西洋幻觉，上海武夷路、上海影城出现大面积洋雕塑，竖起穿戴西洋大礼服、大礼帽的洋人男女塑像；据说某地还准备建"香榭丽舍大街"，个别媒体吹捧是"中华巴洛克"；武夷路制作的洋人图，附近有一些领馆，但包括普通弄堂门口，也塑成无数西洋风景，这行为是举世少见的——大面积营造一种他国的幻影，出于何等心理，令人费猜！有位住建部副部长透露，中国建筑寿命只有25~30年，而美国建筑平均寿命达74年，英国建筑平均寿命达132年。看来西洋人比我们高明，在他们眼里，西洋风景处处有，倒是东方建筑让他们向往，偏偏我们的"败家""无知"，弄得他们啼笑皆非，大为扫兴，岂不悲乎？

罕见的"邬达克现象"

早年听说过 20 世纪 30 年代上海有位叫邬达克的匈牙利建筑设计师,为上海设计建造了众多迄今让人赞叹、无比怀念的著名建筑,倘若你闲逛闹市角落,随时都可能与邬达克建筑作品相逢,比如,南京路上的国际饭店、大光明电影院,西藏中路上的沐恩堂,铜仁路上的"绿房子"等,这些从 20 世纪二三十年代就矗立在上海的建筑,如同当年风靡上海滩的张爱玲小说一样,塑造了"融贯中西"的上海风,成为城市历史、城市文化的经典。不论是国际饭店当年的"亚洲高度",还是大光明戏院十分抢眼的"大落地窗",这些,都与这个叫邬达克的匈牙利建筑师相连,其构成今人所津津乐道的"老上海""海派文化""海派精神"。从 1918 年到 1947 年,在邬达克定居上海期间,设计了超过 65 件、单体超过 100 幢的建筑作品,大部分保存至今,包括国际饭店、武康大楼、大光明电影院等在内的 25 幢建筑先后被列入上海市优秀历史建筑。他的建筑理念、文化和作品,丰富了上海的建筑文化与城市轮廓线。

时逾百年，类似这样的现象不仅在中国上海，即便在国外其他城市都十分罕见，"邬达克现象"让我们极为好奇，自有一分追寻、探究之心。听到历经四年的精心修缮，在上海，第一座以建筑师名字命名的邬达克纪念馆于2013年元月8日在番禺路129号的邬达克旧居正式对外开放，使我们探究的愿望更为强烈。一番大费周章，终于联系上邬达克纪念馆馆长刘素华，从电话里听得出刘馆长颇为难，因为她要赶写有关申遗材料，正宵衣旰食、快马加鞭地劳作，况且她还患过癌症，听得出她不忍拒绝，答应接待我们半个小时，于是在2月13日周一、纪念馆休息日早上九点，我们与刘素华做了粗略交谈。

要说的话题很多，但刘馆长的"这个馆是中西文化交流的驿站"，"'邬达克现象'唤醒上海城市记忆"一番话，真切感人，意味深长。她边介绍，边赠予《邬达克的家——番禺路129号的前世今生》《爱屋及邬——纪念邬达克绘画雕塑邀请展》两本书，我们在语言的感性中体悟文字的理性，语言和文字都在阐述"邬达克现象"的真谛。著名建筑师贝聿铭如此说道："邬达克的建筑过去是，现在是，并将永远是上海城市轮廓的一抹亮色。"同济大学副校长、建筑学教授伍江这样写道："邬达克是近代上海一位无法绕过的建筑师，如果没有邬达克，上海近代建筑的历史将不得不重写。一位建筑师对于一座城市是如此重要，这在古今中外建筑史和城市史中并不多见。邬达克在上海的职业轨迹和辉煌就是时代给他的机遇，也是他自身建筑设计天才的必然，但似乎更是上海这座城市和邬达克本人的巧遇。如果不是上海，而且是20世纪30年代的上海，邬达克很可能连能不能成为建筑师都要打问号；而如果没有邬达克，上海的建筑史将完全是另一部建筑史，而且必定是另一部不那么精彩的建筑史，邬达克的辉煌不仅在于他曾为这座城市留下那么多重要的城市标志性建筑，更在于他已经成为上海这座城市的一个文化传奇，以至于在近一个世纪之后，还在这座城市的文化记忆中继续闪现着炫彩。邬达克的传奇还会被继续传颂，邬达克也必将在今天这个已不再拥有建筑英雄的城市越来越让人们怀念，越来越让人倾慕，越来越让人们向往。从这个意义上说，邬达克将建筑和建筑师这个职业的文化价值演绎到了极致。面对邬达克建筑，人们对于建筑的历史文化价值还会怀疑、还会纠结吗？"

这些话，对理解"邬达克现象"很有帮助，从历史、文化角度看，"上海记忆"与"邬达克建筑"是天衣无缝地丝丝相扣，无怪乎上海市民是那样钟情与缅怀老上海建筑，产生那么多"邬迷"，在这点上，不是学建筑出身的刘素华所做的邬达克旧居保护、修缮，无疑是一件功德无量的事，正是这种文化觉醒，唤醒了更多的人们对保护历史建筑遗存的自觉性、使命感。

访问中得知，邬达克有三大特点：他是地块设计专家，像著名的武康大楼等都是在两条马路的交叉口，这跟上海土地的规划不规则有关系。他是线条设计专家，懂线条、装饰，像国际饭店是直线条，非常挺拔；而大光明大戏院则是短线条、直线条和弧线条巧妙地结合在一起，在线条方面下了很大的功夫。他是城市空间设计专家，善于巧妙利用空间，像国际饭店和大光明大戏院有高有低，该高的高，该低的低，这就是他对空间很好地利用。

参观邬达克纪念馆——邬达克在上海生活工作了近30年，

曾搬过四次家，番禺路129号（原哥伦比亚路57号）是他第三个居处，能感受到邬达克的建筑设计理念，折射出他本人对于建筑的态度。邬达克曾写信道："建筑不一定总要创造出新的东西，因为新的环境、新的挑战、新的材料总会自己催生出新的解决方案。"在这处"哥伦比亚住宅圈"里，他受聘根据每个业主的需求设计不同风格的别墅，但共同特点是：邬达克不拒绝将时兴的材料与技术使用在传统风格的别墅上——如邬达克旧居总体采用砖木结构，在屋架关键受力部位则使用钢结构；卫生间地面用了钢筋混凝土，阁楼及陡坡面采用现代轻木结构，确保这是一个能够代表当时先进建造技术的房屋。

　　正因为这层因素，刘素华作为投资、修缮方几乎竭尽全力、想方设法，克服各种困难、各个难题，从2011年开始花了整整四年，达到"修旧如旧""旧貌新颜"的目的。修缮后的邬达克旧居，一楼是免费对民众开放的邬达克纪念室。这里还是中国建筑学会授予的全国首批建筑科普教育基地。时常有建筑文化论坛、音乐会、艺术展、学术会等形式多样的文化艺术活动在这里举办。刘素华说，"邬达克赋予了建筑生命，它就有了生命的属性，我们的工作无疑是唤醒了这幢建筑的生命"。她希望在这里搭建一个中外文化交流、文化遗产传承与发展的创新平台，让更多人认识邬达克，感受与之相关的城市记忆。这是由衷之言，"邬达克建筑"是上海历史文化的容器，"邬达克现象"在唤醒上海人民的城市记忆。

老城厢的随感

老城厢泛指现被撤销并入黄浦区的南市区一带旧城区，即由"城"和"厢"两个独立区域组合而成。城——原来的上海县城，即现在的人民路和中华路环路以内的区域，是上海曾经的政治文化中心地带。厢——上海县城外十六铺码头到高昌庙（江南造船厂）的沿江地带，曾是上海经济支柱航运业的主基地。

元初由海运漕粮兴起的沙船业，沟通了南北航线和长江、内河、远洋航线，促进了上海地区贸易和旧式金融业——钱庄的发展。清代出现"以敦乡谊，以辑同帮"为宗旨的会馆公所组织，成为老城厢一大特色。商船会馆、潮惠会馆、三山会馆、四明公所等在上海经济活动中曾产生很大影响。老城厢荟萃了众多名胜古迹。豫园、露香园、也是园、日涉园等私家园林，不仅有楼台亭阁之胜，而且有山水自然之美；城隍庙、白云观、沉香阁等寺庙的殿宇建筑和佛像造型，均体现了精湛的建筑技巧和雕塑艺术；书隐楼、九间楼，迄今是上海留存不多的明清宅第建筑；沉香阁、大境阁及古城墙小北门段已修复，豫园经多次修整，被列为全国重点文物保护单位，成为著名的旅游胜地。

老城厢悲喜交加

老城厢曾是上海人的骄傲，但亦是"心头之痛"，大多数上海人对它印象并不那么美好，这里环境嘈杂、人流拥挤，虽然商铺林立，煞是闹猛，却常有小偷出没，拐骗频频，其特有的违章建筑多、安全隐患多、马路狭窄多、七十二家房客多、流动游击商贩多、乱堆垃圾臭味多、街上骂人打架多的老城厢"七多现象"，让不少上海人颇为汗颜，至今噤若寒蝉。也许这里原汁原味地保留着上海最平民化、本土化的生活状态，能找到传统的、黏稠的、极富人情味的上海生活，但不良的、猥琐的、市井的各色人物亦共同存在。

存在决定意识。改革开放后，老城厢悄然发生变化，尤其20世纪90年代以来，随着市政建设和商业布局的改造，老城厢大变模样。漫步其间，老上海们发现，这里的梨膏糖和五香豆已鲜有问津者；明清风格的雕梁画栋、古色古香的老街，以及窄窄的弹街路、老虎灶、老虎窗、七十二家房客，都在渐渐地消失……人们发现"老城厢美了"，过去脏差乱闹的市容被宽敞、气派的大道取代，以前熙熙攘攘的人流被安恬、从容的神情更换，而后缀"码头"字号的街道，如王家码头街、新码头街、盐码头街、竹行码头街、万裕码头街、赖义码头街、生义码头街、白渡路、轮船码头、董家渡路等，消失殆尽，难觅遗迹。

为了使老城厢焕发青春,上海加快了旧城改造的步伐。2001年岁末,上海老城厢的近千户居民,因环城绿带建设项目启动而陆续搬迁。老城厢改造后,现在正成为新崛起的现代聚居区。数据显示,黄浦区拆除旧房达四五十万平方米,动迁居民两万户。但同时,"如何保护上海老城厢的文化""如何妥善处理文物保护与城市现代化建设的关系"等话题提到议事日程上。老城厢改造后,如何重塑老城厢,"留住我们的根",成为人们关注点。"不能让历史成为未来的包袱,也不能让未来失去历史的基础。"许多建筑专家和文化学者如此呼唤,因为分散湮没在旧墙老屋间的古迹、独特的民居建筑及市井文化,不仅是上海这座历史文化名城的瑰宝,也是老城厢的"魂"。不少建筑师建议政府在新一轮的旧城改造中,应着重研究该地域的历史和文化特点,如果从延续历史文化和改善环境的目标出发进行旧城改造,那么"上海这座城市将会更耐看",这样的提议,是非常有远见的。

十六铺风景亮丽

老上海都不会忘记十六铺,十六铺位处南外滩,十六铺码头是过去上海人坐船出江过海的起始地,那首《涛声依旧》的歌词很能反映当时上海人的心境。常有上海人说上一辈是"十六铺码头上来的",可不是,十六铺曾经是上海的水上门户,长江里行的轮船、大海里航的海轮,大多泊在十六铺,那些闯荡上海滩的、做小买卖、跑单帮的,真的都是从十六铺上来的。十六铺上来,进入老城厢,景象自是大不同了,对十六铺码头,老上海人几乎无人不知、无人不晓,所留下的印象实在太深刻了。十六铺有"老码头"之称，狭义上的十六铺，指的是从新开河到小东门一带的滨江区域，现在的十六铺滨江规划则向南扩展到复兴东路。复兴东路再向南，就是董家渡区域，现在则叫"老码头"（中山南路479号），在上海油脂厂原址上改建的时尚酒吧、会所、咖啡馆，如今成为时尚地标。

说到十六铺的变化，正是翻天覆地，前所未有。不妨漫步行走，但见滨江堤岸整饬一新，大理石铺地，绿化带齐整，水上旅游中心的建筑都有波浪一样的玻璃顶棚，横卧江岸之上。若是细细观看，滨江的休闲带，也是按照波峰、波谷的波浪形状设计的，暗合了"水"的主题。如今的十六铺码头边全是浦江游览船，出现在十六铺的大都是来此观光的游客。在这里，操着各方口音的游客从地面进入旅游中心，购票、候船，然后与人群一起拾阶而上，到了游船边。在这里看到的黄浦江夜景与外滩不同，十六铺对面，是一幢幢的住宅楼，夜色里灯火辉煌，美景无限。

据介绍，这里的定位是"中心段将改善自然生态环境，开辟活跃的公共活动岸线，创造具有强烈都市特征的滨水景观带和休闲旅游带"。具体说，到十六铺，自新开河至复兴东路这1200米的水岸线，其功能定位为滨水旅游、餐饮、娱乐、宾馆等综合服务区，东门路以南则为休闲游览、商业办公区。而董家渡的规划，则定位在商业、文娱、办公及滨江居住区；沿江带将建设大型观景公共绿地，形成黄浦江外滩沿线的大型滨江绿色开敞空间。

随着城市改造的推进，外马路亦今非昔比。现在"老码头"内已经建有特色酒吧、休闲会所、主题餐厅、个性零售等。广场中心的景观水池,需要时还可变为一个水上T型秀台。旅游节期间,这里已经成为"时尚·饕餮"码头,来自世界各地的风味美食汇聚一堂,阳光沙滩与老码头精彩纷呈,让游人尽享美味佳肴和城市风光。到了这里,你会有一种时光倒流的感觉,它既是历史,又是现代,更是未来。与十六铺不同,"老码头"的改造更像是因地取材,江岸高出水面不多,仍像是码头的样子,地面也仍是混凝土的,临江的仓库外立面基本保持原样,只是其品位时尚,让它多了几分现代气质。

董家渡再难复返

在老电影里常有这样的镜头:站在轮渡上的船客踮起脚跟,远远眺望对岸的十六铺码头,耳畔响起轮渡轰鸣的发动机声,忽然镜头一转,不远处低矮的平房丛中,董家渡天主堂高耸入云的十字架清晰可见。船客下了船,沿着外马路一直往王家码头路的方向走,那里便是上海的南市了(今董家渡)。随着时间的流逝,这个上海最出名的"下只角"老城厢——董家渡,现在业已大面积动迁拆除。

据记载,董家渡位于老城厢与南外滩之间,是上海开埠以来最早形成的城区之一,拥有上海现存最早期的天主堂和上海最早的会馆。随着上海南外滩地区的全面开发,董家渡地区经历了上海最大规模的旧区动迁改造,见证着百年上海的董家渡地区正在慢慢消失。

2014年4月,上海董家渡仅剩无几的还算完整的老弄堂。上海人说的"下只角",寓意"贫民窟",这个富有城中村色彩的"下只角",难逃被永远遗忘、再难复返的命运。这里的居民,搬得动的都搬走了,搬不动的只能继续住在这里,过着与原先无异的生活。只是偶尔还有一些在老弄堂里"挥霍"过童年的年轻人回来寻找童年的影子,还有回来找邻居叙旧的大叔大婶,包括留恋旧宅子的老爷爷老奶奶回来看看屋顶的旧瓦块是否长出了新苔……重塑老城厢,董家渡的消失或许不可避免,正因为这样的消失,强烈地唤醒人们的城市文化、市民生活的保护意识,对上海"乡愁"的怀念情感。它让人们想到,在城市建设如火如荼的时代,走到哪儿都是钢筋水泥的森林,走到哪儿感觉都差不多,唯有董家渡是不一样的——正因为不一样,便是其文化价值所在。它有着这座城市无法复制的灵魂,这是上海的灵魂。这种灵魂不像那种大拆大建让"海派"建筑变得不伦不类,董家渡,那是原汁原味、地地道道的上海"下只角"。那时的老上海,从外滩走到董家渡,在那里一带能找到老上海最平民的感觉,不但能体味曾经林立的商铺,还可在此附近的大多数路名上联想起这曾经的繁华喧闹,如篾竹路、外咸瓜街、面筋弄、外仓桥街、盐码头街,这样的街名的来源便是最古老、最有趣的记忆。

  当然,远不止这些,像"老西门""大南门""新北门""小东门"等,就都来源于老城厢最早的城门,可以说,上海老城厢的每扇"门"都保存着各自独特的城市肌理,在看似难记难懂的地名背后,其实都带着特定的城市记忆或历史典故。有位外国建筑师说过这样一句富有哲理的话:"我们现在有的,你们将来一定会有;你们过去有的,我们将来一定不会有。"这正给"重塑老城厢"深刻而睿智的警示。

"特殊游客"浦江情

今天,讲述一个有关浦江的真实故事。浦江,上海的母亲河。这条悠悠荡漾、奔腾不息的江河,无声无语,有情有义,镌刻了难忘的民族回忆,演绎了无数的民间故事。

几年前,上海城市规划展示馆来了一个60开外的男性犹太裔美国游客,他比比画画,焦急地用英语向讲解员叙述着他的"特殊需求",他从口袋里掏出一张手绘地图,指着南外滩,显出炽热、期待的目光。

讲解员听明白了,原来他的爷爷年轻时居住在浦西江边,爷爷曾给他讲过许多上海的故事,而浦江是他故事最重要情节,几十年过去了,他的浦江情怀像江水一样不断流淌。临终时,他要孙子向上帝发誓,一定要代他看望上海的旧居、上海的浦江。

年轻的讲解员也不知老上海、老外滩,哪里去找他们的旧居、寻回他们的梦想?但讲解员感到义不容辞,便建议他先参观城市规划展示馆,她便单独为这位"特殊游客"服务,一场别开生面的解说由此展开。

年轻的讲解员彬彬有礼，边说边导引："尊敬的客人，非常荣幸地担任您的特别讲解员。"

浦西外滩建筑

这是黄浦江西岸著名的历史文化景点，誉称"万国建筑博览会"。1843年上海开埠后，一跃成为中国主要的对外口岸，从此拉开了近代上海城市发展的帷幕。外资银行纷纷入驻并建造起具有异国情调的大楼建筑，20世纪30年代的外滩因此被誉为"东方华尔街"。

这是外滩信号台，它与上海开埠的历史紧密相连，具有报时、预报气象、观测水文等功能。20世纪90年代外滩综合改造，上海采取整体移位法将其平移了20余米，保护了这座百年历史建筑。

浦西工业旧址

随着西方工业文明的引入，上海民族工业飞速发展。20世纪初的黄浦江畔，诞生了中国第一家造船厂——江南造船厂，江边耸立起中国第一座炼钢炉和中国第一台发电机。它所建造的中国第一艘万吨轮，奠定了上海作为中国最大的工商业城市的基础。

浦东新建筑

而今，气势宏伟的新外滩呈现，万国建筑群线条勾勒出了外滩美轮美奂的天际线。隔江相望的黄浦江东岸：1990年，国务院宣布开发浦东，上海陆家嘴成为中国首个国家级金融开发区。20多年后的今天，陆家嘴金融机构云集，外资银行的中国总部大多落户于此，已成为中国金融商业的象征。

十六铺码头

十六铺码头有老上海"水上门户"之称。"铺"首现于清咸丰年间，分头铺、二铺直至十六铺。十六铺虽居最后，但当时地域最大、码头最多，故流行"先有十六铺，后有上海滩"之说。十六铺如今与外滩景观连成一片，形成黄浦江水上休闲旅游区。

"尊敬的客人，您爷爷的上海旧居或许就在这一带。"

老城隍庙，南京东路

在这里，外滩风光尽收眼底，还可就近游玩名闻遐迩的老城隍庙、驰名中外的南京路步行街。老城厢古典风貌，外滩近代风貌，陆家嘴现代风貌，和谐统一，美轮美奂。

世界博览会

从世界看上海，世界惊叹上海发展。从上海看世界，上海拉近世界距离。2010年的世界博览会，在上海世博园世博文化中心开幕，空前的盛况给世界留下了深刻印象。

…………

"特殊游客"听得津津有味、目不转睛。他走进了360°环幕演示厅，说像是登上了飞机机舱，又像是走上舰艇指挥台。霎时灯光熄灭，他徜徉在白鸽信步、花瓣随风的人民广场，漫步在高楼林立、彩灯辉映的浦江两岸,行走在高大的梧桐树枝叶相交、林荫覆盖的繁华街市……"特殊游客"竖起拇指,连连赞叹"OK,OK"。

　　这个故事没有讲完。一个星期后,这位"特殊游客"再次出现在上海城市规划展示馆,他说既是道别又是相约,虽然没有找到他爷爷的上海旧居,但实现了他爷爷的浦江梦想,他会把这个经历说给亲人听。外滩有辉煌,浦江有灵气,到时他会再来,我亦会再讲!

历史的瞬间

上海,古称华亭,又称云间,富有诗情画意。然而,百年中国,百年上海,充满屈辱,笼罩哀伤。20世纪初的上海,作为中国最大的工商城市,成为淘金者的天堂、冒险者的乐园,更是中国工人阶级的集中区、中国共产党的诞生地,从而点燃中华民族复兴的希望之火,开拓中国人民解放的奋斗之路。习近平总书记曾说:"实现中华民族伟大复兴,就是中华民族近代以来最伟大的梦想。这个梦想,凝聚了中国人的夙愿,体现了中华民族和中国人民的整体利益,是每一个中华儿女的共同期盼。"

经过火与血的洗礼,1949年5月27日,上海宣告解放。第二天,上海市人民政府成立,上海回到了人民的手中。

"雄关漫道真如铁""人间正道是沧桑""长风破浪会有时",这些,概括了中华民族的昨天、今天、明天,印证了上海的世纪巨变。

20世纪80年代的改革开放,给上海注入活力;21世纪最初10年的创新发展,给上海无限生机。

回首以往,40年,对于上海的变迁,有多长? 14 600个昼夜,在历史的长河里几乎是瞬间,可对上海的变迁,具有里程碑意义。

在这里,我们可将历史推前到19世纪中叶:1843年上海开埠以后逐渐形成的海派文化,是中国近现代最具代表性的文化。1845年11月,中国近代第一个租界——英租界在上海设立。此后,美租界、法租界相继在上海辟设。租界,既是近代中国遭受列强欺凌的耻辱标志,同时又是近代文明的窗口。上海城市的性质、结构和形态等都是因为租界的设立而发生了巨大的转型。在短短数十年的时间内,上海由中国传统的小县城演变为远东最大的城市,成为近代中国经济、金融和文化中心。上海租界作为被欧风美雨吹打的前沿地域,自然难免被为殖民主义政治扩张、经济侵略服务的文化渗透,但"华洋杂处"、新学传播,创造了比较适合文化发展的环境。以开放性、灵活性、创造性为主流特征的海派文化就是在这样的背景下形成的,100多年来深刻影响着上海的城市精神风貌。回顾近代以来中国文化的发展史,许多"第一"都诞生在上海:1843年中国历史上第一家经营西乐的琴行诞生在上海;1850年中国近代第一个跑马场诞生在上海;1867年中国最早的欧式剧场"兰心大戏院"诞生在上海;1868年中国第一座城市花园(黄浦公园)诞生在上海;1907年中国第一部话剧《黑奴吁天录》诞生在上海;1908年中国第一家唱片公司"东方百代唱片公司"诞生在上海;1913年中国第一部电影故事片《难夫难妻》诞生在上海;1923年中国第一家广播电台奥斯邦电台诞生在上海;1927

年中国最早的流行歌曲《毛毛雨》诞生在上海……这样的"第一",还可以列数很多。总之,在中国近现代文化发展过程中,上海始终是领跑者。(引自朱争平:《上海年轮》,上海文艺出版社2019年版)

百年在历史长河中则是瞬间。新中国的成立,根本改变中国人民命运,开辟了中国历史发展新纪元;而改革开放,开启了中国社会主义现代化建设的新时期,开创了中华民族伟大复兴的新世界。

我们再将时间向前推移至1988年。

当年的上海已消失在今天的城市美景中,也在上海市民的记忆里逐渐淡去。但那一年,对上海来说意味着什么?意味着上海由此掀开历史新篇章!不妨看几个镜头:

1988年,催生了大半个古上海的苏州河正式拉开综合治理的序幕。上海第一批利用外资的城市基础设施项目"苏州河合流污水治理一期工程"开工建设。苏州河由此获得新生。

如今苏州河的十八湾,已是上海生态走廊的一大特色旅游景点。

1988年,延安东路隧道建成通车,为即将拉开大幕的浦东开发奠定了基础。截至2016年,上海不仅拥有12条过江隧道,而且浦江两岸横跨10座跨江大桥。

1988年,中国内地建造了首条自己的沪嘉高速公路。它标志着新中国的高速公路从无到有。截至2016年,上海已经拥有17条高速公路。高速公路在中国国民经济的发展中起到重要的促进作用。

1988年,黄浦江对岸的浦东,曾经流行这样的话:"宁要浦西一张床,不要浦东一间房。"陆家嘴更是一片荒芜。截至2016年,陆家嘴已成为国际贸易和金融中心,它是中国改革开放的象征,成为上海最具魅力的地区之一。

1988年,距上海市南汇芦潮港约32公里处的嵊泗崎岖列岛,渔民祖祖辈辈靠打鱼为生。截至2016年,这里建成著名的洋山深水港,年吞吐量达2000多万标准箱,是上海建设国际经济、金融、贸易、航运四大中心的有力支撑。

1988年,浦东张江镇名不见经传,偏僻冷落,仿佛与世隔绝的荒野一隅。截至2016年,这里建成国家级高新技术园区,现有1万多家高新技术企业,从业人员约35万,总营收超过5000亿元。

1988年,上海公共交通仍以公交车为主,而且人满为患,市民上班挤公交犹如"肉搏战"。截至2016年,上海已形成14条轨道交通线。四通八达的公共交通网络,以及出租车、私家车,极大方便了2300万的市民出行。而虹桥交通枢纽更成为一道亮丽的风景。

1988年,居民几代人挤在"亭子间",这种场景在上海处处可见。截至2016年4月,上海市民人均住房建筑面积35.5平方米。上海推进危房棚户区改造,保障性住房的发展进入了快车道。(引自《2016年上海城市规划展示馆解说词》)

上海新一轮城市总体规划编制提出,在发展模式上由外延发展型转变为内生增长型,至2040年要实现建设用地零增长,强调以人本化、生态化、区域一体化为核心,全面提高人民安全感、幸福感,把上海建设成为生态良好、智慧低碳、安全便捷的具有全球影响力的科创中心和国际文化大都市。

上海外滩和平饭店对面就是浦东陆家嘴，从1990年到2018年，短短28年时间，一片阡陌的浦东，GDP从60亿元增长到1万亿元。改革开放，让浦东以及上海成为中国最醒目的奇迹之一。

距和平饭店3公里处，就是中共一大会址，1921年从这里走出的中国共产党人，用28年创造了一个崭新国家。

20世纪90年代，邓小平由浦西望向浦东，酝酿出又一个春天的故事："浦东面对的是太平洋，是欧美，是全世界。"

上海原本一直瞄准的是4个中心建设：国际经济、国际金融、国际贸易、国际航运，新增"科技创新"，形成"5个中心"的核心功能。这一增项，从国务院批复"上海2035"城市总规划开始。从此，上海打造"社会主义现代化国际大都市"目标明确。

在全球金融中心指数（GFCI）中的排名，上海从10年前的第35位上升至第5位。金融市场交易总额早已突破1600万亿元，"上海金""上海油"等上海价格影响全球。到21世纪20年代，上海将基本建成与我国经济实力以及人民币国际地位相适应的国际金融中心，迈入全球金融中心前列。

2008年2月，上海进出口总额完成5209亿美元。2018年，上海口岸货物贸易进出口总额达1.2万亿美元，占全国27.9%、全球3.4%，居世界城市首位。

至2019年3月，上海港国际标准集装箱吞吐量超过4000万标准箱，连续9年位居世界第一，货邮吞吐量连续11年位居世界第三，航空旅客吞吐量超过1亿人次，居世界第四。

金融业、现代服务业、高端制造业发展势头强劲，现代服务业产值占上海GDP的70%，达到发达国家水准。外资企业更以约占全市2%的企业数量，贡献了全市20%的就业，27%的GDP，33%的税收，60%的工业总产值和65%的进出口。

2018年上海GDP达3.27万亿元，居全国城市之首。按常住人口计算，人均GDP突破2万美元。拥有2400万常住人口的庞大体量，"只有城市综合实力足够强大，才能带动人均GDP上升"，有学者认为，这2万美元的"人均"极具含金量。更过硬的是上海人均可支配收入超过6.4万元，稳居全国第一。（引自2019年4月21日《人民日报》）

也许这些数据很枯燥，但上海市民自有切身体会，生活水平提高，日子比以前好过，这是人们的共识。不过，我亦有担忧：在物质生活丰富充裕的同时，人们的精神、文化生活是否也同样缤纷多彩？这里我想起当代散文家王充闾先生在《面对历史的苍茫》中说过的话："远者如近，古者如今，活转过来的经史诗文给我们'当下'一个时空的定位，更给我们一个打开的不再遮蔽的视界。在这里，我们与传统相遭遇，又以今天的眼光看待它，于是。历史就不再是沉重的包袱，而为我们思考'当下'、思考自身提供了无限的可能性。此刻，无论灵心慧眼的冥然会合，还是意象情趣的偶然生发，都借由对历史人事的叙咏，而寻求情志的感格，精神的辉映。这种情志包括了对古人的景仰、评骘、惋惜与悲歌，闪动着先哲的魂魄，贯穿着历史的神经和华夏文明的汩汩血脉。"

这些话语，有着历史沧桑感，更有对现代文明的独特理解。此刻我在想，在面对令人自豪的经济业绩时，是否同样需要一种文化考量，以及对过往的历史有冷静思考。文化是一种软实力,没有对中华文化的传承,再硬的物质实力也会变软。历史是长河,一瞬是浪花,登临远目,抚今追昔,努力积极做好当下事,才是我们应取的态度,由此让人们获得一条晶亮的心丝来穿透千百年的时光,使已逝去的历史重显华彩。

"公道在天"留信史

2019年5月20日,上海人民出版社在沪举行《公道在天——王公道 苏醞夫妇纪念文集》首发式,以此纪念中华人民共和国成立70周年暨上海解放70周年。来自上海的宣传、文化、党史、文博、工业系统领导及江苏、安徽的五个新四军纪念馆负责人与代表,王公道、苏醞夫妇子女和亲属,他们生前工作单位代表和老战友、老同事子女代表等百余人出席。

本书是传记性文集,分三个篇章,根据王公道、苏醞夫妇生前的文稿和录像汇编而成。"公道篇""苏醞篇"记录了他们在革命战争年代与和平建设时期的人生轨迹;"怀念篇"汇集了他们的老战友、老同事、老部下和子女们的回忆文章。全书共计32万余字,配有不少珍贵的历史照片、档案资料、影印手稿,有些属首次披露,对研究党史、军史提供了富有价值的史料。

王公道于20世纪30年代初参加革命、加入中国共产党,任上海中央局机关地下交通员,从事"社联""左联"等进步组织书刊发行工作；文集中记录了1935年2月19日上海中央局遭受第三次大破坏的经历，1937年"八一三"事变后他参加上海市煤业救护队的经过，1938年元旦与叶进明等从上海率领120余位煤业救护队员、驾驶10多辆汽车开赴南昌集体参加新四军的详细过程。

王公道长期在新四军任职，在抗日战争、解放战争中立下汗马功劳。20世纪50年代初王公道遭冤案转业地方，依然忠心耿耿为党的事业工作，曾领导试制成功我国第一台国产凤凰牌轿车。"文革"中，他和夫人苏醌均遭受残酷迫害。王公道忍辱负重30年，直到1981年才得到平反。

在数十年革命生涯中，他们夫妇坚定信仰，坚强不屈，一如既往地为党和人民勤奋工作。同为新四军老战士、知识女性的苏醌细述了她亲身经历的故事，为后人留下一部信史。解放后苏醌任市委工业生产委员会办公室副主任等职，"文革"后首任市政府协作办副主任，为上海与兄弟省市的协作交流做出开拓性贡献。晚年时她说道："我对我们国家是充满信心的，但历史的经验教训不要忘记，谁忘了就忘本。"他们为子女后代留下弥足珍贵的精神财富，值得人们永远缅怀。

在两年多时间的汇编过程中，王公道、苏醌夫妇子女历经千辛万苦，求真务实，他们收集资料、实地勘察、多方核查，并得到王公道、苏醌的老战友及其子女的热诚帮助。本文集的出版，使众多新四军后代欢聚一堂，缅怀先烈，他们表示，文集的出版不仅是对王公道、苏醌夫妇的深切缅怀，更是对那一代共产党人的永恒纪念。五个新四军纪念馆负责人与代表也表示，文集的出版，将充实各纪念馆展览内容，丰富并填补新四军建军初期某些细节,历史将永远记住这一页!

  首发式上,上海人民出版社,王公道、苏醖夫妇子女向上海历史博物馆、上海新四军历史研究会、上海福寿园人文纪念馆及参会的五个新四军纪念馆等单位赠书。

◎ 本文原题为《〈公道在天——王公道 苏醖夫妇纪念文集〉在沪首发》,刊人民日报·海外网,2019-05-20。

美丽乡村看安吉

安吉似乎是个天然的宜居宜游之地。其县名，即有安宁和谐之意。近年相继戴上了"中国第一竹乡"、全国首个"国家生态县""中国美丽乡村国家标准化示范县"等桂冠，使得这个浙北小县声名远播。去年，全县农家乐就接待游客513万人次。秋末，我们再次走进安吉，不仅看到这儿生态环境变得更美，还发现青山绿水背后涵蕴着许多人的创造之美。

寻美丽　有舍得

翻山越岭，进入天荒坪镇余村。一大片绿茵茵的草坪、一座颇为气派的文化礼堂映入眼帘。不远处，溪水泛着清波，竹林荡成绿海，一片片茶园，远看很像是流动的音符。礼堂门前三只垃圾桶，一为红色、一是绿色、一呈原木色，显出村民生活的精细与讲究。

文化礼堂展室的老照片，展示出10多年前本地的景象：一家小水泥厂吐着黑色的烟雾，把天空遮得一片乌黑；一个个采石场，像是青山间的道道疮疤，漫山绿叶都被粉尘蒙成灰黄。生活在太湖上游的安吉人，以牺牲环境为代价换得经济增长。在国家敲响拯救太湖的警钟之后，原有的经济增长方式再也难以为继。

2005年8月15日，时任浙江省委书记习近平考察安吉，来到余村。坐在村委会一间会议室，当村支书鲍新民汇报说，余村准备关掉水泥厂和采石场，另辟蹊径打造"竹海桃园"休闲设施，习近平当即表示赞同："生态旅游是一条康庄大道。过去有人说，既要金山银山，更要绿水青山，其实，绿水青山就是金山银山。因此，当鱼和熊掌不可兼得的时候，要学会放弃，要知道选择。"

一席话，促使余村人义无反顾地选择了绿色发展之路。如今，整整10年过去了，余村不仅在水泥厂原址建起了五彩田园观光区，将采石场等处改造成了风景区，还办起了旅行社、农家乐和旅游车队。去年接待游客即达10多万人，农民人均年收入从2005年的8732元增加到27767元。

那间留存着余村人美好回忆的会议室，一切布置如昔。村委会主任潘文革站在圆弧形会议桌前，指着窗外说："你们看，前面那座山，村里人很久前就叫它青山；另外，咱村里还真有一座金山、一座银山。现在，这些山头，真的都在献'金'吐'银'啰。"

寸山青　滴水净

一艘快艇载着我们一行，在赋石水库如镜的湖面上划出一道白练。四周山峦如黛，只有板栗林叶子落了，露出褐色的山体。"赋石水库是安吉人的生活用水水源地,目前水质基本能保持在Ⅱ类,但COD(化学需氧量)超标,说明仍有水土流失。这正是下一步需要治理的目标。"县水利局局长杨绍军给我们介绍说。

离船登岸,走进缫舍村的一片板栗林。眼下果实已采收,树干更显沧桑。村支书宣加强告诉我们,这片1500亩的林子,是1991年种下的,为了除草增收,每年都须撒草甘磷。草没了,可水土流失加重了。从今年冬天起,按照县里统一安排,这片板栗全部弃荒,以保库区水清。"今年起,对全库区6425亩板栗林,县政府启动全面封育。为此,县里拿钱,每亩板栗每年补助200元,连续补助果农10年。"杨绍军补充道。

又进唐舍村。村口新建了公园、花坛、凉亭、百竹园分布其间,电影院、老年活动中心和小学伫立于园子周边,共同构成一幅新农村的风景画。唐舍村出产的"贡品冬笋",已是国宴上少不了的食材。钻进竹海,翠叶遮天蔽日,眼前一片灰暗。过了好一阵子,视线渐渐恢复,我们这才看清,竹子之间,种上了一些绿色植物,看标牌,有杨桐、草珊瑚、苦丁茶等。据主持这项试验的县水保站站长梅道亮介绍,安吉山体表面,多为花岗岩风化层,遇水易散落流走,形成水库的主要污染源。近年,研究人员指导农民在竹林中套种经济植物,既能创收换外汇,又可缓解水土流失,可谓一举两得。

安吉人建设美丽乡村,标准定得很高,按他们的说法,要做到"寸山青、滴水净"。安吉的山水,便是在这种精雕细琢中,一天天变得美上加美。

全县域　大景区

多年前，一部《卧虎藏龙》让安吉大竹海出尽了风头。安吉人明白，电影取景可以东拼西接，现实生活却是不能切割的。他们新的目标是要让县域处处美丽，成为一个大景区。为此，全县187个自然村，按照"一村一品"的特色发展思路，一齐投入建设美丽乡村的行动中来。迄今，164个村已初步建成"精品村"。

过去锦溪村中央淌着一条小溪，但常年冒着臭气，离"锦"相去甚远。今年初，村里请来杭州一家园林设计公司，做了高水准的设计方案，抽干溪水，清淤改造。溪旁添加了怪石、奇树、异卉、条椅，溪中重引清水。溪旁一些旧宅装修成新民宿。徜徉村中，遇见一些上海来的游客，他们对于村中景致均称惬意。村口一幅规划图夺人眼球：青青河畔，柳绿花红，掩映着一大片别墅式民宿群落。在这里，人与自然即将达到完美和谐。

安吉有奇佳的自然禀赋，安吉人更有着不懈进取的自身禀赋。当这两种禀赋融为一体，就能化作一个个奇迹。近年来，总投资70亿元的"凯蒂猫"等旅游服务项目相继落户安吉，这个常住人口仅40多万的县，一年竟能吸引游客1200多万人次，再好不过地说明，生态优势加上人文优势，就能变作强大的吸引力。

安且吉兮，安吉已是名副其实。

◎本文与《人民日报》原高级记者孔晓宁合作，刊《人民日报·海外版》，2015-12-05第7版。

"阿拉后花园"有个"指南村"

距离上海280公里处有一个美丽古老的村庄——杭州市临安区指南村,这是上海后花园中现代与古典交融得非常和谐的一个村庄。2019年清明节前,笔者、好友四人自驾去这座神秘的村子探幽览胜。

浙江临安指南村位于太湖源头的南苕溪之滨,至今已有2000多年历史。村子距临安市区约30公里,距杭州市80公里。2019年3月26日,我们的车子经临安市区开出,沿着山路前行,车窗外闪过熔岩山谷、潺潺溪流、自然村落,还不时与出山的公交车擦肩而过。车行逾半个时辰,一座古朴的牌坊屹立前方,上书"指南慈境",再又拐了几个弯,便是指南村了。这里海拔550米。

驶入进村的柏油路,左右两侧山脚下层层梯田,盘山而上,金灿灿的油菜花开满田间,颇有气势。据了解,这些梯田是20世纪60年代开垦的,有470多亩。从村口往东行不远,有一个清水塘,当地人称为"天池",面积比一个足球场还大点。据村里老人说,"天池"是由四个自然形成的古塘融合而成,一年四季池水清澈,鱼儿欢跃。村里的民宅绕池聚居,靠山面水,占尽地利天时。

临安区文化和广电旅游体育局副局长陈伟宏介绍我们去的枫林水岸农家,就在"天池"偏西南向。主人郤见效的妻子已在村口等我们了,跟着她,走进一幢现代中式结构的三层楼房,哇,漂亮、大气,还很接地气!

放好行李,我们去村里逛逛。

村头集中了几家店铺。麻糍铺的老板娘50多岁,小名叫玲妹,村里人都叫她"林妹妹"。她和老公、儿子一家三口以酿酒、制作糍粑出售为生,年收入二三十万。"林妹妹"读过高中,见过世面,她滔滔不绝地向我们讲述指南村的历史,还热心地带我们参观村子。

"林妹妹"说,指南村位于天目山系的指南山腹地,因山得名,从前又叫"紫南村"。目前全村有213户人家,720多人。指南村人最引以为豪的是"七古":古姓、古塘、古树、古祠、古庙、古宅、古墓。

踏着岁月留痕的石板路,穿过窄巷,"林妹妹"领我们到了她家。这是一幢清朝时期古民居,典型的徽派风格,高高的马头墙,镂空的木窗棂,精心雕刻过的木梁柱,虽历经200多年风雨沧桑,依旧傲然耸立,震撼心灵。

像林妹妹家保存这么好的明清古宅,村内还有五六幢。

在指南村的"七古"中,古树也是最绚丽的"古"。我们走到村后山坡上看到,各种稀有古树300多株,有枫香、银杏、柳杉、麻栗等,其中8株红枫树龄在800年至1000年间,还有两棵银杏树也有700余年。当地人说，每到深秋时节，枫叶红了，银杏黄了，层林尽染，色彩极美。可惜我们这次来的季节是早春，没能饱此眼福。

逛，看，拍，天色渐晚，回到郤老板家已是饭点。老板娘端上香喷喷的农家菜，有土鸡笋煲、农家咸蒸肉、清水鱼、豆腐等，都是新鲜的食材，山上现挖的笋，田里现摘的菜，河里现钓的鱼，家里现杀的土鸡，菜式简单，味道却很鲜美，吃到嘴里——爽！

酒足饭饱后，我们与郤见效老板的父亲郤老汉闲聊，他讲起了村里的古姓。北宋时一莫姓家族80余人为逃避战乱从安徽歙县逃至此处，开辟了指南村；后来一支郤氏家族亦迁居至此，发展了指南村；及清末又相继迁入夏、汪、刘、潘、王、向六姓。指南村姓氏演变到现在，自然已远远不止这些姓了。

近几年，在临安区文化和广电旅游体育局的统一规划下，指南村重视传统文化的保护和利用，深入挖掘整理各个姓氏的家谱、宗祠、源流，开展古树保护、古宅抢修工程等，并取得良好的效果。厚重的历史文化，良好的生态环境，已成为指南村发展旅游业独特优势。

指南村在发展旅游业中农家乐一枝独秀。目前全村共有农家乐65家，床位1000多张，游客年接待量达百万人次，旅游产业收入接近2000万元，人均收入突破3万元。

郤老汉告诉我们，他家的农家乐楼房是四年前造的，花了100多万元，"银行低息贷款了一部分，已经还清了。"他乐呵呵地说。

"一年赚个二三十万没问题吧？"对于我们的问题，郤老汉笑而不答。

　　第二天我们因有事须返沪。来去匆匆，走马观花，没有深入探访，很多值得参观的都没来得及看，颇是遗憾。我们四人相约，待来年枫叶红了的时候，定要再来指南村。

◎ 本文与《解放日报》原资深记者张根生合作。

三亚：海上观音像的建造

从 1988 年至 2018 年，是我国设立海南省、建立海南经济特区 30 周年。海南"三十而立"，从一个边陲岛屿发展成为中国最开放、最具活力的地区之一，正是 1978 年以来中国改革开放 40 年的重要历史见证。斗转星移，沧桑巨变，要叙述的故事有许多，我们不妨从建造三亚南山文化旅游景区、竖起迄今世界最高的 108 米观音巨像说起，展示出上海在华南企业筚路蓝缕、艰苦创业的建设者群像。

建造观音像的缘起

海南是祖国的南大门，有着无数个神奇传说。在古称"崖州"的三亚，迄今还留有唐代鉴真、宋代苏轼、元代黄道婆、明朝赵谦、清代程哲、近代郭沫若等著名人物在此活动的历史遗迹，更有"观音十二愿"中"常居南海愿"之说。然而，历史尘埃却将这些深深沉埋。三四十年前的海南，还是贫穷、落后的封闭岛屿。

我们把镜头推至1993年，当时海南建省办经济特区五周年，不乏来此的"淘金者"，"房地产热"风靡一时。1993年2月，正是海南经济最穷、泡沫经济最热之时，时任省委书记、省长阮崇武刚到海南任职不久，收到一封期望在三亚亚龙湾拨地数百亩、修建"南国寺"的佛教人士来信。阮崇武阅后当即回复，并告诉三亚市：从亚龙湾的整体规划来看，由于风格和功能都不协调，所以不宜修建寺庙。为纪念对中日两国文化交流起过重要作用的鉴真和尚，建议在三亚另择吉地建立寺院。阮崇武这样批复，是基于对当时海南"房地产泡沫"的忧虑和综合经济、文化、政治、地理等各方面因素全盘考虑：三亚处于海南岛最南端，是内地城市距东南亚最近点、进出亚太地区的重要门户，宜于开发成为新型的热带滨海旅游城市，进而成为活跃华南经济圈、带动北部湾边缘区域文化、政治发展，迅速崛起为亚太新兴经济带的中心，也成为南山寺、南山海上观音建造的最早缘由。

上海企业当年在海南有个投资建造油厂项目，三亚方面提出来，最早找到当时董事长井欣，井总拍板出资金，组织人马接手南山观音苑景区建设项目。当时想法很简单，希望通过寺庙、观音苑景区的建设，做一件功德，护佑油厂项目的成功。有关领导也批准，注册成立南山观音苑建设发展有限公司，季素福、彭哲勇等组建的经营团队由此诞生，这是最初的缘起。

1993年6月，南山寺进入实际运作。经派员到各地多方考察并讨论，三亚市向省里报送了《关于拟定〈南山寺兴建规划大纲〉的情况汇报》。7月24日，此大纲得到正式批准。南山寺、海上观音巨像建造项目从一开始就得到了海内外各方的重视,海南省委统战部及项目筹备组专程赴京,向中央有关部门汇报南山寺的筹备情况。中央统战部、国家宗教局、中国佛教协会均表示,完全同意南山寺项目及筹建方案,赵朴初会长及国家宗教局领导层一直给予了大力支持。

如何建造发生争议

1993年,国家宗教局和海南省政府批准兴建三亚南山寺,并在寺前的海中建造108米高的海上观音巨像,属于南山文化旅游景区。此像由海南三亚南山功德基金会、南山观音苑建设发展有限公司发心敬建,一体化三尊,巍峨壮观,乃世界造像之最。建造工程因其规模宏伟、意义殊胜、佛理底蕴丰富,被誉为"世界级、世纪级"的文化景观、佛事工程。中国佛教协会赵朴初会长欣然为塑像题名——"南山海上观音"。1999年,农历九月十九日,南山隆重举行了"南山海上观音"建造工程开工典礼。不过,建造并非一帆风顺,在巨像的选址、选型、选材上发生争议,尽管这些争议很正常,但对项目的成败举足轻重。

有人认为,海南经济既然穷,缘何还要造个观音像?有人说,造像只要在南山上随便一个地方竖起就可,为何要选在海上,还要108米高?还有人说,造个单面观音像就行了,何必"一体化三尊"?但决策者和建设团队不是局限于建庙造像的狭隘思维,而是面对海南经济发展相对落后、文化元素相对欠缺的现状,从长远规划、布局出发,既要打造好一个崭新完美的三亚,更要考虑一个可持续发展的三亚,目标是打造有三亚、海南乃至中国特色的文化景观和标志性建筑。

在中国历史上，观音像常被作为友好的"使者"穿梭于各国、各民族之间，产生了良好的影响，成为佛教慈悲精神与儒家仁义之教相结合的典范。观音信仰的发展，对于教化百姓、抚慰人心、稳定社会做出了积极的贡献。建造南山海上观音，如法如仪，出典有据，"观音常居南海愿"，在中国来说，三亚是南海之巅，让观音像屹立于此、表现观音回家，"108"蕴含深邃佛义，它集智慧、慈悲、救苦、救难等品德及真、善、美于一身，到处都受到人们的爱戴和尊重。除文化、信仰意义象征，有人从另一角度阐述：南山海上观音向南海周边国家释放了中国政府做一个负责任大国的强烈信号，它表明中国政府在国际社会中愿意为改善并加强双边合作关系做出努力，有维护地区和平与稳定的信心与决心。

几十年前的三亚默默地被深藏，改革开放的春风，惊醒天涯海角，三亚终于掀开了遮掩日久的面纱，婀娜多姿地屹立在世人面前。经过 20 多年、几代人进行人文历史的挖掘和文化景观的开建，三亚这座风光无限的海滨城市，渐渐摘得美誉全国、惊叹海内外的"东方夏威夷"的桂冠；三亚南山海上观音景区与长城、兵马俑等景区一同跻身国家首批 5A 级旅游景区，造型完美、仪态娴静、高大匀称、伫立海上的观音巨像，成为三亚乃至海南的地标性建筑。它的成功，不仅在于整个建设团队，还有许多幕后领导、无名英雄起了关键性作用。

说起当年海上观音的选址、选型、选材，故事不少，可举一例，当时从地图上看，选址点水位较浅，恰好有一礁石，可作为观音底座，利于降低工程造价与工程难度。定址后发现，此处恰恰是两个山峰和两个山谷连线的交叉点。由地理勘测专家组成的选址小组对该海域地下岩层进行了钻探取样,发现该地块是近 40 亩的优良的承重岩层,亦是之前各方选定的位置,这一巧合,连参与规划的美国设计师观测后都开玩笑地说道:"这是上帝安排的。"

至于选型,建设团队最终建造的观音像天衣素白,壮美丰姿,三面一体,法相庄严,她像在倾听,又像在凝视,更像在冥想,在平静的海面上慈航,巍巍矗立在青山绿水间,这一形象,引起国内游客、国际友人赞叹。选材上,建设团队采用合金钢锻造工艺,其白亮光洁,不易氧化变色,成为"白衣观音"最适合的材料,加上在塑像表面喷涂了一种高分子薄膜后,能保证 15 年至 20 年内膜层不出现粉化、龟裂、脱落等老化现象,而且观音巨像的制作可抗 14 级台风。

建造中的精心修改

南山海上观音是一项规模宏大、意义深远的大型主题文化工程,更具科技含量、经济价值。它的成功建造,不仅是物质建造的代表,而且是精神风貌的象征。

参与主创设计的徐勇良教授说,建设团队精神体现在通力协作、精益求精。他谈及自己的亲身经历,在实际制作中经过两次 10.8 米观音小像塑造,改正了许多不足,包括颜色定位、外观形象。经过 6 年 10 个月的努力,观音像达到预期效果,这中间无一不倾注着季素福总经理和建设团队的心血。

说到这方面,徐教授感慨这支团队很有"佛缘",像初听季素福总经理的名字,"素福"与"塑佛"谐音,他原是空军某部机械师,复员后到航天部某大型研究所从事计划调度工作。改革开放初期，最早参与建造上海希尔顿大酒店和地铁一号线等工程建设，他的人生经历为他建造观音像做了铺垫。而痴迷于造观音像，则是他接手南山项目后，渐渐入门，深入钻研，全身心投入该项目中，注重建造工程的各环节、各细节，他富有航天人的"系统工程"的思维，在困难面前百折不挠，坚韧不拔，以惊人的毅力和勇气，战胜了各种难以想象的困难。他并非"单打独斗"，还带出一支同心合力、和衷共济的团队，以艰苦创业、开拓创新的精神，将世上仅有的这尊108米观音像竖立起来，同时在建设者心中铭刻"真、善、美"的印痕。

回顾以往，季素福说，对观音面像修改，不是心血来潮，而是实践出真知；当时没有计算机可以模拟，对竖起的面像没有完全把握，于是让徐教授请出著名雕塑家钱绍武教授到现场指导。钱绍武教授到后提出改进意见，要重做一尊面像，即重新确定比例关系，而重做这面像，不仅要多三个月工期，至少须增加300万元资金，但为了百年大计，请示领导获准，最终采纳两位教授的意见，效果果然好。如今竖立在南山的海上观音像，就是精益求精、精心制作的成果。

建造成功的开光大典

20多年前，南山满目荒芜，遍地灌丛。经精心建设，如今这里树木葱茏，风光旖旎，被授予"海南省生态建设示范工程""海南省生态旅游示范景区"称号，108米海上观音的建成，填补三亚历史文化旅游的空白，凸显海南大生态、大文化旅游的优势。

2005年4月24日（农历三月十六日），海上观音落成举行盛大的开光仪式。本着"隆重、热烈、节俭、高效"的原则，公司团队精心策划组织，力求达到主题突出、内容精彩、影响力大的效果，做成三亚有史以来最盛大的活动。《南山海上观音圣像开光大典系列活动的总体方案》几易其稿，精心打磨，不漏细节，从活动宗旨、活动主题等八个方面予以落实。

活动涉及方方面面，如法物法器的采购、纪念邮品的设计制作、现场功德箱、现场用车和服饰的落实及牌匾制作、开光大典平面图设计和现场布置、开光大典的贡品，以及接待服务、新闻宣传、安全保卫、应急预案等，每个细节关乎整个开光大典大局，不容半点疏忽。

前期准备工作做得严谨细致、滴水不漏，以公司总顾问吴国松为例，他到任后，先到各部门了解情况，讨教学习，提出提高网络部的服务效能，以姚毅为领军人物的网络部，前期为开光大典厉兵秣马。当时面临一个悬而未决的问题，即开光大典的规模人数，学计算机出身的姚毅科学、精确、规范地解决了这棘手难题，计算了现场面积和最大容量的接待人数，领导完全采纳了姚毅的意见。

在开光大典演练中，尽管不少人累得简直要趴倒在地，但为了成功、出成效的最后一刻，他们义无反顾地进行"排除法"，找出其中缺陷，想出良策加以改进。2005年3月31日，在接近开光大典前夕，三亚市政府通过并下达了开光大典总体方案，当时面临工程收尾，有做不完的工作，加上现场布置、舞台搭建、接待服务等，难题一个接一个。尤其开光前两周不到，还来了从海外各地奔赴此地的祖国同胞，不得不在原来广场以外再搭建观礼台。为此，开光指挥部开会动员下达"死命令",要求坚持安全、不差分毫地让观光各界代表都上去。

吴国松负责文化活动部、信众接待部两个部门,这是开光活动中的两个重要部门,特别是涉及佛教仪轨,都仰仗明生法师、智陆法师及能照法师,在开光前几天连续做了预演、洒净,每个员工都熟悉了自己的岗位和职责。他又与沈方瑜经理讨论了与观音文化息息相关的开光纪念品。信众接待部的工作压力更大,来自世界各地、不同层面的信众和来宾差不多一半是虔诚者,面对这批"基本队伍",放在人们面前的未知数太多了。从信众进场、恭候时间、仪式开始、开光过程,直到开光结束、108名高僧及随同人员退场,无不是种种考验。为确保万无一失,在制订方案时,吴国松和何海、陈力商量,让所有信众和现场值勤人员看的只有一条路,但要准备三条路:除了第一条,第二条是撤退,第三条是应对不测事件。相对来说,进场、等候、开光这三个环节比较容易管控,可开光进行到尾声时估计会有不少信众将"冲刺",开光一结束就会到高僧周边"抢"典礼用品,以图吉利,为此,公司重新在绿化环境中新辟了一条路,何海、陈力差不多有一个多星期在现场丈量、踏勘,以保证开光仪式上没有人被踩踏、挤伤、受损。

礼品部组织了一批员工,开光一结束就安全转移,真是环环紧扣,无缝衔接。还有许多事例,包括许多默默坚守岗位的无名英雄。何海负责办公室,他做事十分缜密,为各级领导协调了各类事务。陈力负责法务活动部,很多法器、法物都亲自去东南亚国家采购,保证了开光大典的顺利进行。左楠负责新闻宣传部,她在省内参加过几次大型活动,富有经验,做起来驾轻就熟。陆大江负责礼宾接待部,他机敏灵活、善于交往,做事很踏实……吴总说，回想当初，会让人想到更多，20余年过去了，也算是一段历史，历史将不会忘记这一幕！

  开光时刻到了，游客、信众越聚越多，现场工作人员忙而不乱，沉稳地按原先方案听从指挥，通力合作，相互配合，并不时考虑变通或应急方法，时针分分秒秒地走着，现场工作人员虽然表面若无其事，其实内心忐忑不安，每个人的神经绷得紧紧的。终于，中国佛教协会的6位长老，台湾佛光山开山大师，香港、澳门佛教联合会长老以及海峡两岸108位高僧悄然而至，共同为观音巨像主礼开光，这是中华人民共和国成立以来佛像开光礼仪最完善最隆重的法会，是"千载一时，一时千载"的中国乃至世界佛教界盛会。在现场，开光幡旗和五色旗飘扬在广场，既人头攒动、氛围热烈，又秩序井然、庄严肃穆，2万多名游客、信众簇拥其间，场面极其壮观、宏伟，再远眺108米南海观音，宛如踏浪而来，面带庄严与慈祥，凌波而立，身后是蔚蓝的天空和海洋，广阔而没有任何景物，只有无边无际的宇宙天地，在她的面前，让人深深地感受一种厚实和温和的力量。整个典礼盛况空前，规模之大、影响之广、安排之稳当，使各界人士、高僧大德为之惊叹，赞美之声不绝于耳，人人都久久难以忘却。之前，北京的领导来检查开光准备时，对开光大典当天的安全也曾顾虑重重：在2万多人的现场，倘若拥挤死伤，社会负面影响太大，一定要控制好现场……在开光仪式结束后大批信众拥向拜佛台，争先恐后想和高僧大德接触，没料到一上台阶发现竟然已空无一人！怎么回事？原来108位高僧大德，通过事先安排的通道，坐车回休息室了。这开光大典最后的"绝招"，避免了因信众与高僧大德的接触而发生意外,最终确保了安全。事后北京的领导对组织者笑着说:"你们把我也蒙在鼓里,我却在心中打鼓。"

开光落幕意味着新起点开始。南山观音苑建设者认为,"以生态建设为基础,以文化建设为核心,将南山建成文化旅游的示范基地,便成为南山人的共同理念"。这也是上海在华南企业经济建设的宗旨。

乡村游不能仅有"农家乐"

随着中国社会经济的发展、人民生活水平的提高,当今人们有精力、财力、物力去周游别国他乡,饱览大自然巧夺天工、缤纷多彩的风景名胜,尤其现代人均寿命的提高、老年社会的提前到来,不少人钟情于乡村游的"农家乐",乃至出现如学者钱钟书先生小说的"围城"现象——城里人涌向乡村,乡里人挤到城里,泱泱中华大地蔚然形成"候鸟迁徙"之大观。

"农家乐"是新兴的旅游休闲形式,是农民向城市现代人提供的一种回归自然从而获得身心放松、愉悦精神的生活方式。有关资料显示,"农家乐"旅游的雏形来自国内外的乡村旅游,将其特有的乡村景观、民风民俗等融为一体,因而具有鲜明的乡土烙印。同时,它也是人们旅游需求多样化、闲暇不断增多、生活水平逐渐提高和"文明病""城市病"加剧的必然产物。这原本无可厚非,问题在于如今的"农家乐"一哄而上,相互模仿,千篇一律,单调乏味,缺乏不同民俗风情、乡土文化、地域区别的个性特色,导致不少游客颇有厌倦、腻味之感。

"农家乐"自然离不开衣、食、住、行,不说其他,以住而言,家家几乎雷同,居住条件堪与城里般配,但总让客人有缺了点什么的感觉。特别在自然村落,为了吸引游客,"农家乐"不惜工本装潢,但弄得土不土、洋不洋,甚至损毁、破坏原有村落风貌,"乡土"不现,"乡愁"不再,自然生态遭受严重破坏,村落布局改造伤痕累累……

这里不妨举笔者的亲身经历。好多年前我与一位出版社编辑到崇明前卫村公干,那时"农家乐"还未像今天这样兴旺,村主任和支书接待了我们,当时我们很感奋,昔日曾是一片荒凉沉寂的小村,如今变成富有田园诗意的旅游观光村落,被国家旅游局命名为"全国农业旅游示范点",我们参观了农耕纪念区,徜徉西滩湿地,漫步滩涂沿岸,但见树木成林,鸟语花香,沉浸绿荫碧水间,疑是桃花源中行,感觉非常好。但居住下来后,发现我俩无所事事,便到村里随意走走。时近傍晚,但见小河边一家家饭馆,人声沸腾,不是喝酒就是划拳,大声喧哗,旁若无人,我们摇摇头走开,沉默着在村里兜了一圈,便回农屋两两相对,乱扯胡聊。那位编辑感慨道,这里除了吃喝,没有文化娱乐,还是荒滩一个。也许今日再也不能如此评判,但至少对这里的建筑设计、建筑构架缺乏文化创意的感觉挥之不去。

如今农村进行土地流传,尤其江南地区不少小村落渐渐被迁并,"农家乐"的模式不断被复制、放大,这让人感到喜忧参半,喜的是农民的住房条件得到改善、生活水平有了提高,忧的是农民集中搬进几层高的楼房,他们的农活咋会干、后代咋能活,"农家乐"会不会变成"农家愁"?尤其对建筑规划、建筑设计、建房造屋，政府部门和建筑单位，不可照搬城里的一套，要建设美丽乡村，建筑设计以及建筑单位应该有创意、有新作，在适合中国农村的实情、民情的基础上，打造社会主义新农村建筑。需要指出的是，现在城市建筑将达到饱和状态，土地紧张，建筑设计及建设单位应该有前瞻眼光，超前谋划，把步伐跨出去，跨到农村，走向农民，营造不同特色、不同个性、不同风俗、不同区域的农村建筑，构建形形色色、千姿百态的"农家乐"，让城里人愿意来、时常来，百来不厌，常恋久住，把"农家乐"的"乐意"升华、扩大、延展。

应该看到，乡村旅游在国外已有30多年的历史，开展得比较成功的是一些欧美发达国家。20世纪60年代初，当时的旅游大国西班牙把乡村的城堡进行一定的装修改造成为饭店，用以留宿过往客人，这种饭店称为"帕莱多国营客栈"；同时，把大农场、庄园进行规划建设，提供徒步旅游、骑马、滑翔、登山、漂流、参加农事活动等项目，从而开创了世界乡村旅游的先河。以后，乡村旅游在美国、法国、波兰、日本等国家得到倡导和发展。相对来讲，我国的乡村游比较滞后，但现有"星火燎原"之势，前景看好。除了政府部门的努力，农村乡镇的推进，那么，建筑设计及建设企业是否也该有一种动力、一种作为，使"农家乐"从真正意义上具有"住农家屋、吃农家饭、干农家活、享农家乐"的文化含量，保护和护养自然生态，改善和提高国民素质，值得人们一思。

再说"阿婆茶"

江南水乡的茶风是非常独特的,我曾经走过几个著名水乡小镇,被水乡人吃阿婆茶的随意闲适的生活所感染,所以,读了很多的精致茶艺文章,就想写一些江南水乡的饮茶风俗。

在青浦朱家角以西,环绕淀山湖一带都有吃"阿婆茶"的风俗,其中商榻"阿婆茶"至今盛行,金泽、西岑、练塘、沈巷等地的喝茶习惯,与商榻"阿婆茶"相差无几。

喝茶这样朴实平常的民风,为什么叫"阿婆茶"呢?

有关商榻"阿婆茶"的来历,没有完整的史料记载,但在民间传说中,就反映了商榻人现实生活的特征。一是民间传说:很早以前,淀山湖中有座山,山上有个叫阿蒲的人,种了许多茶树。阿蒲为人诚实,心肠好。路经商榻,经常要把一些茶叶送给穷苦的乡亲,后来,淀山湖中的山没有了,阿蒲这个人也不知去向。但是人们将吃茶这风俗传了下来。人们为了纪念阿蒲,把吃茶称为"阿蒲茶",后来演变为如今的"阿婆茶"。二是金口玉言说:乾隆皇帝下江南,有一天,路经商榻,由于天气炎热，使他口干舌燥，精疲力竭，正好看到一个村上的几位阿婆在廊棚里一起喝茶，他便上前讨茶喝。因实在口干，把"阿婆，让我喝口茶"匆忙说成了"阿婆，茶"，"阿婆茶"就这样世代相传了。

说起来，与商榻相邻的周庄（以前均为江苏省辖地，后商榻划归上海青浦，周庄仍为江苏省苏州地区），喝"阿婆茶"盛行，后来渐渐流传到青浦商榻，比起来，周庄人吃"阿婆茶"源远流长。如今深宅大院人家仍珍藏着宋代图案优美的青花瓷盖茶碗、细巧玲珑的茶盅、高雅古朴的茶壶和釉色光亮的茶盘，这些都足以证明"阿婆茶"的悠久历史。

周庄人爱喝茶，而且吃茶的方式很讲究。比如，东道主定于某日请喝"阿婆茶"，数天前就四处邀请，筹备茶点。是日，洗涤茶具，摆设桌椅。宾客从四面八方而来，宾主相互招呼，依次就座。喝茶时，主人先在桌上放上几碟腌菜、酱瓜、酥豆之类的小吃，作为佐茶菜，所以周庄人喝茶不叫"喝茶"而称之为"吃茶"！冲茶时必先点茶酿，后冲满杯子，表示真诚待客。客人喝"阿婆茶"至少要喝"三开"（即冲三次开水）方可离席，以示礼貌。"阿婆茶"的流行，使许多农村中老年妇女加入行列，她们围着八仙桌，嗑嗑瓜子，喝喝茶，一边做针线，一边聊家常，其乐融融！好一派大家庭似的温馨！当然，大家会轮流做东，以表示亲密无间的姐妹情、街坊谊。真是有滋有味，别有一番情趣在茶中。

吃"阿婆茶"是比较讲究的，十分重视水质、茶点，水一定要用河里提起来的活水，水壶往往是祖上传下来的铜吊。炉子是用烂泥稻草和稀后涂成的，叫风炉。据说可以省柴，烧起来又快。用干菜箕柴炖茶，火烧得烈烈的，很旺，铜吊里扑哧扑哧地热气直冒。一边吃、一边炖，这样那茶才酽、才香呢，真是别有一番风味。村里的每一位男子都有一手涂风炉的绝活。

周庄人还十分讲究吃茶方式。茶具越古越好，煮水要用陶器瓦罐，燃料要用竹片树枝，沏茶要先点茶头，隔数分钟后，再用开水冲泡，这样可以使茶色香味浓。无论市镇和农村，人们经常看到六七十岁老太聚在一起吃茶，现在周庄此风更盛。"阿婆茶"虽是民间风俗，但喝茶方式颇为讲究。流传到青浦商榻的"阿婆茶"，从品种到样式，均有改变。至今，商榻的年老长者仍保持着一种古老而又别具风韵的喝茶方式——炖茶。家中放置一只大龙水缸，积储天落水盛其中。吃茶时，即以此舀入陶瓦罐中，搁在风炉上，用树枝燃煮。沏茶用密封的盖碗或紫砂茶壶，放入茶叶，始用少量沸水先点"茶酿"，后将盖子捂上，待片刻，再冲入多量开水，其茶倍觉清香浓郁，甘冽爽口。

轮着的东道主一早就忙开了：淘米、牵磨、做橘红糕。用模子压制出来的橘红糕堆在盆子里，颜色鲜艳，形状漂亮，真像一朵朵盛开的菊花，一口咬上去，香、甜、糯、软，十分诱人。

下午，被邀客人便从四处嬉笑着陆陆续续赶来了，每人还带了针线活，有的扎鞋底，有的插花，有的纳衣，大家围坐八仙桌，吃"阿婆茶"就开始了，做着针线，扯着家常，嚼着咸菜，喝着香茶；热烈地谈着，朗朗地笑着，真是其乐融融，邻里之间一派和睦和亲热。

青浦商榻的"阿婆茶"名堂真多，但共性是一样的，在青浦商榻一带，饮茶风俗是吃"阿婆茶"。这是农村妇女，特别是老年妇女饮茶聚会的一种休闲方式。每当农闲之时，妇女们相约以喝茶消遣，今日这家，明日那家，轮流做东。她们用陶制的风炉，以竹片、树枝做燃料，取淀山湖的清水，放入铜吊中煮水。沏茶时，先要点茶头，隔数分钟后，再用开水冲泡，以保证茶的色香味的纯正。"阿婆茶"的另一特点是茶点丰盛，如菜苋、熏豆、酱瓜，以及各色干果、蜜饯等，应有尽有。吃"阿婆茶"时，谈论的话题无非是一些家庭琐事，田里收成，最多的还数是儿女婚事。大多数的姻缘就是在这茶桌上牵线搭桥撮合成的，而且还都美满幸福呢。

每当田里农忙完工，村里的每家每户便要喊吃茶，今天这家，明天那户，一家家地挨着轮流做东。那都是婆婆、婶婶们的事，叔伯公公们是从不参加的。她们聚在一起，喊喊喳喳，谈这说那，做着针线，拉着家常。嘴渴了，喝口茶。

茶点往往是村里的"传统货"咸菜苋、香豆、酱瓜、菊红糕……每年春天，田里的油菜开始抽蕊吐蕾时，每家每户便要去摘菜苋了，往往一腌就是几大缸。那菜苋名气可不小哩，方圆几十里无人不晓，

作为一种民间生活性茶道，"阿婆茶"向来被商榻人重视，因此，也有别样的精致。一般农户烧水的炉灶和饭灶混合，但是"阿婆茶"有单独的炉灶。另外，"阿婆茶"是"炖茶"。即使用陶瓷瓦罐盛水，木柴烧煮，禁忌和金属物品接触，用密封性好的盖碗盛茶水，以保证茶水色香味俱佳，这点不是一般人吃茶能做到的。20世纪80年代，日本茶道研究专家曾来商榻考察，就被商榻"阿婆茶"的随意、精致及其中蕴含的古老智慧所折服。相对于高雅的文人茶道，"阿婆茶"属于民间。

商榻"阿婆茶"代表了一种上海独特的传统文化精神。尤其在当代社会,物质文明越发展,人与人之间的感情交流就越退化,从心灵"内省"的角度看,已经流传了700年的"阿婆茶"更应该作为"文化遗产"流传保护。现在"阿婆茶"正在申报"非物质文化遗产"。申遗既能保护民间文化传统,更可启发心灵"内省"。

其实,吃"阿婆茶"的风俗可以追溯到宋、元、明时期,明代洪楩《清平山堂话本》中有一篇《快嘴李翠莲记》,写东京(即北宋首都开封)李员外之女李翠莲性格泼辣,心直口快,语锋凌厉,为父母、公婆所不容,这里有一段特别有意思。

员外吩咐:"叫张郎娘子烧中茶吃。"那翠莲听得公公讨茶,慌忙走到厨下,刷洗锅儿,煎滚了茶,复到房中,打点各样果子,泡了一盘茶,托至堂前,摆下椅子,走到公婆面前,道:"请公公、婆婆堂前吃茶。"又走到姆姆房中道:"请伯伯、姆姆堂前吃茶。"员外道:"你们只说新媳妇口快,如今我唤她,却怎的又不敢说什么?"妈妈道:"这番,只是你使唤她便了。"

少刻,一家儿俱到堂前,分大小坐下,只见翠莲捧着一盘茶,口中道:"公吃茶,婆吃茶,伯伯、姆姆来吃茶。姑娘、小叔若要吃,灶上两碗自去拿,两个拿着慢慢走,泡了手时哭喳喳。此茶唤作阿婆茶,名实虽村趣味佳。两个初煨黄栗子,半抄新炒白芝麻。江南橄榄连皮核,塞北胡桃去壳柤。二位大人慢慢吃,休得坏了你们牙。"

这里不说白话小说情节,以李翠莲炮制的"阿婆茶"为例,其成分不但有好茶叶,而且还有黄栗子、白芝麻、橄榄皮核、胡桃,可见"阿婆茶"的制作、称谓在宋、元、明时期便有。

从"快嘴李翠莲"的口中，我们可以看出，早在宋、元、明时期，"阿婆茶"的饮茶风俗从北方流传，渐渐地在江南农村流行了，而且各色茶点也与江南风俗完全相同。在这里南北方有传承、演变的关系。

漫步在水乡的廊棚小巷，品尝阿婆茶的茶香，听着外面的雨声，多么适合闲坐发呆的地方。希望"阿婆茶"的风俗流传更久更远。

当然，其他地方也有与"阿婆茶"相似的茶俗、茶风吧，为了张罗邻里来喝茶，甚至经常会丢钥匙、落东西，而且还不引以为鉴，怎么都不像商榻人那样仔细、精致！诸位住在上海市区，不妨经常去青浦喝"阿婆茶"，放松一下精神，让生活更轻松惬意起来。

一壶茶、一把扇、蛙声一片，多么悠哉乐哉的自然生活！

珍惜祖国传统医学

中医药学是祖国优秀传统文化的重要组成部分，为中华民族几千年繁衍生息发挥了重大作用。中医药学源远流长。昔岐黄神农，医之源始；汉仲景华佗，医之圣也。作为中医药发源地的中国，在绵延不绝的历史长河中，临床名家辈出，历代名方集成，促进了祖国中医药学的迅猛发展，使中医药学成为人类有史以来一座取之不尽，用之不竭的宝库。

百年轮回，世纪更替。近百多年来，随着西医进入中国并占据统治地位，更因许多国人自贬和歧视中医，中医药发展处境艰难。诚然，西医的科学性和普效性已被公认，但中医药的伟大历史作用和重要现实意义不容否认，两者各具比较优势。为此，20世纪八九十年代，国家提出"中西医并重"和中西医"长期并存，共同发展"的方针，并将发展传统医药写入了《中华人民共和国宪法》。当今，西方现代医学开始由单纯生物医学模式向生物－社会－心理医学转变，人们认识到传统中医药学的基本理念和方法与未来医学发展方向非常一致，世界开始重新审视并日益重视中医药。同时，我国提出了"2020人人健康"的宏伟目标，如何实现这一目标是摆在我们面前的课题。因此，重新确立中医药重大战略地位，建立符合中国国情的中西并重的新型医疗卫生保健体系，势在必行。

有鉴于此，适逢建院50周年之际，作为全市唯一市级的中医院，上海市中医医院专门编撰修订院志，以资回顾历史，得以反思成败，更望总结经验。对这项有意义的工作，已逾八旬的我非常赞成，只是未能躬亲职事而不免为人生一憾。作为历史见证人之一，我想重述一下皆已过去的史实：西医进入中国后，民族文化虚无主义曾一度误导而使人片面认识、错误贬低，怀疑甚至否定中医，如清末维新运动时，有人开始否定中医；国民党政府曾两次正式取消中医，因民众反对而未执行；20世纪50年代卫生部有人（一副部长）公开提出，中医是封建医学，应随封建社会的消灭而消灭。毛泽东主席提出"中国医药学是一个伟大的宝库"论断，党中央明确保护中医药的方针之后，国内再无人公开否定中医了。尽管如此，50多年来，中医始终处于被质疑、被验证、被改造的境地。一些怀疑中医的权威人士，总是借"中西医结合""中医药科学化"之名，试图用西医改造中医。这种思想和做法至今还深深地影响着医疗卫生系统甚至普通大众。

当然，中医药学发展既有观念问题，也有制度问题，还有中医自身问题。比如中医传统文化继承严重不足；中医研究被动模仿西医模式；中医医院严重西医化。中医药本身也存在一定局限：像中医的秘方秘术深藏民间，神秘性和私密性强，目前的知识产权保护办法难以对之保护，造成普及困难；中医经典语言难读、理论深奥，现代人因缺乏传统文化教育而难以掌握；中医师徒传承重个人重亲情，与现代公众普教方式有差别，若不将二者结合，不重视临床实践与言传身教，难以培养较多中医人才；中医个性化治疗虽然代表着未来医学方向，但与占领市场份额和追求利润最大化的市场经济要求不相符合；受现实利益驱使，人们往往看重西医，看轻中医，等等。

中国改革开放的总设计师邓小平提出"发展才是硬道理"，这对祖国中医药学的前景来说，也是一句至理名言。中医药学的思想方式与观念、理论的形成，是依据几千年自然、生态和生命过程及其相互作用的规律性现象，并综合成为一个整体联系的科学，它是在发展中生存，在生存中发展。当今许多科技知识已为新理论和新技术所取代，人们对事物的认识在日新月异地不断更新，我坚信，中医药学这门古老的祖国传统医学经一代甚至几代后学的珍惜和努力，古枝会催发新芽，定能重新步入现代科学大厦之中。

"志"乃记事之书。编撰修订《上海市中医医院院志》，从某种意义上说，也是为上海中医药事业的发展把脉，为中医药民族文化续脉。盛世修史，盛世救史，盛世读史，盛世藏史——这本来就是中华民族的传统，也是非常神圣的工作，更是相当沉重的题目。从院志编撰修订中，表达了编撰修订者所追求的，不仅是对上海市中医医院的表面梳理与简单盘点，更重要的是通过对上海市中医医院的记叙、描述与领悟，达至与沪地沪人乃至全体国人之心灵的深沉体认与会通，与民族精神高度契合的境界。怎样让中医药传统文化从边缘走向中心？这不是一朝一夕、立马能解决的问题，但编史修志的举措，可克服和帮助当代人特别是青少年对祖国中医药学的历史缺乏了解与认同，让人们真正知道，中医药学边缘化是暂时的，宏大博深的祖国中医药学曾经是也将永远是中华民族赓续绵延的基石和力量。由此精密考订，正本溯源，厘定文字得失，字字悉心校勘，页页精心修润，这也赋予从事祖国中医药学撰述者一大重要职责和重大使命。

为院志编撰所感，不禁思绪良多：千年中医术与药，素雅妙示兴与衰。阅尽人间沧桑事，个中玄奥谁能解？读懂中医药，非常人能为，识别真伪，更非易事。须深厚文化底蕴，当渊博历史知识，勤临床丰富实践，悟行医心灵宇宙，方可解读中医药学信息和奥秘。昨日中医药，记载远古时东方之文明；今天中医药，孕育现代人理念和智慧；明朝中医药，预示更广阔用途和神奇。歌哉颂哉，祖国医学！

◎本文于2004年8月为我国著名中医学家、复旦大学医学院教授、上海市中医药学会理事长张镜人（1923—2009）拟稿，文稿以张镜人先生发表为准。

大医精诚济苍生

开篇前,想请各位读者闭目想象一个画面:有位白发苍苍的老太太正面对摄像机镜头泪流满面。她是喜,还是悲?她为什么要哭?古人说:老吾老,以及人之老;幼吾幼,以及人之幼。各位还是听我从头道来。

这位老人叫刘秀君,84岁,是杨浦区扬州中学一位老师的母亲。三年前,她身患肺气肿,只能靠吸氧过日子。不过很幸运,她遇上了一个好医生,遇上了我们市中医医院心内科的董耀荣主任,董主任的精湛医术让她告别了氧气瓶,使她摆脱了病魔的缠绕。董主任的高尚医德让她重见生活阳光,使她与家人共同欢乐。那天,东方电视台来采访,刘秀君老太太身材虽瘦小却精神矍铄,身着打扮干净利落,由于电梯故障,她在家人陪同下从13层家中走下来,转而到另一幢楼房的小儿子家中接受采访。面对摄像机镜头,老人含泪述说心头话:"董主任每次从扬州中学义诊完到这里都在晚上七八点钟,我们都已吃过晚饭了,他还饿着肚子。留他吃晚饭,他总说家里等着他。

他两周一次来为我看病，一直是耐心仔细，一丝不苟。我过意不去，让儿子送些烟酒或者付些车费什么的，他从来都不肯收。后来，我用家里的旧绒线和买的鞋底做了三双绒线拖鞋送给他，他还是不肯收。我对他说，你为我治病，我80多岁的年纪不能为你做什么，做这些不值钱的拖鞋只是为了表表心意，你收下，我心里会好过一些，那绒线鞋面可是我亲手织出来的，寄托着我这个老太婆的一份心啊！"说到动情之处，老人家不禁哽咽了，眼泪夺眶而出。

这就是前面所叙的一个画面。在东方电视台实地采访时，我亲眼看见另一个感人场面：那些普普通通的病人争先恐后地告诉记者："董主任妙手回春医术高明""董主任风雨无阻从不失约""董主任无偿义诊医德高尚"。在他们的话语中充满了对董主任的感激；在他们的心目中，董主任成了完美和高尚的代名词，成了白衣天使的化身！他们的那份情感、那份敬重显得那样强烈、那样汹涌。不少病人称董耀荣是踏踏实实为群众服务的热心人，是一心一意为病人治病的贴心人。在他的身上，体现爱满天下的精神，显示爱的力量，爱的伟大！

自1993年以来，董主任每月两次在扬州中学校园为杨浦区退休教师义务诊治，坚持了整整11年的爱心奉献，据不完全统计，他为杨浦区的退休教师无偿义诊约达5200人次，已有200余位退休教师在他的精心治疗下得到治愈，这是何等的精神，何等的品行！刘秀君老太太只是其中的一例。

岁月漫漫，时光悄悄。10多年来，董主任由一名普通临床医生成为一位知名的主任医师，但对于为退休教师义诊却从来没有失约过。尽管教师换了一茬又一茬，而董主任依然坚守着最初的承诺，将自己的行动一以贯之，这需要付出多大的坚持、多大的牺牲！没有豪言壮语，没有惊天动地，董主任的义举在杨浦区教育系统传为佳话，他无私奉献救死扶伤的感人事迹被评为2003年度上海市职工百佳好事和上海市医务职工十佳好事。

作为医务人员，董主任如此回顾、感言：我从心里认识到奉献和关爱是从医者的职责所在，是应该的，不用言谢的；也许是因为社会上对医务人员的评价让我觉得我们做得还不够，还有相当距离。但刘秀君老太太流泪，社区群众动容，说实在的，当时我压根儿没想到病人对医生的感激会如此情真意切，会达到如此强烈和忘情的程度，我的灵魂受到震动！

这一幕场景，让笔者难以忘怀，同时也让我眼前浮现医患关系的另一种场面：一方面是愤怒的家属难以自制，怒骂殴打；一方面是委屈的医生人人自危，不惜改行。对比一下，我想了许多许多。难道医生和患者真的不能和平共处吗？不，董主任的事迹，老太太的眼泪，群众的深情，都在明白无误地告诉我们：医生是神圣的职业，但医生不是朝南坐，不是救世主，病人不是我们的仇人，只要我们对病人多一分爱心，多一点责任，多一些呵护，病人就会成为我们不是亲人胜似亲人的理解者、支持者！也许我们当今的社会还有不尽如人意的地方，但我们真的应该庆幸，我们的社会还有像董主任这样的好医生，还有许多充满爱心、无私奉献的好医生，还有我们每一位医护人员，还有我们大家！

我想，这就是我们社会的希望，我们生活的希望，我们医界的希望，希望都在我们的努力中！

有感于杜甫的《丹青引》

唐广德二年(764),诗圣杜甫连续写了两首画马的七言律诗,前一首是记录他观看画家作画时的情景,后一首题为《丹青引赠曹将军霸》,这是赠给当时著名画家曹霸将军的。诗中介绍了曹霸的身世,盛赞曹霸的画功和敬业精神,诗曰:"将军下笔开生面""将军画善盖有神,必逢佳士亦写真",他画马"斯须九重真龙出,一洗万古凡马空"。因此,这首诗后人通常也看作是杜甫为曹霸写的小传。

曹霸者,乃三国时代创建魏国的曹操之子曹丕之后裔也,也算是名门之后,改朝换代之后,曹霸因罪被贬,"于今为庶为清门",但他"文采风流犹尚存"。杜甫不愧"诗圣",起笔洗练、苍凉,简述曹霸身世,颂扬曹霸祖先,曹操称雄中原的业绩虽成历史,但其诗歌的艺术造诣高超,辞采美妙,流风余韵,至今犹存。开首四句,抑扬起伏,跌宕多姿,大气包举,统摄全篇。

继而叙述曹霸学书学画,起初他随卫夫人学书法,后专攻画业，很受器重。诗中引述往事：开元年间，曹霸应诏去见唐玄宗，有幸屡次登上南薰殿。凌烟阁上的功臣像，因年久褪色，曹霸奉命重绘。他以生花妙笔画得栩栩如生。文臣头戴朝冠，武将腰插大竿长箭。褒国公段志玄、鄂国公尉迟敬德，毛发飞动，神采奕奕，仿佛呼之欲出，大有奔赴沙场鏖战一番的气势。曹霸的肖像画，形神兼备，气韵生动，表现了高超的技艺。然而在此，画人不过是陪衬，画马才是重点，诗圣杜甫细腻地描写了画玉花骢的过程。唐玄宗的御马玉花骢，众多画师都描摹过，各有不同，无一肖似逼真。有一天，玉花骢牵至阊阖宫的赤色台阶前，扬首卓立，神气轩昂。唐玄宗即命曹霸展开白绢当场写生。作画前曹霸先巧妙运思，然后淋漓尽致地落笔挥洒，须臾之间，一气呵成。那画马神奇雄峻，好像从宫门腾跃而出的飞龙，一切凡马在此马前都不免相形失色。诗圣杜甫先用"生长风"形容真马的雄骏神气，作为画马的有力陪衬，再用众画工的凡马来烘托画师的"真龙"，着意描摹曹霸画马的神妙，过程描述笔墨酣畅，精彩至极。

全诗章法有序，错综绝妙，诗中宾主分明，对比强烈。如学书与学画，画人与画马，真马与绘马，凡马与"真龙"，画工与曹霸，往昔与今朝，等等，前者为宾，是绿叶；后者为主，是红花。绿叶扶红花，烘托映衬，红花更为凸显而鲜明。

不过，杜甫此诗的高超、凝练不仅在于赞美、评价曹霸的神笔画功与精妙技法，更在于款款落笔、深深同情曹霸的遭遇，尤其颂扬他的"丹青不知老将至，富贵于我如浮云"的敬业精神和崇高画品。在战乱的动荡岁月里，一代画马宗师，流落漂泊，竟不得不靠卖画为生，甚至屡屡为寻常过路行人画像。即便曹霸走投无路，遭到流俗轻视，生活如此穷苦，但他视功名如粪土，视富贵如浮云，再贫困再艰难也不改自己天然性情。画家的辛酸境遇和杜甫的坎坷蹭蹬何其相似，不禁引起诗人内心共鸣，感慨万分：自古负有盛名、成就杰出的艺术家，往往时运不济，困顿缠身，郁郁不得志。"途穷反遭俗眼白，世上未有如公贫。但看古来盛名下，终日坎壈缠其身。"结句以此宽解曹霸，同时也聊以自慰，饱含对社会世态炎凉的愤慨。

当年 53 岁的杜甫，因被贬而弃官入蜀至成都而苟于草堂。杜甫和曹霸在成都相识，十分同情他的坎坷遭遇，写下这首《丹青引》相赠曹霸，既感叹曹霸起起落落的漂泊生涯，亦隐喻自己饱经忧患的经历，自有惺惺相惜之感。杜甫诗集中写画马的诗共有 11 首，而写曹霸画马的就有二首，可见杜甫对曹霸寄予的感情和抱负。

说《丹青引》是杜甫为曹霸将军写的小传，可惜的是杜甫没有注明曹霸卒于何时，高寿几许，按"将军"大人的心境和处世态度，曹霸应该是高寿的，可那是在危机四伏、动荡不安的时代，可以想见曹霸心静如水、人淡如菊的处世人生。而杜甫本人在公元 770 年离蜀出峡赴湘途中，因贫病交加，水路受阻，风痹加剧，殁于小舟之中，年仅 59 岁，哀哉！那是悲剧年代的一幕悲剧！

岁月如潮，千年往矣。早已在天堂的诗圣杜甫阅尽沧桑，洞察一切，定会发现如今华夏大地生机勃勃，丹青世界绚丽灿烂的景象，自然，老人家也会察觉些许异状，颇感忧虑。是啊，丹青（现已称作为绘画艺术了），它属于社会意识形态范畴，是要艺术家经过艰苦的创作劳动，以典型的艺术形象反映现实，服务社会、服务大众的一个门类。而现在，最缺的不是人才，最缺的正是曹霸将军那种"丹青不知老将至，富贵于我如浮云"的创作态度和敬业精神，以及良好的社会风气和生态环境。

社会正处于转型期，人们像陀螺似的，围着市场圈内圈外转悠，却不知忙于什么。画家心态浮躁，无意画业，醉心画外行情。君不见，画展天天有，门前可罗雀，牡丹玫瑰艳丽，却无神韵功力；画廊如茶馆，拍卖行似小菜场；"大师""名家"头衔满天飞，"佳作""名画"无人去领情。画家有的争名于朝，逐利于市；有的为抬高画价，不惜将自己当年亲手卖给人家的作品称作"假画"而挨了老拳；有的不择手段用影印、照相制作"名画"高价出手；有的采取流水线作业，仿制名画欺骗外行；有的画商费尽心机低价进、高价出，坑害画家，愚弄买家；有的媒体不惜版面、时段吹捧、忽悠、唬人……

如此这般，当然不是一两个画家所能左右、改变局面，海内外、圈内外对此状况早有呼声，希望整治，这需要政府有关部门出手、制止，更需要时间，而对于画家来说，置身于圈内，应该清醒、自重、自律，只有治理好这个大环境，才能使艺术得以更健康更快地发展和提高。最难能可贵的是，画家如何将一生沉浸在绘画艺术之中而不知老之将至，情操高尚，不慕荣利，把功名富贵看得如天上浮云一般淡薄，这种淡定、这种情怀、这种气度不是一朝之功而所能修成的。

据人类学家和老年学家研究，说是从事绘画、音乐、戏剧、电影这些艺术门类的人士普遍高寿，如书法家苏局仙，画家朱屺瞻、张大千、刘海粟、齐白石，音乐家贺绿汀，文学家巴金，电影学家陈鲤庭等，他们虽然经历过磨难，都以期颐之年谢世，正如诗圣杜甫所云:"富贵于我如浮云。"还有一些年届耄耋的老艺术家,仍孜孜不倦以求艺,他们都是我们仿效的楷模,中、青年画家们,但愿大家都能高寿献身艺术,为事业、为民族做贡献,当然这只算是不切题的题外话。

◎ 本文与新华社原资深记者高天合作。

领略静趣　闪亮心灵

现代生活节奏快,许多人正在向往和追求慢生活。所谓慢生活,就是让心静下来,慢慢感受及品味生活中的各种乐趣与情趣。倘若平日能做到心静如水,你就不会感喟人生的踪迹无常,亦不会懊悔物事的时过境迁,学会珍惜当下,懂得放下自我,对人世间的纷争,对生活圈的喧嚣,自有一种超然洒脱、泰然处之的人生哲学。

人臻老境,步入晚年,我似乎愈加喜爱淡然清净。也许淡然是一种快乐,清净是一种豁达,超脱是一种气度。一个人在彻底明悟了生命的本质之后,才能拥有一颗清净如水的心。人的至高境界自然是精神的淡然空灵,细细忖思,心静如水才是人生中最高的精神境界。心平气和,心态稳定,能够在生活中做到不以物喜,不以己悲,在大起大落、大喜大悲面前泰然处之,坦然应对,这是大肚量、大智慧。

当然这仅仅是心态、心情,其实在淡然清净中可以有种享受,或者说是感受。著名美学家朱光潜先生说过,这世间并没有天生自在、俯拾即是的美，凡是美都要经过心灵的创造；美感的世界纯粹是意象世界，超乎利害关系而独立。这意味着，对世界上的美，是要通过眼睛发现、心灵感受，从而产生一种与人不同、自己拥有的情趣。

这里的感受也可以说是"领略"，不过领略只是感受的一方面。世界上最快活的人不仅是最会生活的人，也是最能领略的人。所谓领略，就是能在生活中寻出趣味，找到情调。外入于眼，内化于心，慢慢品尝，细细享受，这才是真正的慢生活。好比喝茶，口渴的人只管满口灌喝，会喝茶的人却能细啜慢品，领略其中风味，品饮茶汤气韵。

假如是时时观察、处处领略到趣味的人，其心境不会沉寂，更不会烦闷。朱熹有首名诗曰："半亩方塘一鉴开，天光云影共徘徊，问渠那得清如许？为有源头活水来。"在旁人来看，不过是一个池塘，天气很好，垂钓一番，养养性子，快哉乐哉。但作为有心人，看到和想到另一种绝美的境界，你此刻姑且闭目一思，把这幅图画印在脑里，然后假想这半亩方塘便是你自己的心，你看这首诗比拟人生苦乐多么恰当！一般人的生活枯燥，只是因为他们的"半亩方塘"中没有天光云影，没有源头活水来，这源头活水便是领略所得到的趣味。

能领略趣味的人，固然一半由于天资，一半也由于修养。外物因你的关注而有了意趣，这本是你与它在这大千世界的缘分。而它的形象，在你的眼里与在旁人眼里必定有所不同。由此我想，物事的形象乃一半天生，一半人为。而那一半的人为里，透发出你的性格和情趣。

大约心静中比较容易见出趣味，心灵上闪现的东西会有不同。一般人不能感受趣味,大半因为心地太忙、不空,所以心灵挤得太满,装不了多少东西。而让心灵静下来,沉淀杂质,放出空间,世间万物便有浮想联翩的余地。这里的"静",便是指心界的空灵,而非指物界的沉寂。物界永远不沉寂。你的心境愈空灵,愈不觉得物界沉寂,甚至可以进一步说,你的心界愈空灵,也愈不觉得物界喧嚣。所以习静并不必定要进山间空谷,也不必定学佛家参禅,有意识地锻炼,可以领略无限静趣。

  静与闲也不同。许多闲人未必都能领略静中趣味,而能领略静中趣味的人,也不必定要闲。在百忙中,在尘世喧嚷中,你偶然丢开一切,悠然返想,你心中便蓦然似有一道灵光闪现,无穷妙悟便源源而来。这就是忙中静趣。"万物静观皆自得,四时佳兴与人同。"这需要修炼,达到一定程度,会觉得这种静趣情境是一种幽美,此时心灵闪烁的是文思、哲理,顿悟出生活中的万事万物相通之道。

  生活中其实有很多美好的事物,只是由于我们忙碌的生活,快捷的脚步,让我们忘却了滞留,驻步欣赏周边的美景,其实这也涉及我们的人生态度:你究竟想过一种什么样的生活?作为美学的学科,并不完全是教科书本上的"审美",生活中并不缺乏美,而是缺乏发现美的眼睛。眼睛作为"心灵之窗",折射到心里,有人单调乏味,有人缤纷多彩,这里就是自觉或他觉,人们需要更多地探讨自然美、艺术美、人生美,因为这些都是我们在生活中看得见、摸得着的事物。

  在此,不妨引用清初名士张潮的一段论读书的话:"少年读书如隙中窥月;中年读书如庭中望月;老年读书如台上玩月;皆以阅历之浅深,为所得之浅深耳。读经宜冬,其神专也;读史宜夏，其时久也；读诸子宜秋，其致别也；读诸集宜春，其机畅也。经传宜独坐读，史鉴宜与友共读。对渊博友，如读异书；对风雅友，如读名人诗文；对谨饬友，如读圣贤经传，对滑稽友，如阅传奇小说。"面对不同的人，犹如阅不同的书，由此心境、静趣也许都各自迥异。

纵观万千物事，美感来自何方？开悟者道，撇开现实的羁绊，只让那意象孤立绝缘，用直觉去感悟其形象之美，创造一种独属于你的意境。不过我觉得更在于自己的取向，作为性情温和的我，平日不怕愚笨之人，也不惧聪明之人，只是对着低级趣味的人退避三舍，若真要勉强同他说应酬话，甚觉得苦也。假如你对着有情调有趣味的人，你并不必多谈话，就能心领神会，便可觉得朋友中间的无上至乐。而对于心灵灰暗的人，我只会无言相对，只能逃之夭夭了。还是一首歌唱得好："借我一双慧眼吧。"用慧眼发现美，用心灵展示美，说是天分还是直觉，其实也是要修炼的。

由吴冠中画论想起

著名画家吴冠中生前说过：艺术诞生于感情。他评论不少画家，画画就停留在"画得像"的层面上，这样的画，是写真，不是艺术。在学院派里，画石膏像是目前美术教育的必修课，但吴冠中认为，画石膏像会把艺术感觉都抹杀掉。因为石膏像是死的，现在要求画的人，要画得正确，要画得像，结果画得越像越没有感觉。艺术需要错觉，没有错觉就没有艺术。艺术要有想象力，要有饱满的情感。艺术家需要有比常人更丰富的想象力和情感积累。

吴冠中的这个艺术观对人颇有启发，且不论其他，但就绘画艺术与情感培植关系，大可深究。绘画自然需要掌握线条、色彩、素描、造型、工具等基本技法和技巧，这只不过是打地基，之后就像造高楼一层层地向上筑起，蕴含自己的艺术想象、艺术情感，美术的主要的任务是创造美、创造精神世界，将自己的审美打动人心，把自己的感受传达给别人。

我的理解，所谓艺术是诞生于感情，就是用饱含感情的形象（图画），用各种办法，用眼神、用语言、用耳朵、用心灵与人们交流。所画的人与物，并不仅仅是人与物本身，而是通过这人与物本身，把自己的想法、自己的感受、自己的情感告诉你，你一看也就有新的感受。凡·高所画的向日葵，并不是画向日葵的肖像，而是把各种不同性格的向日葵组合在一起，那是一种感情，不是向日葵本身。由此可见，艺术就是一种感情与感受的交流。

吴冠中还特别指出，艺术家不是"从小培养"就能培养出来的。在绘画艺术训练中，是慢慢地培植、滋养一种情感、文化、精神，从而引领走向广阔无垠的艺术生涯。可惜现在好多孩子很小就去少年宫，很小就练钢琴、练书法、练画画，但他们当中的大多数人，永远成不了艺术家。唯有对艺术产生深厚情感，历经磨难，才能对艺术有真正感受。在这过程中，艺术讲求的就是"不一样"。试想，每个人的经历、每个人的情感是否都雷同、一致，想必答案是否定的。

吴冠中当年在巴黎学习的时候，觉得画画特别高贵，特别神圣。有一次，他来到蒙马特高地那个举世闻名的卖画广场，一看，全都是卖画的人。那一刻他很心痛。回到学院，每当看到同学背着画夹画箱出门，就总感觉他们都要到广场上卖画去。那滋味让吴冠中很难受。自此，吴冠中的观念改变了，他觉得，艺术并不是自己想象中那么高贵，艺术应该是人民的，大众的，它们至少是民间的，比学院里的更接近人民，更接近泥土。吴冠中用自己的亲身经历来劝告学子：艺术的学习不在欧洲，不在巴黎，不在大师们的画室，而在祖国，在故乡，在家园，在自己的心底。这种情感是通过对比、观照得来，所以他赶快回国，从头做起。

吴冠中说:"对报考美术学院的学生，老师和家长应该给他讲明利害，学美术等于殉道，将来的前途、生活都没有保障。学画的冲动浇不死，这样的人才可以学。"吴冠中向来强调，艺术家应该是"野生植物"，不是靠"圈养"就能出成果的。他希望社会建立合适的机制，资助、奖励年轻的穷艺术家进行探索。"不要养人，要奖励好的作品，要养会下蛋的鸡"。吴冠中还认为，艺术院校文化课要求太低决定了大学只能培养出工匠，培养不出艺术家。"美术界大部分画家的文化水平都不高，他们的作品情怀和境界上不来。"

这些画论也许算不上惊世骇俗，但至少是金石之言，对读书写作有共通之处。读书是培养爱憎之感情、提高精神之世界，在心灵上浇灌蓓蕾、绽放花朵，唯有寂寞才能品书，唯有独立才能思想，即便没有魏晋名士之风，涤荡了圈内的陈弊与腐气，也要有耿直志士之为，赋予精神独立、思想自由，勇于摈除学术八股与歪风。

文化生态环境考验着一个人是不是真正热爱着读书。如果真爱，无论喧哗还是冷落，都不会放弃。苦难和坎坷是孕育读书写作的土壤。感情压抑到一定程度才会爆发，而爆发出的很可能会是好书籍、好作品。平淡的人生，平淡的情感，不能读得好书、写出好书，这个已为千百年来的读书史、读书人所证实。庆幸的是，当今出版界业绩傲人、大著成效，尽管其中还有很多问题，但毕竟欣欣向荣，一走进书店，同过去满壁凄凉不可相比。但还有点忧虑，要让正儿八经的出版业真正繁荣，除了管理层面的适当"松绑"，让出版者和阅读者有较多的选择权,更重要的是,是仰仗读者们阅读能力的提高,学会使用"选择权"。假如大多数读书人具有眼界高远、目光犀利的阅读能力,何愁优良读物没人赏识,也不必担心低劣读物会占领市场了。

令人忧虑的是,近些年来学术书籍出版难度又加,出现了著书人"文责自负""文本自销"的新形式,纸张、印装、人工成本上涨,迫使出版社让著书者将自己的著作推销一两千册,卖不掉就只能堆得家中遍地"天女散花",应了那句幽默的歇后语:"瞎子进房——摸得着都是书(输)。"究竟是笑话还是自嘲,只能默然!

不过,爱书人感情在,因为每个读书人都拥有强大的潜能,都是一个蕴藏思想珍宝的宝库。而书籍,正是打开这个宝库的钥匙,也许读书人的心念有多大,心中的宇宙就有多大。读书,让人"身心健康","身"是具象,而"心"是抽象,无形无状而难以捉摸;生理会引起心理的变化,心念更能导致生理的改变。

艺术需要感情,读书何尝不是如此。读书的感情在哪里?我想不外乎:要经得起谎言,受得了敷衍,忍得住欺骗,但决不忘得诺言。时下,不妨给自己一个迂回的空间,学会思索,学会等待,学会调整,人生很多时候,需要的不仅是执着,也需要回眸一笑的洒脱。

郭志坤：学术内化为人格

——细讲中国历史丛书的编纂

楔子

与郭志坤相识交往 40 多年，在我心目中，他是一位学识渊博、待人厚道的编辑家、史学家，有大家气度、长者风范。记得 20 世纪 70 年代初，我们几个少不更事的小青年常跑原址在圆明园路文汇报社的理论学术部，他是 1966 年从复旦大学历史系毕业分配进《文汇报》该部任记者、编辑，我们与他唠嗑不时会"跑题"，他总是报以微笑，静静地听着；有时我们的"山海经"总是"嘴巴缺个站岗的"，他则神色凝重地望着我们，不时瞥一下案头稿件，我们知道他下"逐客令"了，是破了他的"惜阴四戒"："寡串门""少闲谈""不唯吃""无所为"——只图一日千字文，我们只得悻悻离开。渐渐地，他成为我们亦师亦友的师长，我们不知天高地厚地直呼他"老郭"，我则省略"师"字而敬称他为"郭老"——尽管他年龄仅比我大八九岁。

40 多年弹指一挥间，"郭老"从记者、编辑升任文汇出版社总编辑，又调任上海人民出版社总编辑，级别升了，但他没有丁点儿官架子，依然平易近人，和蔼可亲，散发着他的人格魅力，保持着记者的"三开"之风，开通、开明、开山；编者的"三有"之为，有识、有品、有勇；学者的"三读"之习，眼读、心读、神读。在新闻界，他是标准的记者型学者；在出版界，他是有名的学者型总编。说实话，与他交往这么多年，我几乎没有写过关于他的文字，不是无可写，而是未敢轻易写，他始终与书做伴、勤勉治问，其本身就是一部值得书写的大书。

考证乡名　志业学史

2014年元宵节前，我准备了10个采访题目，事先用电子邮件发给郭志坤，想来个"一网打尽"，不料总无回信。因为熟悉，我便电话询问，郭志坤在电话那头"王顾左右而言他"。我知道他不做没准备的事，要做事就做得认真，就像他平时经常对我说的，做事如治学有"四要"原则：一要系统性，不要鸡零狗碎；二要质疑性，不要绝对化，说好都是好，说坏都是坏；三要发现性，找出现象症结；四要调查性，用解剖麻雀的办法，深入一个地方，研究一个问题。也许见我也爱读书的缘故，他还告诫我，既读有字的书，也读人生的书。此时，我明白与后悔我的提问过于笼统，以致他必须花点时间"精心备战"。

其实，我也多虑了。没有多久他电告我去他那里，原来他"躲"在他家附近一处所在，日夜"赶工"一个文化大项目——历经几年艰辛劳作，由他主编的300多万字、4000多张照片、12册"细说中国历史丛书"，于2014年10月底正式出版。那天正逢星期六，看到他的办公室并不宽敞，墙上标挂出书进度表，大屏幕电脑储存大量图片以及校改史料……我惊讶：这样的项目可应是国家项目，竟然在这样的条件下完成？郭志坤没有正面回答，对我谈起采访所提的问题，其实他已非常认真地写在电脑里，对所提问一一作答。此景此情，不由得令我感动。我曾对他的《秦始皇大传》《隋炀帝大传》《中国古史寻证》（与李学勤合作）、《秦陵地宫猜想》《荀学论稿》及"提问诸子丛书"（10册，与陈雪良合著）等著作都"啃"过一遍，为他的治学业绩感奋不已，但"赏叶须寻根，观澜须溯源"，得知道您"郭老"对史学感兴趣始于何时。

这与他童年生活不无关系。郭志坤1942年出生在福建省龙岩地区永定县，他的启蒙教育来自家庭，母亲给他讲女娲补天、嫦娥奔月的神话传说，讲尧、舜、禹的历史故事，常提有关秦始皇的歇后语，如秦始皇修坟——自找死路，秦始皇修坟出巡——自立功碑等。7岁那年，父亲翻山越岭背他步行40余里，去龙岩看名叫《孟姜女哭长城》的汉剧，当他看到秦始皇的舞台形象后向父亲问了许多问题："秦始皇是好人还是坏人？""秦始皇筑长城干什么？"这一系列稚嫩、朦胧、好奇的问题，亦正是他的开蒙。加上他大哥是语文教师，对郭氏族谱做过一番考证，认为闽、台郭姓大多是避乱南迁的唐代政治家、军事家郭子仪裔孙，大哥提出各种问题要他回答，历史课本上找不到，郭志坤就去翻《史记》《汉书》《诸子集成》，这样就从小逐步萌发研究中国历史的兴趣。

郭志坤还有一个"出地人"的笔名，也是他爱好史学的见证。他上的中学是永定一中，老村长知道他初三作文比赛获得第一名，便给他出了一道题：《"田地"考》。原来他家乡时而叫"田地",时而称"仙溪",郭志坤便对乡名的由来进行了一番考证:550年前的先民认为这片土地适于耕种水稻庄稼,将这块丰裕优美的地方称为"田地"。1929年5月,朱毛红军第二次入闽,带领民众开展打土豪、分田地活动,建立了田地乡苏维埃政权。正当人们忙于分田分地时,田地人提出疑问:"把田地分光了,那我们还叫'田地'吗?"大家商议后认为"田地"名称确实要改一改。改乡名众说纷纭,更多的田地人认为,先民择地依山傍水,山清水秀,好似人间仙境,更名为"仙溪"最合适,于是"田地"也就改为"仙溪"。1953年12月,时任中共中央农村工作部部长邓子恢在新中国成立后第一次回家乡,除走村串乡、访贫问苦外,还探望了革命烈士的亲属和土地革命时期的骨干户,问到"田地"的情况,好多人都不知道。乡长告诉说,"田地"改为"仙溪"了。时任中共福建省委书记、省人民政府主席的张鼎丞在旁说,不改了,田地"树谷"之本、"粮食"之地,"田地"是好地名。邓子恢补充了一句:"民为邦本,本固于田,田地好啊!没有田地哪有我们!"一语双关,于是又将"仙溪"改为"田地"。乡亲们看了郭志坤的《"田地"小考》后,赞他为"小历史学家",这样,"历史学家"进了他的脑海,从此与历史学结下不解之缘。

师尚百家　自成我家

1961年,郭志坤以优异的成绩考上了复旦大学历史系,攻读古代史专业,开始接受系统、严格、正规的学术训练。"读史使人明智"(培根语),在高等学府里,他遇到一批好导师,在知识的海洋里探得历史学的深度、广度、厚度、高度,养成深研广博、开阔视野的治学习惯。他认为"身似浮云、心如飞絮"是做不好学问的,倒是需要"灯半昏时、月半明时",能够安心、静心、苦心;他还认为"做学问,绝不能急功近利、急于求成",需要"板凳须坐十年冷"的理论勇气和研究旨趣,同时也需要优良深厚的学术传统的熏陶;求真求实是读书治学的宗旨,至真至情是学术训练的通道。熊十力先生说过:"知识之败,慕虚名而不务潜修也;品节之败,慕虚荣而不甘枯淡也。"他明白,治学之道,此"道"就是"首"(古字义为"人")加"走"(古字义"路"),意为人生处在十字路口该选择什么方向。整整五年的大学生活,让郭志坤读了不少专业书,终于选择"从容而不急趋,自如而不窘迫,审慎而不狷躁,恬淡而不凡庸"的学术之路。

当然,在那个年代,政治运动不断,要下乡下厂搞调研,接受"再教育",但对郭志坤来说,并非"苦差事",觉得是接触社会、接触民众的好机会。他在读大学三年级时,曾写过一篇8000多字题为《长工苦》的文章,投寄《文汇报》发表后,收到了100多封来信,由此他甚感史学、宣传的威力,认识到,民众创造历史,要为民众所用,学史要回到民众那儿去,这个信念使他至今坚持。进入《文汇报》工作后,愈加认识到报纸的巨大作用。他爱历史专业,也爱新闻工作,决心把宣传和历史结合起来,于是产生了探索先秦诸子宣传思想的浓厚兴趣,断断续续用了10年的业余时间,撰写了《中国宣传史》(先秦卷)。出版后,《光明日报》《人民日报》《解放军报》《文汇报》等各大报,均做了报道和评论,认为"这是有关中国宣传史的第一本专著""为建立中国宣传史和宣传学研究提供了有价值的思想资料",是一件"开创性的工作"。

20世纪70年代末,改革开放的春风吹拂了郭志坤的心田,他的学术生涯进入辉煌期。他采访过近百名专家学者、政界人物以及国际友人,如周谷城、周予同、冯友兰、郭绍虞、朱东润、蔡尚思、谭其骧、蒋学模、吕振羽、翦伯赞、侯外庐、吴泽、傅依林、白寿彝、顾颉刚、宋庆龄、许德珩、王光美、刘晓、宋振庭……无论是人物专访、通讯特写,或口述整理,都受到读者和同行的喜欢,人们赞誉"他的新闻作品给新闻界带来了新的色彩"。他主编过《文汇报》学术版、理论版、"神州"和"我爱祖国"以及纪念党的生日、八一建军节、国庆节等专刊。他负责编发的《社会科学工作者论坛》(内刊)文章,都从当时的社会实际出发,受到读者的好评和专家的青睐。苏步青的《基础科学研究也要重视应用》、谈家桢的《自然科学家和社会科学家必须结成联盟》、钱伟长的《工科大学生应该学点文史知识》,以及《教育应该走在经济建设前面》《从系统论的角度看改革》等,产生广泛的社会影响,均被著名月刊《新华文摘》转载。

"郭老,您的这些经历富有传奇色彩,能否具体讲点故事?"我问道。郭志坤没有立刻应答,只说"没有传奇,平凡如沙"一句,再三催促后才专门为我补充了几则故事,其中有个颇有代表性:那是1980年5月28日,郭志坤访问侯外庐先生时,侯老讲了古人做学问的方法,引了桐城派古文家姚鼐说过的话,"论学问之事,有三端焉。曰:义理也,考证也,文章也"。他讲了考证的严肃性和艰难性。临别时,他送了郭志坤一幅题词:"在科学入口处,正像在地狱的入口处一样,必须提出这样的要求：这里必须根绝一切犹豫；这里任何怯懦都无济于事。"这是马克思说过的一句名言。侯老说："历史研究，特别是现代考古，必须有大无畏的科学勇气，克服一切艰难险阻。齐心协力，唯此，才能把我国历史科学推进到一个新的水平。"这谆谆的教诲，虽过去近40年，可永远铭刻在他心里，激励他不畏艰险，勇于攀登，形成先秦史治学上的独立思考、独特风格。

审慎治学　贵在三劲

中国史学家持有"不虚美、不隐恶"的史笔传统，抱以"正其谊不谋其利，明其道不计其功""甘为后人栽树，功成不必在我"的人格志向，在郭志坤看来，做真学者，当"不矜己长""不攻人短"，应"致力于学""有法有则"。他跟我谈起治学须审慎严谨，要培养良好的学术素养，按他的经验，最主要的是"三劲"：学劲、专劲、写劲。

一是好问学劲。学问就要问，读书就要读。"三人行，必有我师焉""独学而无友，则孤陋而寡闻"，这是古训。一曰："学问学问，边学边问。"二曰："学问学问，学会提问。"比如，郭志坤问史学大家李学勤"宣传"两字的含义，结果生发许多史学知识，后两人合作成书《中国古史寻证》。再如，"孔子每事问"，如此一句话，引出他与陈雪良合著"提问诸子丛书"（10册）撰写计划，并很快出版。

二是勤学专劲。"専"是会意兼形声。侯外庐先生从甲骨文的解读，要"专"，博学是"专"上的博学。甲骨文字形，右边像纺塼形，即"叀，左边是手（寸），合起来为用手纺织"。

"叀"兼作声符。"槫"音遄，与"穿"字音近，即纺锤，今言织机之梭子；亦有"纺锤"之说。但都引申为"专心致志，不能走神"，即干一行，是一行。学历史就专历史。韩愈曾说，"业精于勤，荒于嬉；行成于思，毁于随"。所谓"勤于业"，是指一个人一生时间，精力有限，要做自己喜欢做的事情，干自己喜欢干的事业。

三是创见写劲。"写"的本义为"放置"，《说文》俗字亦作"泻"。《礼记·曲礼上》认为"写者，传己器中，乃的食之也"，就是抒发、表达。单口头不行，要纸质表达。郭志坤说，他在《文汇报》干了28年，当了20多年的记者、编辑。记者有"四能"：能想、能跑、能听、能写，其中不断写很重要，只有勤写，才能善写，古人云"读书破万卷，下笔如有神"，讲的就是这个道理。"勤写才能勤看"，"勤写才能勤思"。勤写，当然不是机械地重复、辛苦地"爬格子"。平时要"勤练随笔"，郭志坤随身自带一本笔记本，当有某种写作冲动或"灵感"时，就可即时记下来，他说，这要及时，不能偷懒，灵感来时要及早捕捉下来，字数多可上百上千，少则不到一二十字，均可作为随笔。有人认为做学问要"勤作摘抄"做卡片，郭志坤持反对意见，他觉得看书忽有偶得就立刻记下，形成有自己创见的卡片，再系统而全面地收集有关资料，研究成果，去伪存真，去芜存精，务必"记事者必提其要，纂言者必钩其玄"，便可做成好的学术文章或著作。若要说"窍门"，那就是学术文章多写，权当记者练笔。写的过程，就是沉淀和深化学术成果之法。

对治学，郭志坤又讲了一个故事：1982年初，冯友兰先生写的《中国哲学史新编》第一、二册重新修改后即将出版，元旦过后他便到北大燕南园寓中造访冯先生。走进冯先生住所的客厅，书有"衮雪"两字的横幅高挂堂中，特别醒目。话题就从这两个字破题，冯先生说："这是魏王曹操的手迹。衮是滚的古体，衮雪的原意，是指褒河的水打在江中的大石上，飞起雪花，宛如白雪，但随后又汇入江水滚滚向前。""做学问跟雪球一样，应该是循序渐进，脚踏实地，日积月累，研究历史也是如此。"他讲了自己从事哲学研究的经历，当问及今后的打算时，他在郭志坤的采访本上写了"有生之年，永不停笔"八个字作为回答。访谈中，冯先生还讲了《列子·汤问》中关于"纪昌学箭"的故事，说古代有个叫纪昌的去拜射箭高手飞卫为师，飞卫没有更多的话，只要他练好眼睛的基本功，让他练就圆睁眼睛，把小东西看成大东西。于是，他回家后看着妻子织布，全神贯注，一点也不眨，练了两年之后，总算把头发上的小虱子看成车轮，这时飞卫才教他射箭，从此成为百发百中的神射手。这里包含了丰富的治学思想，讲了基本功，讲了聚精会神，讲了坚持的毅力。正是在他的鼓励下，郭志坤把《中国宣传史》（先秦卷）撰成。

人史共鉴　不媚不俗

作为学者型总编的郭志坤读书、编书、著书已达半个多世纪。作为理论、学术记者，他在《复旦学报》《人民日报》《光明日报》《文汇报》《历史研究》《齐鲁学刊》等50余种报刊上发表了《评汉武帝的"独尊儒术"》《试论稷下学宫》《略论唐代贞观年间的"论今引古"》《秦始皇陵地宫猜想》等百余篇史学论文，参加了《先秦诸子自述丛书》《中国历代祝辞贺语大观》

《中国历代贡品大观》《香港全纪录》《澳门全纪录》等 30 多部大型图书的主编工作。他从记者型转为学者型有点戏剧性色彩，《文汇报》在我国乃至国际上颇有声望，毛泽东生前也很看重这张报纸，当这样有社会影响力的大报记者、编辑，是很有脸面的事，不料采访复旦大学教授、《张居正大传》著者朱东润先生后，郭志坤的学术生涯开始发生变化。朱先生知道郭志坤也毕业于复旦大学，是他的学生，于是对他说了一席贴心贴肺的话："记者虽有'无冕之王'之称誉，但满足于写豆腐块文章。我 20 来岁也当过记者，就被人看不起过，说我只能写豆腐块文章，没有本事。此话给我极大刺激，于是，我下苦心，对明代最伟大的政治家，也是中国历史上优秀的内阁首辅之一张居正做了一番考察后，写了长篇的《张居正大传》，自后，人家不会看不起我了。恕我直言，这一点，你应该向我学习，也可写个'大传'之类的长篇。"这是朱先生的治学之道，也是他的经验之谈，当时朱先生还将他仅存的大著《张居正大传》借给郭志坤阅读，使郭志坤感念至今，也使他的学术人生发生转折。

人生有时是个圆。郭志坤幼年向母亲父亲问"秦始皇是好人还是坏人"，当他大学一年级回乡过暑假时，来车站接他的二哥一见面劈头第一句也问"秦始皇是好人还是坏人"，加上孟姜女之哭和秦始皇筑长城有什么关系，是郭志坤最早探索的问题，大学学习期间，他经常收集相关资料，并做了某些考辨。朱东润先生的一席话，促使他要为秦始皇正名、立传，为写作《秦始皇大传》，他蜗居书斋，闭门谢客，对各种史料、各派学说、各种论断进行梳理，剖析毫厘，擘肌分理，见人之视而不见，发人之未而先发，用其深入思考和勤勉耕耘，为今人留下这部学术巨著，出版20余年，一版再版，发行量累计已近10万册。有一次，我上他家，但见边上有一折式小圆桌，他指着小桌对我说："《秦始皇大传》正是在这张小桌写成。"其间，没有炫耀，语气很平淡，足见他以"学术乃天下之公器，史家乃社会之良知"的心境、人格进行他的著述，如此写作，滴水穿石，非一日之功。

文化、学术是一个民族、国家的灵魂。我曾问郭志坤：对文化、学术应该走怎样的路？郭志坤的回答为八个字："学术为本，自有文章。"在我与"郭老"接触中，我深感他始终保持一个真正学者的思想定力，做到不媚不俗。不媚，即不阿谀屈从，不迎合权贵；不俗，即有思想创见，通俗不庸俗。他给我讲过与复旦大学谭其骧教授交往的故事：谭教授从社会学系转到中文系，又转到外文系，最后才落定历史系。这并不是所谓的见异思迁，而是从事自己喜爱的专业。他说：我要从事的专业，必须与自己的兴趣、爱好、天赋、性格等相符，这样才能锲而不舍，终身以之。历史地理研究是一项很艰苦而严谨的工作，不仅需要熟读古典文献，还需要做大量的野外考察。谭先生非常强调反复考证的严谨治学精神。他联系《中国历史地图集》成功编绘的感受说：为了搞清一条线、一个点，往往要花上几天工夫，查阅数十种文献资料，图中的点和线，不是想当然的，而是要经过缜密的考证之后才能下笔的。注重考证，就是尊重事实。几十年来，谭其骧几乎翻烂了《汉书·地理志》，杨氏《水经注图》虽是新买的一本，也被翻得中缝破裂。他跋涉天山南北、中原各省，考察长江水系和黄河古道。对于1500多个县市，谭先生大部分都能记得它们属于哪个郡县和地理位置。在处理历史上的民族关系、中外关系和疆域边界等问题上，他始终坚持在尊重历史事实的前提下，努力做到有利于国家统一和民族团结。谭先生从不拿学问当作名利的"敲门砖"，更不去迎合时尚。他认为求真、求实，才是做学问的基本，如果只知迎合"当前之需要"，那就没法求到真学问；当"评法批儒"而大捧法家时，谭先生激动地说："我为求真，不在乎是否得罪权贵。"在这方面，郭志坤与其何其相似，认为学者是专业读者，思想敏锐，独具慧眼，继承前人的知识财富，加以清点、甄别，以"挣"来新的知识财富。

为此，郭志坤在"求真"精神的影响下，立意要主编一套面向大众而又真实反映中国古代史的通俗读物。他把多年酝酿的编纂构想做了大致的概括：突破"阶级斗争为纲"和"残酷战争"描写的局限，注重阶层、民族以及世界各国之间的友好交融和交流的记述；突破"唯帝王将相"和"否帝王将相"两个极端的局限，注重客观反映领袖人物的历史作用以及"厚生""民本"思想的弘扬；突破长期分裂历史的局限，注重阐述统一始终是主流，分裂无论有多严重，最终都会重新走向统一；突破中原文化中心论的局限，注重全面介绍中华文化的多元性；突破历朝官方（修史）文献的局限，注重正、野史兼用，神话传说等口述历史与文物文献并行；突破单一文字表述的局限，注重图文并茂，以考古文物图表佐证历史。

"细讲中国历史丛书"的编纂重在创新、面向大众和通俗化。李学勤先生认为这一美好的愿望和构想，要付诸实施并非容易的事，尽管如此，但他全力支持并同郭志坤共同主编这套图书。

不是尾声

严谨的史学家在使用文物、图像、文字、资料等,往往包含质疑与分析,而不是相信其"铁证如山",而且"眼见"未必"为实",这里面蕴含史家的眼光与见识。郭志坤认为,文字具有不可替代性,在当今视觉文化占据主导地位、形成某种"霸权"之时,对文化思维及学术建构,文字依然扮演主角,特别是网络时代,古籍原典、纸质阅读不仅不可少,而且还要强化。虽可利用当代电子科学技术的"搜索""储存"这样的"神器"功能,但不能取代对原作进行深层次的阅读、研究。

行文至此,我忽然想到当下的"戏说历史""娱乐历史","郭老"对此非常痛心,像对有人"让孟姜女与秦始皇谈情说爱"的"恶搞"文化现象,"郭老"专门著文予以批评。我有点明白了,缘何他年逾古稀,却依然担当重任,竭尽心力主编出版极有分量的12卷"细讲中国历史丛书"。是的,历史在延伸,历史没结尾!

第三辑　人物访记

兴旺文学翻译　多与世界交流

——法国文学翻译名家郝运访谈录

时间：2016年5月—2018年4月

地点：茅台路郝运寓所、山东路仁济医院西院干部病房

访问：管志华

受访：郝　运

问：郝先生，您好，大概在2011年，在上海市文史研究馆《世纪》杂志副主编张鑫女士陪同下，我曾对您进行多次访问。现在，上海市文联在主持编写一套"海上谈艺录"丛书，为沪上成就卓越的文艺家立传，确定您为其中一位，委托我对您进行再次访问、采写，不知您是否愿意接受？

郝：我们认识多年，亦是忘年交，欢迎您来聊天啊。市文联领导也向我说过此事了，只是身体原因，加上记性不好，许多事情记不清啦。本想推辞，但想想组织如此关爱、抬举，却之不恭哟，最终还是答应接受下来了。我不过是一个普通翻译

工作者，是个翻译匠，真的，恐怕谈不出什么，我只能配合你，真是难为、辛苦你了。

问：与您多次接触、采访中，觉得您很谦和、低调，身为沪上获颁"翻译文化终身成就奖"的三位大家之一，从来不见您讲自己的翻译特色如何如何，对前辈、同行的译著却是推崇有加。很佩服您的为人风范。

其实我很早就读过法国文学名著《红与黑》，那是"文革"期间，20世纪70年代中叶吧，有次骑自行车时发现前面一位骑车者将一本没有封面且又破损的书从车夹上掉落下来，叫喊他，那人没听到，一直猛骑向前，我将书捡起保存，后来翻读才读到于连、雷纳尔夫人等，知是《红与黑》。可惜，译者的姓名看不到，因为封面和扉页都脱落了。那时读这样的书竟还要冒点风险呢。直到20世纪80年代，我购买了不少外国文学小说，其中一本是重读，就是重读《红与黑》，特地关注一下译者，就是"郝运"，就是您啊。这样我就记住了您的大名。但是当时还无缘拜识您，"读其书，想见其为人"，终于能亲访您，诚属三生有幸。您能否回顾一下翻译此书的过程，谈些感受？

郝：你说的读到那本捡到的《红与黑》，是在20世纪70年代，那不是我翻译的。我重译司汤达的名著《红与黑》，1986年才由上海译文出版社出版。

说起来，我与《红与黑》亦有不解之缘。20世纪50年代，我在巴金领导下的平明出版社担任法国文学翻译编辑，有次接受任务，做一位知名翻译家所译《红与黑》的责任编辑。作为先行译者之一，该翻译家有其特色、风格，可我作为责编仔细校译，发现若干地方存在差错、误文或者说瑕疵，我将所要改的都写在纸条上，慢慢积累起来有一大包。那时我才30岁不到，人微言轻，审阅意见都没被采纳，书照常出版，也成了我心头之痛，心想哪天我有机缘能翻译这部名著，要把这些差错纠正过来。结果一等就是30多年，直到"文革"结束，法国文学翻译久旱逢甘霖，读者渴望读到世界文学名著，我终于有机会能亲自翻译这部书。所以，就恪尽职守，夜不成寐，反复推敲，还重新翻出那一大包审阅意见，几近痴迷，难以自拔。译著出版后，听说反响不错，迄今还有不少读者喜欢这个译本，真正感谢读者的厚爱。

其实，从事文学翻译，译家各具特色，各有千秋。无论是《红与黑》，抑或其他法国名著，往往都译者多，译本也多，甚至有十几个译本也不稀奇。这是好现象，都是翻译家们于艺术上的再创作，构建出精彩纷呈的百花园，听凭读者自己选择、取舍，翻译文化就该这般多元、多样。

问：您是如何选择外国作家作品的？是不是在作家本国发行量大的，就拿来翻译？还是说，要考察该作品对于世界文学的影响，和本身的艺术成就等？不要长篇大论，以您译者的眼光来谈，郝老，可以吗？

郝：哦，出了题目要我答呀。我也没有精力去长篇大论，从译者的角度来说，要选择外国作品，是很重要的，不会随随便便的。我想，倒也不是一本外国作品，凡是在作家本国发行量大的，就要拿来翻译。太功利性了也不合适的；不能太短视，不能唯发行量吧？因为文艺史上有的发展逻辑，恰恰不是这样的。往往倒是，时间对作家和作品的评判，是最无私而公正的。比如，1830年11月，司汤达《红与黑》在法国巴黎问世后，在毗邻的德国立刻引起文学巨匠歌德的注目,年逾八旬的歌德认为它是司汤达的"最好作品";司汤达的这部小说在俄罗斯也有它的知音,出生于 1820 年的列夫·托尔斯泰,"对他的勇气产生了好感,有一种亲近之感"。可当初《红与黑》出版后,在本国受到冷遇,初版仅印了 750 册,后来根据合同勉强加印几百册,之后便束之高阁。他一生写了 33 部著作,只出版了 14 部。虽然如此,司汤达对自己的这部作品充满信心,他大胆预测:将"做一个在 1935 年为人阅读的作家"。历史实现了他的预言。自司汤达"被发现"后,亦即渐渐被公众接受后,以《红与黑》为最高代表的司汤达的一些杰作,开始不胫而走,当之无愧地跻身于世界文学名著之林。

  评判作品,要看它的思想性和艺术性,中外都是一样。一部优秀小说,总是蕴含着深刻的思想内容。还是以《红与黑》为例,1828 年初,司汤达对一桩刑事案件报道引发浓厚兴趣,进行文学想象和艺术创作,构成了小说的基干,成为当时法国社会的政治风俗画。除了描述主人公于连平民反抗意识和个人进取的野心的复杂结合与矛盾和心理,更将他和德·雷纳尔夫人、德·拉莫尔小姐的爱情故事贯穿整个小说,具有深刻的社会含义,是对封建门阀制度的有力鞭挞,对平等自由的恋爱和婚姻的大胆肯定。同时,一部优秀小说总是极富艺术特色。光有思想内容不够,还须艺术化地反映、表现这些内容才行。这,需要在艺术创造上具备特色。如果说巴尔扎克感兴趣的是造成一个人的"境遇",那么司汤达则倾心于"人类心灵的观察者",开创心理小说之先河。仔细鉴赏《红与黑》,读一读其中好多地方的心理描写,读者会获得莫大的艺术享受。作为翻译家,我们要体悟作家原著的艺术特点,用力气在翻译过程中将它反映、体现出来。文学技法没有一定之规,文学名家总是各显其能、各尽其妙。翻译家要善于亦步亦趋,体悟其妙,进行再创作。

问:郝先生,您一辈子与翻译打交道,与文字为伍,译了67部书,绝大部分都是法国文学名著,您能否谈谈对法国文学的印象?

郝:法国文学在世界文学史上占重要地位,其源远流长,光照人间,自中世纪开始,流派纷繁歧异,名家巨匠层出不穷,佳作名著浩如烟海。作为一个普通的翻译工作者,我只不过翻译了屈指可数的几位法国大作家,即司汤达、法朗士、大仲马、莫泊桑、都德的一些作品,可谓大海滴水、吉光片羽。我对这些大作家的作品是有所偏爱的,甚至会边翻译边赞叹——像司汤达的文章风格朴实、明晰、严谨,长于分析,表现心理,文笔冷静,语言不多装饰,不追求美艳造作的文风,却又令读者时时会随之感动、共鸣;莫泊桑的小说大都以日常生活故事或图景为内容,平淡精准得像实际生活一样,没有人工的编排与臆造的戏剧性,不以惊心动魄的开端或令人拍案称奇的收煞取胜,而是以一种真实自然的叙述艺术与描写艺术吸引人。每个作家都有自己的个性,翻译也该是如此,关键是要深入原著者的内心,跟着他们塑造的人物不断转变自身角色,就像演员一上台就得将自己的个性融入戏中的人物角色性格,而导演则要把握整个戏的各种人物性格,所以翻译好一部书,译者既是"演员",又是"导演",将自己的情感、个性"移植",尽可能不走样、原汁原味地呈现给读者。

问:确实,优秀的译著像沙漠中的绿洲一样,滋润了一代又一代的文学青年,这些优秀作品将永远留在我们的记忆中。说句玩笑话,这些法国大作家得好好感谢您这位中国知音,正因为有了您的出色翻译,这些法国大作家的经典之作才成为中国读者的心爱,从书店、图书馆的书架上走进千家万户。对此,您的感觉如何?

郝:当然我高兴呀,因为中国与世界相连,中国读者能读到外国文学经典,了解外国文学作品,有益于中华文化的汲取养分,丰富发展。翻译就是发现美,译者与读者都乐享其中。而中华博大的文化同样需要传递给世界,所以,作为中国翻译家要有使命感,进行"双向传递"。文学翻译其实也是再创作,对美的再创造。这方面,我不过是个"翻译匠",对翻译家头衔实在不敢当,唯一愿望是认认真真、仔仔细细地做好翻译。

问:说到"翻译匠",我的理解,就是一种"工匠精神"哟,就是"精、益、求、精"四个字。郝老,您的艺术道路,体现的就是这种不断自我加压、不断进取的精神。您以毕生心血,为我们年轻读者造福,而且是树立了精神榜样。由此,您的精神乃至译作也就特别受到瞩目关注。我们就该学习您,把这四个字融会贯通,在工作上,凸显"择一事,终一生"的"工匠精神",构建新时代中国人的一种全新内在素质,而摒弃那种松弛懈怠、马马虎虎的工作状态。这样,我们中国社会、中国文化就会不断快速推进,就有光明的未来!

郝:你说得太好了,现在中国经济发展很快,文化也要及时跟上、引领,我老了,再也做不了多少事,希望中国的未来更美好。

谢谢你的夸奖,其实我对自己的评价是不高的。有句成语:

探骊得珠。文学翻译要做好，就似"探骊得珠"，是很难的。一个有责任感、使命感的翻译工作者必定是要自我加压，要为读者提供最好的精神食粮，酿造精心烹调的美味佳品。反躬自问，自己究竟做得怎么样了？平心而论，回顾自己一生，感到是努力做了，但做得还很不够。

很多前辈，很多同行，他们的工作值得我赞美、学习。"三人行，必有我师焉"，我就是向人家学习，取人长，补己短，一路这样走过来的。自然，翻译的艺术，也是百花齐放，百家争鸣。翻译作品丰富起来了，出现各种评价，各种争议，也很正常啊。总体上说，评价翻译作品，要客观公允持平，要看到其中的长处和短处，防止片面地褒扬或贬低，不要走极端，这是我的观点。

问：与您多次访问、交谈，知道您从事法国文学翻译一辈子，却从来没有去过法国，唯有一次游历加拿大、美国。加拿大也有法语区，听说游历期间您还专门去图书馆、博物馆查阅翻译资料。假如您能到法国，您的最大希望是什么？

郝：是的，我译了一辈子法国文学作品，至今未能踏上一步法国土地。这确实是我感到无比遗憾的事。如果我能去的话，我不仅要游遍巴黎的名胜古迹，还要争取访问莫泊桑、都德、司汤达——这些我译过作品的作家的故乡和故居。可是随着年龄的增长，随着身体病痛的增加，我知道这已经成了我办不到的事，但是我并不感到痛苦，因为还能不顾病痛和年迈，继续把我想译的书译下去，最后还在老朋友王振孙的合作下，把莫泊桑的中短篇小说全集译完，我心里已经感到万分满意。

问：郝老，最后，我来说点可能令人叹气的信息，可以吗？现在，有些年轻朋友读书时间花得少，连外国名著也不认真看了。也许有的读者不太了解您曾经辛勤的付出和努力，对于翻译作品，匆匆地看上一眼，知道一个大概已经足够，明白几个洋人的名字和故事梗概便算完事，甚至据说有些人只是把世界文学名著当作文化装饰，成为客厅中一种品位摆设，您怎么看待这样现象？您生气吗？

郝：不，不会生气。也是哟，不能要求所有的人都喜欢世界名著翻译。读书是自由的，文化生活是多姿多彩的，个人爱好亦是多种多样的。我想建议，某些从未接触外国名著的朋友，有暇时不妨找几本译作来看看。也许，一旦接触，他们可能会被外国文学经典的那种节奏、那种语感、那种韵律、那种遣词造句的风格所打动。

人各有志，各有所尚。译者把一生精力、时间花在译著的达意和传神上，不一定硬要希望读者抱以感恩的心情来感谢你，也跟你一样来废寝忘食地爱好阅读外国文学。但是，毕竟，文化是一种力量，文化是一种使命。中外相互了解、理解，是必不可少的。外国文学，是好东西啊。现在懂外语的人越来越多，国家与国家之间的交往越来越密切，我们，无论是西方的欧美，还是东方的华夏，正在相对地变得越来越文明，能够阅读原著，那是最最好的，不然，欢迎来读读译作啊。

问：随着中国走向世界，世界关注中国，语言交流、文化交往越来越频繁，您对此有什么想法？

郝：即便如此，对于大多数读者来说，没有翻译家，世界文学将会留下一段空白，毕竟人的生命有限，不可能样样语言都学到精通。没有翻译家，即使我们像伟大的歌德那样，信心百倍地宣布世界文学的时代到来，可是语言障碍的高山挡在面前，我们还是看不到山那边的无限风光。所以，中国的翻译事业需要培养更多更好的人才，为人民、为读者献上优秀的外国文学译著，希望翻译界人才辈出、人才济济，兴旺中国的翻译事业。同时亦希望从事这行当的后起之秀能静得下心，不求大红大紫，但求温和清净，既不抱怨，也不摆功，心辨而不繁说，多力而不乏功，人生难得是心安，心安人才静。这是我的希望，更是期待！

◎ 本文根据陆续访问郝运先生的历次交谈整理而成。2019年6月10日16:55，我国著名法国文学翻译家郝运先生在上海仁济医院西院因病抢救无效不幸去世，享年94岁，谨以此文悼念和缅怀郝运先生。

我心中永远有"燕大"

——祝寿嵩教授访谈录

祝寿嵩，医学教授，1922年2月生于苏州，1936年随家迁北平，1940年考入燕京大学医预系。太平洋战争爆发后辗转成都燕大继续就读。1943年应征加入中国远征军，任翻译赴印缅战场对日作战。日本投降后，于1946年9月回北平燕大完成学业，1947年9月考入协和医学院，1952年毕业，进入解放军军事医学科学院流行病学组，从事部队防疫。1960年调上海铁道医学院任教。"文革"中转迁宁夏医学院任公卫教研室讲师。1982年调回上海铁道医院，1990年晋升教授。1991年退休，返聘至1998年。享受国务院特殊津贴。

2017年夏天，上海连续一个多月高温，溽暑蒸人，热浪滚滚，要去浦东访问95岁的祝寿嵩先生，心里有些忐忑，不知道持续高温会不会影响祝先生的健康。来到"亲源和"老年公寓，与祝先生见面让我惊讶：他腰板硬朗，精神矍铄，谈吐非常清晰。他说 2010 年与同为教师的老伴卢玉韵住进这里，孩子孝顺，家庭和睦，尽享天伦之乐。可惜老伴卢玉韵前两年去世……

战乱中求学

同年 8 月中旬，为顺利采访，先和祝先生电话聊谈。有一次他发来手机短信："请晚上 7 点后打电话。"我纳闷儿：缘何如此规定？后来才知他此时正在当义工灭蚊。他后来解释说，白天要参加许多老年活动，如读书会、英文唱沙龙、桥牌等，每天傍晚则定时定点做蚊子的密度观察，开展研究，已进行四年，他说这是他的老本行。高温季节里还坚持研究蚊子，这使我的崇敬之情油然而生。祝先生说，这也是一种乐趣，晚年能发挥余热，多学习、多交友，保持好奇心，人的生命价值也就可提高。

"要让我谈个人成就，可能会让你失望。"他说自己的大学生涯是在国难当头、战乱频仍的年代中度过，读燕大医预系，再到协和，花了 12 年时间。

祝寿嵩的老家是苏州。父亲祝海如 1924 年从苏州东吴大学生物系毕业，父亲早就看好协和，为孩子们业已设计了一条"仕途"，"欲上协和者，须得先入燕京大学医预科念三年"，1936 年他们举家迁至北平，大哥祝寿山（后改名朱成）从南京中央大学医学院转入燕京大学医预系，后进协和医学院；二哥祝寿河因家境困难，读的是国立上海医学院，1946 年在大后方重庆毕业，其间参加地下党，后为著名儿科医生；老三早年夭折，他是老四。弟弟祝寿鑫，1949 年毕业于北京大学化学系，毕业后在化工部从事工程技术工作。

访谈中了解到他父亲1936年举家北迁与受表兄李宗恩影响有关，李宗恩原为协和医学院教授，中科院院士（原称为中科院学部委员），后任协和医学院院长（1947—1957），但迁到北平次年，抗日战争就全面爆发，侵华日军占领了北平。祝氏三兄弟分别在燕京大学和育英中学读书，1940年祝寿嵩毕业保送考入燕京大学医预系，也是必然的路。当时思想很有局限性，一般知识分子多为谋生，争做所谓"上等人"，他们也不例外。

不论燕大医预系，还是后来考入的北平协和医学院，在培养和选拔优秀学生方面是有一套制度保证的，好在已实践多年，所以此时北平协和（P.U.M.C）早已成为远东第一流医学院。医预系课业非常繁重，课程设置涉及全校7个系，授课大都是知名教授，采用英语教学，使学生们对生物学与相关学科打下坚实基础。

祝先生回忆，燕大采用学分课程体系，学分分配兼顾各学科，文理兼修。在课程的实施上，注重课程的科学管理，将理论学习与课外实践相结合，注重课程学习中师生的充分交流，满足了学生的求知欲望，有利于人才培养。燕大对学医的学生有个规定：至少要选修人文科学的入门课程。在当时的燕京大学，学生们有机会润泽于大师们共聚一堂、探讨学术的浓厚氛围中，听胡经甫教授讲《无脊椎动物》，听张子高讲《分析化学》，听陆志韦讲《普通心理学》，听高名凯讲《语言学基础》……祝先生回忆说，学生上课按教授指导，自己到图书馆查阅和浏览书籍，教学法与众不同，既传授知识，又教给做学问的方法。比如生物学界享有盛名的胡经甫讲授无脊椎动物课，不让学生们记笔记，要求学生全神贯注听讲，他一边说，一边画，既条理清楚又引人入胜。著名化学家张子高教授，常在讲课前在座桌上发一白纸，进行课前"特殊考试"。这些学习经历，使得医预系学生耳濡目染教授们做学问的方法，浸润在浓厚的人文与自然科学氛围中。

可以说，读医预系的是燕大学生中的佼佼者，严进严出，少而精，到三年后要升入协和医学院（即协和医院）时，能录取的医预系生往往仅十几人。几乎一半的人转入生物学系或别的系。即使进了协和医学院，淘汰率也相当高。

从与祝寿嵩交谈中，感受到燕大的医预系一成立便成为校园的焦点，医预系学生"人数少，质量高"，被称为燕大"精华"，这并非"王婆卖瓜，自卖自夸"，再进入协和医学院，又有一套严格要求的制度，包括淘汰制；翻阅协和医学院历史，出了如此众多名医，如林巧稚、刘士豪、钟惠澜、曾宪九等，他们也曾是祝寿嵩在校时的恩师，我在他的居室内，可看到在清明节贴墙上缅怀恩师们的遗像。

祝先生自豪地说：在燕大、协和这些教会学校读书，亦包括中小学，从我们兄弟几人身上可看到，它让学生喜欢科学、喜欢思考和钻研；燕大毕业生从事教育的，虽然没做过精确统计，可以说为数不少。而我们多数知识分子的家教，讲究做人正直，讲良心，不贪便宜，讲诚信；在校讲人格，不一定信仰宗教，但培养人讲良心，与人为善，求真、诚实，这与自己的家教也很一致的。在战乱时代，知识分子最明显的共性就是爱国。

从军当译员

祝寿嵩1940年考入燕大,读了不到两年,1941年12月8日太平洋战争爆发了,燕大被侵华日军强占,即便到晚年,他还是忘不了出入北平西直门时把守城门日本兵锃亮的刺刀,中国人只能小心翼翼、卑微地弯腰鞠躬,受他们呵斥盘查。后来,燕大被迫转移至成都复校,祝寿嵩回想道,当时他和育英、燕大不少同学秘密结伙,通过日军封锁线,冒着风险奔赴后方。他迄今还记得两件事可表达当时的心情:一是踏入内地有个细节,当时路过农村一小学操场,望见旧中国青天白日旗帜,顿时眼泪如雨掉落;二是初到成都,祝寿嵩与一批同学报考空军,后只有他一人通过了"拉杆"考试关,但因大家落选,祝寿嵩最后又随大家复校,未再考下去。

1943年,祝寿嵩在成都燕大弃笔从军,应国民政府军事委员会外事局招募,随中国远征军派赴到印缅战场当翻译,后在前线患丛林斑疹伤寒,几近丧命。他记得,是参加加迈(重镇名)战役后随团南下迂回,行军途中患上的,高烧不退,每天被放在一匹俘虏的老马背上,每到傍晚宿营时,曾有自杀念头,可往往次晨烧退些,便又打消死的念头。在这种恶劣条件下,团里上下和联络官等都十分关心他,还为他煮些稀饭。最后美联络官Stubbs中校向指挥部发报,要求派飞机营救,后来居然真派来一架平时只带邮件的单人驾驶的美国小通信机。当时正值旱季,伊拉瓦底江江面上这时露出一些沙滩,很平坦,可供降落。他们把祝寿嵩送上飞机运往收复不久的密支那美方14野战医院,当时他几乎不省人事,醒来时才发现自己躺在久违的帆布床上。病愈后,为照顾他的身体就让他留在 14 野战医院做翻译,直到回国。现今祝寿嵩很想从网上找到这位当时的中校联络官,算算他该逾百岁了,当时这位中校联络官已有 40 多岁,祝寿嵩希望他仍健在,因为如果没有这位恩人,他早就被埋在缅北丛林某处了。当年在成都燕大时,有 21 名同学弃学从军当翻译,如今都不在了,祝寿嵩为此伤感,唏嘘不已。

燕京、协和教育特色

祝寿嵩 1946 年再回燕大复读,1947 年考入协和医学院,1952 年毕业后调入军事医学科学院,从事部队防疫科研,1960 年又奉召调至上海铁道医学院(现为同济大学医学院)当教师,"文革"中被关押一年九个月,后又转迁至宁夏医学院从教,老伴卢玉韵和大儿子也到宁夏,另两个孩子跟着邻居一起生活……说真的,做医生梦没圆,当教师情未了,但祝老做人做事认真,朝乾夕惕,忠于厥职,在不断探索中追求真理。

祝寿嵩深切念想在燕大、协和的人生黄金时期,这是读书最刻苦、最用功的时期,学会了学习方法、做学问态度、求真理精神,敢于想大问题,善于做小事情,燕大、协和的精神在于斯,燕大、协和的品格存于斯,这为祝寿嵩后来从事科研、教育打下扎实的基础。

读书就是不断求索,独立思考,追求真理,这是在燕京、协和受益最多的精神财富。他说起跟着著名妇产科医生林巧稚实习的一段故事,即围绕一个病例,医生们在现场集思广益,热烈讨论,交流医学前沿成果,解决病人疑难问题,洋溢着学术自由的气息。这样生动形象、循循善诱的教学方法,让祝寿嵩记住一辈子。

爱国促改造、求真实

历史是最好的教科书。说起在燕大、协和读书,一种爱国情怀特别浓厚。祝先生说从小在国家存亡、民族忧患之际,看到日本旗悬挂飘荡在中国国土上,心里就感到无比耻辱。

在爆发太平洋战争后,燕大遭到日本兵的"封校",书读不成了,只能四处逃难,流离颠簸,祝先生回忆往事,记忆犹新。"中国人不愿当亡国奴",其中还提到刺杀汉奸周作人,有燕大的宋显勇、范旭等;他又说及1943年到成都燕大简陋校区读书的趣闻,虽然艰苦,但心里舒坦,报国之心越发强烈,这也是成都燕大绝大多数同学抗日救国的坚定信念和共同行动。

交谈时,他举了种种例子,其间说起燕大同学好友钱宇年,因后方到成都燕大医预系学生只有他俩,朝夕相处;从军之前,他们一起投考空军而渐成好友。21名同学从军当译员,钱宇年也榜上有名,但没有成行,后来才知他是被派往沦陷区做后方情报工作。日本投降后,他俩重逢燕大复学,直至1947年考入协和医学院。1949年钱宇年在校读书时被捕,当时《人民日报》刊载有关钱宇年系"军统特务""罪大恶极"的报道,后被判20年徒刑,到北大荒服刑。

要说钱宇年的故事,可能会很长,很多燕京、协和人,包括李宗恩、胡正洋和不少在"文革"中被打成"反革命分子"的人,在后来结论中,又说钱宇年诬害,很多"老燕京"都认为他犯下的"罪行"是铁板钉钉,已成定论。但祝寿嵩本着对历史负责的精神,说他经多方核查、求证,至今认为当年钱宇年做的抗日工作应该肯定,钱宇年参加军统外围组织,并无"血债",没有对进步学生迫害和抓捕,在抗战胜利后国共两党严峻斗争中,他脱离特务机构,信奉和推行所谓"民主自由社会主义"的"第三条路线",也为军统所不容,经过共产党的思想改造和劳教干部教育,促使他内省反思,从而积极报效国家,他最后成为这样的人,被评为全国优秀教师等,任劳任怨在北大荒从教深受好评。因当年在公安局自新登记,因而政府根据他在解放时的表现,最终撤销原先的逮捕和判刑决定,按规定作为离休处理。他近七十岁才成家,没有子女,拒绝海外亲属要他去海外定居的劝告,他执着追求真理,热心社会服务,直至他患阿尔茨海默病辞世,像其他同学一样,体现出"燕大精神"。祝先生希望有历史研究者能注意到这样的人和事,其爱国精神正是燕大一笔丰厚的文化遗产。

祝寿嵩亦谈及自己,也许与笔者多次访谈熟识,敞开心扉谈自己的思想转变,包括他与兄长争执以及他们身体力行的思想教育和实际影响,使他信服共产党的伟大。"文革"结束后,国家实行改革开放政策,祝寿嵩对过去的历史恩怨有正确的认识,他自我评价,心怀国家,工作勤奋,在教职岗位上取得些成果,他说自己是兄弟中最后一个被批准入党的,这一切,与燕大"追求真理,勇于思考"的精神分不开,与燕大老师的辛勤教育分不开,与兄长的关心帮助分不开。

回眸历史,祝先生认为,在燕大、协和都强调爱国精神,这是第一位的,体现于同学们的实际行动。虽有不少人受过委屈,吃过苦,但爱国情怀依然不改,一生尽责尽力。

祝寿嵩还谈到,教会学校是近代中西文化交流的产物,为了使教会学校得到中国人认同、得到生存和发展,办学者十分注意适应中国的国情,也注意吸收中国文化,这方面燕京大学走在最前列,其领军人物是司徒雷登。他出生于中国杭州,熟悉中华文化,认为在中国办学不能照搬国外,必须服务于中国,所以他聘请了诸多知名学者来任教,遂使燕大跻身国内前列和世界顶尖的大学。随着时代发展和社会开放,如今对司徒雷登在创办燕大过程中付出的艰苦努力正在做出公正客观的评价,"吾人欲发展国家或爱国的自觉""借此使燕京与社会国家发生关系",燕大侧重培育真切的爱国情怀,强调对人和对社会的服务,注重对人的价值关怀,在燕大人心目中有很高的评价和深刻的印象,也越来越达成更多的社会共识。

祝先生说,燕京大学的名字已经成为时代的记忆,但它给20世纪乃至21世纪的中国带来的影响是巨大的。当听到"因真理、得自由、以服务(Freedom through truth for service)"的校训,当唱起"良师益友如琢如磨,情志每相同;踊跃奋进,探求真理,自由生活丰"的校歌,燕大校友们都会心潮起伏,这所名师云集、蜚声中外,被誉为"中国教会大学中之最中国化者"的燕京大学,虽不复存在,但那些逝去的哲人、过往的故事,在燕大校友们的心中不会消失,在近代中国教育史上的印迹不会消失。

祝先生赞同"以史为鉴",不要做狭隘的爱国主义者,站在极左或"极右"立场看问题,应以一个共同目标,以一个负责的共同成员的身份去促进世界和平。他说他有幸看到中国站起来、富起来、强起来,他期盼祖国日益强盛,实现中华民族伟大复兴的中国梦,与各国人民一起创建一个和平友好的美好世界。

实践出真知，教育冶真才

访谈中，祝先生对个人评价极为谦逊，他说，一生成就平平，虽也被评为先进工作者，享受国务院特殊津贴，比起其他燕大生，我很平凡，主要做流行病学教育，教了30年，说不上桃李满天下，但教书育人，师生情谊深厚，也充满乐趣，始终保持好奇心，交好朋友，心求慈良，言行诚信。燕大的教育看似平淡，所谓"正其谊不谋其利，明其道不计其功"，一路走来，平平淡淡才是真，刻苦努力才是实。

燕大的特点是外语好，其实这只是做学问的工具，从本质上讲，坐科学艺，学风醇厚，人文学科是基础，人的素质都是人文学科培养的。后来自己从事教育工作，体验到不迁怒，不贰过，看似平易，却是难到极点，这就需要磨砺；自己要有表率，知圆行方，礼貌待人，显出平静、中肯、真诚的风格，培养不媚俗、不媚上、不圆滑、不世故、求真理的性格；每个人的内心深处都隐藏着比金钱更重要的东西，那就是人性之光，虽然微弱却永远不灭，当教师就是擎起心灵的火把。祝先生强调，一个人要学会独立思考，用自己的行为和真诚去与别人交流，相互影响，一个社会好的氛围会形成，造就好的人才。

访问中，自然对祝先生一席话深有感触，亦与祝先生探讨现代高等教育。对改革开放以来现代中国高等教育取得长足进步，感同身受，然而有些社会倾向值得关注：教育无暇去思考"我们是谁，我们想要做什么"此类问题，学子单纯为了分数、为了赚钱，不再对知识文化本身做思想探求，缺失了教育的灵魂。我国是文明古国，经千年颠沛而魂魄不散，历万种灾厄而涅槃重生，就是因为我们重视教育，培育起薪火相传、自强不息的中华民族精神……祝先生有着自己的思考：现在中国的经济体量增大，国民素养教育显得尤为迫切。中国梦的实现，重要的是体现文化教育的"软实力"，人的生活有三个层面：物质生活、精神生活、灵魂生活，对这些，需要像"文火炖汤"慢慢来！还是习近平主席说得好："在几千年历史长河中，中国人民始终心怀梦想、不懈追求。中国人民相信，山再高，往上攀，总能登顶；路再长，走下去，定能到达。今天，中国人民比历史上任何时期都更接近、更有信心和能力实现中华民族伟大复兴。"这亦道出现代高等教育的价值。

祝先生谈到燕大、协和的教育，认为母校不仅传授知识，而且教如何做人，首先做诚实的人，这正是教会学校教育很突出的地方。如今忽视"诚实"教育，导致人的基本素质滑坡，值得认真反思。所以，我们怀念和感谢从事基础教育、教书育人的燕大老师们。

谈到燕大的校训，他说在校时体会不深，经历漫长的人生道路才有所感悟。他深深感到，如今国家日益强盛，国际地位空前提高，他活到今天，能看到这些，无比幸运，无比鼓舞！祝先生意犹未尽，归纳一点，就是实践出真知，冶炼出真才。他认为，燕大缘何值得怀念，因为它是一座思想院落、一个精神家园，而且独具一种魅力。他如此表达自己的心情："人老了，也仍要努力地找些事情做，自己高兴，也让别人得到快乐！"

一位"中国爷爷"的亲历见证

橙黄橘绿,金桂飘香。2017年9月10日—20日,上海浦东康桥镇的"亲和源老年公寓"迎来一批"特殊客人"——10名印度国际美术学院的学生,使这片花木繁茂的1500余名老人居住的社区顿显活跃。

人生阅历老而愈丰。出于对中国文化的崇敬和对中国老人的了解,为促进国际友好、世界和平,体现"睦邻、安邻、惠邻"的民间交往理念,由上海亲和宇宙老龄事业发展基金会发起、出资,与深圳国际公益学院及印度总理纳伦德拉·莫迪家族成员萨蒂斯·莫迪夫妇捐建的印度国际美术学院,三方共同成立中印宇宙公益艺术奖学金,举办"10名、10天、10年"派遣印度学生来沪游学活动,亲和源集团有限公司董事长奚志勇具体实施。

青年时代弃学从军

这次首批来沪的10名印度青年学生,大都是学艺术专业,

10天中,他们在亲和源老年导师授课指导下,认真学习书法、国画、太极、刺绣、美食制作等中华文化艺术,与5位中国老人配对组成"临时家庭",还游览上海、江南的风土景物……要说的故事很多,这里,就讲述其中一位"中国爷爷"年轻时曾在印缅战场的亲身经历。

这位"中国爷爷"叫祝寿嵩,退休前是上海铁道医学院(现为同济大学医学院)教授,1922年出生,已近96岁,但精神焕发,思维清晰,步履稳健,声音爽利,他坦承自己是"阳光老人",对生活充满乐趣,晚年尤为开心,活到今天真正看到阳光普照中国,尽管时有阴霾迷雾,但他坚信阳光也在照亮世界——世界和平、国际友好正是人类的终极目标。

祝寿嵩老家是苏州吴县,父亲东吴大学生物系毕业,早看准考燕京、进协和这条路,所以1936年他们举家迁至北平,大哥和他都考入燕京大学医预系和协和医学院,二哥和弟弟考入其他大学,一家人都是读书人,兄弟四人先后参加革命,都是共产党员。说起大学生涯,他说是在国难当头、战乱频仍的年代中度过,他1940年考入燕京大学医预系,1941年12月太平洋战争爆发,他辗转至成都燕大,大二后弃笔从军,应招当远征军翻译,在印缅战场前线患丛林斑疹伤寒,几近丧命。1946年再复学,1947年又考入协和医学院……他见到这些年轻印度学生,反复说起他在他们这个年龄时,正是二战中,到过印度加尔各答。

尽管过去73年,但往事历历在目。也许是家国情怀,更重要的是来自沦陷区的"燕大人"都有一颗不可磨灭的爱国心,不愿当亡国奴,毅然与其他热血青年一样,投身于抗日战争印缅战场。他回想1943年，成都燕大人应征弃学去当翻译的即有21人到印缅战场，中国军队前后两次出征，第一次在1942年，日本侵略军继攻占南洋、泰国、印度支那后，即迅速入侵缅甸，势如破竹，而英国最高当局起初迟迟不愿早已准备出征的中国军队入缅，直至最后英军溃不成军、岌岌可危时，才又火急求援，可是战机贻误，难挽局面，但也打了两场漂亮仗：一是孙立人将军仁安羌解围战，以2000兵力对敌9000，解救英军8000，敌弃尸1000；二是200师戴安澜将军东吁保卫战，苦战7天7夜，歼敌5000，戴安澜将军为国捐躯。第一次远征以失败告终，最后杜聿明部翻越野人山撤回国内；孙立人部等退至印度。第二次，即是祝寿嵩他们去的那次，是由美军史迪威将军指挥，由中国驻印军自1943年10月开始发动缅北反攻，和1944年5月中国远征军卫立煌将军率滇西部队强渡怒江展开的反攻，前者从外向内，后者由内向外，目的是打通中缅公路。第二次反攻自1943年10月—1945年3月，为时17个月，收复缅北和滇西大部失地，获得大胜，毙敌4.8万人。在丛林峻山地区作战，易守难攻，中国军队伤亡也是很大，胜利来之不易。

印缅战场血火洗礼

祝寿嵩一行是乘美运输机从昆明出发，飞越很高的世界屋脊。高空气流大，上下颠簸厉害，不少人呕吐。飞机足足飞了五六个小时，才在印度东北一个叫丁索加的小机场降落。次晨乘火车到达中国驻印军指挥部所在地列多，也就是中缅公路起点。二战中的这条航线，是中国转运战略物资唯一的国际空中通道，被视为"空中禁区"的喜马拉雅山脉，下方群山耸立似骆驼峰背，故名"驼峰航线"；又因风云变幻莫测，空难事故多，人称"死亡航线"。

到达印缅战场，他去的第一个单位就是工兵十团，驻扎在离列多20多公里的丛林里，营地全是帐篷，离地面而建，遍地都是树林和竹子，随着公路延伸，营地随时迁移重建，生活非常艰苦，而丛林周围多猴子，还有一种陆地蚂蟥，体虽小却异常可怕，被叮处流血不止。后来他又和另二人被调美方七十三野战医院做翻译，在艰苦的丛林战中，危险时刻存在，但在这样的特殊环境里，大家相处得很好。祝寿嵩后又被分配到二十二师六十四团，该团后来在战场上屡建战功。开赴前线前，他一度被分到三营，有好几次碰上险情。在前线经历最惊险的一次，是三营刚打下一敌阵地，他和一美联络官想去看他们，一到那里，营长等就让他们速回，说阵地复杂，敌人可能反扑。他们才走不久，果然枪声大作，这时天色已暗，而且敌枪声竟在他俩回团部的小道周围，估计有敌散兵，美联络官在前蹲下摇手绢示意让祝寿嵩上去，但他认为还是不移动较保险，直到炊事班送饭上来，他俩才得救。

经历严酷的战争，祝寿嵩对世界和平有了深度思考。虽然他又复读再考协和医学院，后从事科研，做教师，但一直在思考"战争与和平"问题。他认为，无论涉及中美、中日、中印关系，都应把决意扩张、侵略他国的高层政要与爱好和平的人民区别开来。世界充满希望，也充满挑战，我们不能因现实的复杂而放弃梦想，不能因梦想遥远而放弃追求。经历新旧社会对比，看到中国共产党领导祖国日益强盛，祝寿嵩真正认清自己该走什么路，尽管人生之路磕磕碰碰，他的爱国情怀不改初衷，向往和平的思想愈加强烈。祝寿嵩赞同"以史为鉴"，但也认为不要做狭隘的爱国主义者，应以一个共同目标，以一个负责的共同成员身份去促进国际友好与世界和平。他说道，习近平总书记在党的十九大报告中提到"世界命运握在各国人民手中，人类前途系于各国人民的抉择。中国人民愿同各国人民一道，推动人类命运共同体建设，共同创造人类的美好未来"，这个倡导意义非凡，正表现出中国气度和中国风范！

与印度学生话和平

说起这次亲和源组织印度青年学生来上海游学，祝寿嵩称赞很有意义。他到过印度、缅甸，看到这批年轻的印度学生备感亲切。73 年后能遇上他们，虽说是个巧合，但亦掀起他心中波澜。他认为，作为两个文明古国，应该增强交流、增进友谊，从而推进世界和平的进程。他们为亲善而来，作为我们这代老人，友好待之，责无旁贷。亲和源的老人不止他一个人，而是一大批，对待印度学生都很亲热。

祝寿嵩说这批印度学生是学艺术的，艺术可以培养人的高尚情操，有益于世道人心，从大自然领悟到人性的纯净美丽，这也曾是他小学时代就向往的。后来到了印缅战场，与中国军队并肩筑路的有一美国机械化工兵团，多为黑人，有时来营地串门，大家一起唱 Stephen Foster 黑人歌曲联欢，所以到了老年，他一直保持爱唱各国民歌、名歌的习惯。

亲和源有各种老年艺术班，如书法、国画、插画、十字绣、太极拳等，祝寿嵩参加英语唱沙龙，这项活动让他感到年轻、快乐。他觉得音乐是没有国界的，是一种心灵沟通、情感交流，从事民间交往，歌曲、舞蹈等艺术活动是非常好的交流方式，比如唱印度尼西亚的《美丽的梭罗河》、中国的《茉莉花》等，多么打动人心。

祝寿嵩至今还收藏着1949年前出版的《The One Hundred and One Best Songs》(《一百零一》)英文歌集，在与印度学生联欢会上，他们英语唱沙龙与印度学生合唱《You Raise Me Up》(《你鼓舞了我》)，《You and Me》(《我和你》)，其中还有授课导师王莉的蒙古舞及其他少数民族舞、魏诗雨的二胡独奏、王耀珍的太极拳表演、刘信林的演唱《我的太阳》、林国兴的琵琶独奏、印度学生表演，歌声、乐曲、舞蹈、表演深深地感动所有在场的人。

这次10位印度学生"结对"认"中国爷爷""中国奶奶"，祝寿嵩带着印度学生参观自己在亲和源的家，看看墙上一生各阶段的照片，其中也有他在印度、缅北的，并特意拿出珍藏的"中国人民抗日战争胜利70周年"纪念章。10位印度学生要求"中国爷爷""中国奶奶"为他们起中国名字，亲和源老人胡权、孙佩芳、方美云、谢有兰以及祝寿嵩，分别各为两位印度学生起了中文名。为考考印度学生起的中文名记得否："Which one is your Chinese name?（哪一个是你的中文名字？）"请两位印度女生Ms.Urwashi和Gourangi Matta从认字选项"A. 世和；B. 和平；C. 世平；D. 世界"中找。虽然两位学生对中文还不娴熟，但也还记得，祝寿嵩对Ms.Urwashi起"世平"，对Gourangi Matta起"世和"，两人的中文名连起来就是"世界和平"，场下响起掌声，这是祝寿嵩的心愿，也是在场中国老人、印度青年的心声。

伴随着歌曲《友谊地久天长》的响起,有人举杯高唱友谊万岁,有人相拥互道珍重,也有人难掩感动热泪。印度学生与亲和源的"中国爷爷""中国奶奶"互赠纪念品,成为中印和平友好最动人的表达,送别时的依依不舍、相拥而泣,也成为最震撼的场景。

10位印度学生回国后,不但举行学校分享会,而且纷纷给亲和源的中国老人发邮件、微信,这里且抄录祝寿嵩的"印度孙女"Ms.Urwashi的邮件:"我叫世平,我的名字是中国家庭赐予的。当我访问中国的时候,我从来没想过能有如此美好的经历。在中国这10天的生活是我人生中最为难忘的经历……我从来没遇见过像我中国爷爷祝寿嵩先生一样的人,我作为您的孙女感到非常幸运。我非常喜爱您赐予我的名字,我将会永远铭记于心……"是的,故事没有结束,它仍在继续。

常相忆：燕大的斯事、斯人

——马凤梧校长访谈录

马凤梧，男，汉族，中共党员，天津人，祖籍河北冀州；1919年出生，1933—1938年分别就读于天津南开中学、工商学院附中；1939年考入北平燕京大学医预科，1940年转入北平燕京大学法学院政治系；1942转入北平辅仁大学经济系；1947年考入美孚石油公司，1948年调到美孚上海公司工作。

1949年10月新中国成立后，马凤梧协助军管会与美孚上海公司资方进行谈判，先后任美孚公司工会执行委员、工会主席；后转行进入拥有2万多职工的永安二、四厂，任教育科长，其最大贡献为职工业余教育、纺织女工文化扫盲取得成就，连续三年获上海纺织局"红旗单位"，1952年5月1日在《解放日报》第一版发表《合营的新气象》署名文章，1954年加入中国共产党。后调中国人民银行吴淞分行任信贷科副科长、吴淞三中任副校长（无正职）；"文革"开始被审查、批斗，他认为这是一次考验，1970年平反，恢复名誉，调入吴淞四中任校长兼支部书记,后调入宝钢二中任校长兼支部书记,在校兴办了著名的"史地馆",引起轰动、被人赞誉,并兼管高校招生工作,坚持为国家输送合格人才,直至退休。

访问出生于1919年、行将百岁的马凤梧先生,大费周章,因为他性格内向,不愿抛头露面,好在燕京大学校友鼎力相助,历经3个月信件来回沟通,终于征得马凤梧先生及家人的一致同意接受访问,先后3次,每次60分钟,亲耳聆听马凤梧前辈话说当年燕大故事。

2017年12月13日在马老上海家中初次见面,不相信眼前这位老人患过前列腺癌,除了耳有点背、腿难走外,他精神不错、记忆良好、发音清晰,此时,我才理解家人缘何曾拒绝采访,他们只想让他安稳以度"期颐之年",毕竟他有过太多的磨难,有着讲不完的人生故事。那么,先听听他讲述的燕大。

教师授课不同一般

马凤梧祖籍是河北冀州,出生在天津。他中学是在南开读了5年,七七事变后,南开校舍被日机炸毁,他1938年便转到天津工商学院附中读完高中。其中有段"闹心"事,即父亲在他读中学时包办婚姻,逼他成亲,他就跟父亲"斗争",始终住在学校宿舍,一直闹离婚。正是这段荒唐婚姻,害得他心情不好,他说这段经历对他打击太大了,否则读燕京大学的成绩会更好些。1947年他最终离了婚,后来又重新成家,与夫人沈安(已故)生育抚养四子,生活圆满幸福。

"那你怎么会考上燕京大学的?"

马老说道:"考燕大当时是'随大溜',因为南开、工商附中考生大多考燕大,所以我也去考,还有我主要想逃避家庭!""我喜欢读书,父亲没办法反对,学费由他支付;我考入燕大医预科,从不回家,他管不到,但我情绪低落,影响学业,要知道医预科淘汰率很高,所以读完一年级我就转到法学院读政治系。1941年12月8日太平洋战争爆发,燕京大学被日军封关,因家庭牵累,我只好转到辅仁大学读经济系,这样我在燕京大学只待了二年半。"

"能不能说说燕大的老师的教学,他们有什么特点?"

马凤梧先生的思绪像回到燕园,时隔多年,不少人和事忘了,但对燕大的记忆依然鲜活。"那时燕大名师云集,学问深厚,教学灵活,比如在医预科,一年级主要三门课程:化学、微积分、物理学,大家都感压力甚大,但遇上不少好老师,像张子高,他留学美国麻省理工学院,是清华大学化学系主任,1938年初在昆明西南联大任教,后因夫人生病返回北平,在燕京大学当客座教授。我考入燕大时,他给我们讲无机化学课。他授课不一般,完全是讨论式,每星期课上他会留出部分时间,布置大家回去看起码50页以上的原版英语教材,上课时他提问,同学有问题他回答,没问题他提问题,这样引起大家讨论,这种讨论式教学,印象很深,其实学习难度挺大,一个逼着你看教材想问题,再一个训练你的思维方式,他的化学课以70分为及格线,他为国家培养了不少优秀人才。"

还有徐献瑜、褚圣麟两位老师,他们也是留美博士,回国不久。徐献瑜教微积分,1937年夏,他在美国攻读博士时证明了英国数学家J.Dougall在1919年已做出的一个没有提供证明的公式，从而确立了这个公式。有次，徐献瑜老师将函数分别在 X 四个角演绎标注，拼出 christmas 字母，就是圣诞节，这个细节让马凤梧至今难忘。褚圣麟老师教物理学，他讲课条理清楚，深入浅出，对基本原理和基本概念的讲解绘声绘色，深受学生的欢迎，而且他平易近人，亲热和善，课余常跟大家谈谈聊聊，可见他对学生的关心。所以说，燕大的老师教学方法严谨，风格多种多样。

听了不少文科课程

燕京大学是"严进严出"，建立了严格的入学考试制度，只有平均成绩在 85 分以上，品行端正的应届毕业生才能参加考试；入学后对在校学生实行淘汰制。马凤梧说起他入学时，燕京大学重视文理兼顾、文理相通，不偏科，比较全面地传授知识，培养学生的素养及各方面能力的发展。

马凤梧在一年级医预系学习时因受家庭影响，成绩不突出，这样二年级就转入法学院政治系。燕京大学有个不同之处，凡学生可根据自己兴趣转系，自然学分必不可少。像英语教学，马老说这是燕大的强项，如专修西语的学生在一年级英语成绩必须达到 10 分制的 7 分才能进入二年级学习，确保学生有较高的英语水平。马凤梧说当时他们全班 30 多个同学，他的学号是 39137，上课时都是英语教学，教材也是原版英语，而教师每人每年都要担任一两个班的基础英语课教学。

在法学院，马凤梧说他听了不少文科课程，现在有些老师的名字忘了，但邓之诚、齐思和、张东荪等的课，印象深刻，对他们极为感佩。张东荪讲哲学，他没有讲义，什么都没有，随便讲，讲到哪儿算哪儿，也没有提问不提问，他讲人与社会，人与自然，绝不是"开无轨电车"，而是引导学生进入哲学思考，引起同学们兴趣。燕大的每个教师授课方法都不一样，每个人有每个人的教法，要求也不一样，张东荪的课没有什么作业，"没有作业考试咋办？"马凤梧说，考试时他出个题目让大家回答，没有标准统一答案，可见燕大的学术风气很自由。

邓之诚的课很严谨，颇有古风，他上课在讲台上一站，摘下帽子，放在讲桌上，先拉拉裤腰带深深地向众人鞠躬，脑门碰到桌面，然后说"同学们，我来看看你们"，温文尔雅，讲究礼数，这个动作从不省略。当时有"新老"两派争论，老派邓之诚上课"骂"新派胡适："城里面有个姓胡的，他叫胡适，他是专门胡说。""骂"时口音极重，表情顶真，令人莞尔，胡适也奈何他不得。还有齐思和，上他历史课的学生很多，常常爆满，后来就在草坪上授课，每星期一次，马凤梧每次都听，他讲课语言幽默，富有趣味，大家很愿意听，很受欢迎，齐思和授课不时地间夹讽刺日本，有时也讽刺国民党，提上一两句，大家都听出弦外之音，发出会心的笑声。他的课，启发了同学们的爱国思想，加深大家对日本侵略军的仇恨。在物价飞涨、生活窘迫的当时，他宁愿含辛茹苦，也不事敌伪，清操自守，表现了高尚的民族气节。可贵的是，他把中国史界一些珍贵的传统保留了下来，在洋溢着学术自由、思想开放的气息中，后辈被前辈"熏"着成长起来，构成燕大的精神血脉。可惜的是，他在"反饥饿反内战"师生游行中站错了队，遭倾向革命的进步同学反对，被停止授课。

校训是学校的灵魂

说到燕大,不能不提及校长司徒雷登和燕大校训。马凤梧认为,司徒雷登校长的教育思想比较进步,且他为人正直。在燕大,他主张"中西并举",倡导学术包容,关爱、保护学生,站在中国人民的立场支持学生的爱国抗日运动,甚至身陷日军囹圄。其所为一度受到中国社会尤其是教育界的极大尊重,被人们誉为"燕大灵魂"。

20世纪50年代初,人们说到司徒雷登有顾忌,其实在他整个人生中,大都在从事教育、教会事业,只有1946—1949这三年算是从政,所以历史让他在那个关键节点处在那个关键位置,身不由己地被裹挟进去了,如今该是还其本来面目的时候了。"您认为司徒雷登是怎样的人物?""他是一位和蔼可亲的学者,确切地说,他是一位事业有成的教育家。""您有没有直接与司徒雷登接触?""有过,司徒雷登对学生很喜爱,也很和气亲热,常会与你握握手,问问好,拉拉家常话。""他在未名湖南面小山坡有处三合院,这是他的住所。"他的夫人就在这所庭院逝世,她的墓地成为燕大校园里第一座坟墓。司徒雷登生前立下遗嘱,他死后想与妻子合葬,但未能如愿。"司徒雷登有两秘书肖正谊、傅泾波,最后由傅泾波的后人促使办成,他的骨灰盒被葬在杭州。"

马凤梧回忆说,司徒雷登每年要去国民政府,每次回来就做一个报告,讲他的感受,讲怎样争取援助、拨款,没有什么顾忌,甚至经常泄露国民党内部的事情,比如魏德迈对国民党很不满意,贪污腐化,几次要停止援助、修改美国的援华法案等。说到校长,先后还有吴雷川、陆志韦等,吴雷川虽是清代翰林出身，却能跟上时代步伐，在系里的教学安排上，能做到古文与现代文学并重，对白话文和文言文不偏不倚由学生自由学习，并亲自担任一年级的基础课程，他的做法形成了国文系的传统，一直被延续下去。不过我离开燕大时，他已退休。

"您对燕大的校训印象如何？"

马凤梧反应迅速：燕大校训"因真理、得自由、以服务"，我理解是，人掌握真理所以有自由，才能够全心全意为人民服务。他结合自己的人生经历归纳：无论工作职务落差有多大，始终是"无怨无悔"，而且工作永远积极向上。"人生来不是要受别人的服侍，而是要服侍人。""你们必晓得真理，真理必叫你们得以自由。"马凤梧说，老师的这番话，是我对燕大校训的理解和践行，也是燕大的校魂。

80多年过去了，马凤梧脑海里不时浮现燕大的斯人、斯事。他认为燕大的校魂就是校训，"因真理、得自由、以服务"是燕大办学的最大成功，也为中国教育史留下了摄人心魄、惊鸿一瞥的光辉篇章。

现在高校教育应该赋予这样的内涵："在中国共产党领导下，要全心全意为人民服务。"

◎因时隔久远，马凤梧先生年事已高，对其回忆燕京大学的访问，笔者做了必要的史料核查，本文有误之处，均由笔者负责。

百年期颐忆燕京

——马凤梧先生采访札记

2017年12月18日傍晚,上海气温干冷,风寒刺骨,我骑车路过满地落叶的岳阳路。这是一条保持老上海风味的马路,一盏盏路灯排列延伸,各色建筑风格不同的老洋房、别墅坐落路旁。除了单向行驶的车辆,四周寂静,行人稀少,我了无心事地慢慢骑车,突然口袋里的手机声响起,便停车路边接听。

对方的手机号很陌生,我没有开口想先听对方的话音,只听对方中气充沛,夹带天津口音呼叫并询问我的姓名,我连连称是,对方立刻自报家门:"我是马凤梧,听说你要采访我……"

我赶紧说:"是的,我联系您好几次,您什么时候方便,我来您家。""我都有时间,一般下午更好些,不过我随时都可恭候你的到来。"我没有多想,立刻约定后天下午上门拜望、采访。这个突如其来的电话,让我喜出望外,回想起来,这三个多月来寻找、相约采访1939级燕京大学校友马凤梧先生的时光真没有白费,一幕戏剧性的、几近周折的寻访经历顿时浮现我的脑海。

事情还得从头说起。2017年8月间,上海高温季节,暑气蒸腾,热浪逼人,《人民日报·海外版》原副总编辑、我同事兼好友钱江兄来电来信告知,他正参与筹备纪念燕京大学建校100周年,其中具体负责组织人员撰著纪念文集《燕京大学百年守望》,副题应该是"跨世纪学人的心声和理想",上海有几位健在的燕大校友前辈,他希望我去采访燕大医预系1941级祝寿嵩前辈,写成访问记汇入文集,不要推托。

筹备纪念燕京大学建校100周年是一件功德无量的事,并不是为史而写史,而是要总结和留下燕大精神与文脉,我义无反顾地答应,力求写好。

先前采写祝寿嵩校友,虽是高温气节,但几次访问都比较顺利,一来祝寿嵩先生家庭和睦,孩子孝顺。2010年他在同济大学当教授、博导的长子为父母找了一家养老院,祝寿嵩先生与老伴卢玉韵住进养老院,可惜毕业于辅仁大学的老伴卢玉韵前三年过世了。现在祝先生独居养老院中,访问不受拘束,可随便谈到什么时候。二来祝先生虽已96岁高龄,身体犹健,思维清晰,谈吐有趣,而且古道热肠,宅心仁厚,为我讲述了不少燕京大学的真实故事和真实史料。访问中,他还热心地为我推荐几位在沪的燕京大学校友,甚至在他的养老院还有二三位"老燕京",建议我开个座谈会,共同回忆在燕京大学学习、生活的各种趣闻轶事。

听了他的具体介绍,考虑到养老院二三位"老燕京"的身体现状，我只能放弃开座谈会采访的意向。祝先生还在无意中说起现居虹口区的马凤梧校友，话题是他谈到燕大的校友，大多从事科技、教育职业，他很想统计一下其人数和分类，由此想做点有关近现代高等教育的思考性文章。

我立即向祝先生询问有关马凤梧先生的近况，祝先生告知，马凤梧先生很快就要过100岁生日了！近几年与他联系较少，近况不甚了解，但通信方式、地址均有，他说他去信了解一下再做决断。

大概一星期之后，祝先生电话告知我，马凤梧先生健在，仍住在虹口区。我有点兴奋，最关心的是马凤梧先生身体状况如何。祝先生答应再做"探查"。我继续等待，不料一等二三个星期没有回音，我沉不住气，便与祝先生通电话，才知祝先生住进了上海第十人民医院（原上海铁道医院），我急迫问讯祝先生的病情，才知是发热、患感冒。祝先生说问题不大，很快就会出院。

没有多久，我收到祝先生的来信，其中有马凤梧先生回复祝先生的信，内容大致是"个人性格内向，不愿抛头露面，而工作成就平平，恐难满足记者的采访心愿"云云。祝先生善解人意，他给我信中鼓励我不妨直接与马凤梧先生联系试试。他没有告知我马凤梧先生的详细住址，只写了他家中电话。

我按电话打到马凤梧先生家，但几次都没有人接。我不好意思麻烦祝先生，只好继续等待。没有几天，祝先生又来信，告知马凤梧先生表示了愿意接受采访的想法，希望我及早与马先生联系。我立刻再打去电话，这时，一个"戏剧性"的事情发生了。

以前打电话都是在上午或下午，但老是打不通，这次我选择中午时分，若运气好，或许能打通。果然，接电话者正是马凤梧先生，我报上名字，说明缘由，马先生讲，他听明白了，并说刚从医院回来。这时，我从话筒里听到有位女士叫他"慢点，慢点""腿搁上去"，从这些话语中我判断马先生可能身体有恙，好在马凤梧先生讲话清楚，底气较足，我就继续与马先生交谈，果然他愿意接受因纪念燕大建校百年而进行的采访。

我问他，什么时候登门拜访比较妥当？马凤梧先生说："要来的话，下午最好。""那好，我下午来。马先生，您家地址能否告知我？"马先生说："好的，你稍等一下。"

我想天助我也，只要拿到地址便约具体时间。不料"风云突变"，正等待马先生回复时，有位男士拿起话筒与我对话："你是谁？你要干什么？"

我一愣，顾不上问对方身份，重复了我对马先生的话。谁知对方态度生硬起来，颇像警察盘问"嫌疑人"。尽管我耐心解释，对方很不耐烦。我灵机一动，用上海话与他对话。不料他用上海话回答："没有空，不接受采访！"我再次重复访问意图，不料对方很决绝地将电话挂了。

我不甘心，立马再一个电话打过去，接电话者依然是这位男士，我改变策略，话语"软中带硬"："我不知道您是马先生什么人，也不想知道，但马先生是著名的燕京大学出来的，学识修养不同一般人，即便我不采访，你如此接电话，可见你非常不礼貌。"

如此一说，对方沉默了，便问："你的身份我如何知道？你要地址干什么？"

这时话筒里听到有位女士说道："不要告知他地址，烦什么烦！"我生气地说道："刚才马凤梧先生叫我等一下的……"对方一听，立刻说："好，我来问一下他愿意不愿意接受采访。"话筒那头传来他的问话："愿意不愿意？"

此刻我清楚地听到马先生的回答："愿意，我愿意！"谁知这位男子这样回复我："你听，他不愿意！"我立刻正言厉色地向他指出："你这位先生不诚实，我话筒里听到的是'愿意'，倒是你在说'不愿意'……"话没讲完，这位男士又粗暴地将电话挂了。我有点气愤，再拨电话，电话从此"嘟嘟"接不通。

说真的，我气不打一处来，甚至有点怀疑：老人的家中是否有点"不和谐"？我即与祝先生联系，亦打电话与身在北京的钱江兄讲述，心想，若真是这样就放弃了。

很感谢祝寿嵩先生、钱江兄的坚持和及时相助，他们与祝先生同学兼好友蔡公期前辈电话联络、汇报。蔡公期先生与马凤梧通上电话，然后回话希望我暂缓，容他从容向马先生儿子们解释。

祝寿嵩先生出院后，也马上与我通电话，说他到女儿家住一段时间，因他女儿家离我家不远，希望我到他女儿家一晤。我约好时间去了他女儿家，商谈纪念燕京大学百年之事。

让我感动的是，午饭后祝先生又一次打电话到马凤梧先生家，接电话的是一位女士，大概是儿媳。祝先生将采访马先生的事再次提起，对方支支吾吾，但这回没有明确表示回绝。

如此往返一来，三个多月的光景就这样流逝了。所以，接到马凤梧先生亲自打来的电话，我岂能不兴奋？

其实，马凤梧先生是愿意接受采访的，也早早想联系我，没有想到忙中出错，祝先生将我的手机号抄错一个号码，以致马先生打不通我的手机，再次询问祝先生得知我手机正确号码，才通上这次电话。

在此之前，我对马凤梧先生情况一无所知。祝先生只是说他从事教育工作，在一所中学当过校长。对这样的采访难题，好在我已经有几十年的采访经历，可以随机应变，遂决定分几次访问，每次只采访一小时左右，以免马凤梧前辈劳累。

电话里，我与马先生约好两天后的下午3点见面。为这次访问，我像新上路的记者那样准备了访问提纲，到时候则视情况而变化。甚至于我在提前半小时到达马先生家楼下的时间里，还在默诵提纲。

为使老前辈讲话轻松，不紧张，向来喜欢带录音机的我这次不带了，也不拿出采访本，仅用几张纸、一支水笔而已。

我在楼下徘徊了25分钟后才乘电梯上了五楼，心想这次采访将创造我的一次采访纪录——首次采访一位99岁高龄的前辈。他出生于1919年8月11日，上海人言及岁数多用虚岁，都说马先生是百岁老人。

按响门铃，出来开门的是50来岁的安徽籍胡姓保姆，她倒是态度和蔼，见面就说："老人还在睡觉，我来叫他。"

我被领进一间西南向的居室，保姆唤醒马凤梧先生。只见马先生显得很歉意地连连说："请坐，请坐。"他一边说，一边弯起身子，掀起被盖。但见他穿着短裤，腰部插了导尿管。

室内是开着制暖空调，我生怕老人受冷，赶紧扶他起床，说道："不要紧，慢慢来。"

保姆动作麻利，很快让他穿上衣裤，我顺势坐在离床不远的写字桌边，马凤梧先生看上去脸色不错，只是腿脚不便，用拐杖支撑坐在桌子中间，边走边说："请倒茶。"

保姆退出房去倒水，于是我们面对面交谈起来。采访就这样开始了。

自然由我先开口说明来意，马先生静静地听着。保姆倒茶进来，在他身后伸出一个手指，我明白她指的是谈话在一小时内。于是点点头，其实我刚进门时就向她申明，采访会掌握在一小时之内。保姆说，马先生曾先后四次住院大手术，近年来恢复得可以，但毕竟99岁高龄，谈话多了会影响他身体健康，他的孩子们希望他太太平平地过上100足岁。

保姆说完走出去，马凤梧先生其实很敏捷，听完我的叙述，便开口说："先说说我的身世，好吗？"

我连连说，完全可以，今天不定题目，随意谈。此时的他环顾周围，加了一句："不要录音。"我心里早有准备，答应他要求。我想纸片和水笔放在自己口袋里，并不妨碍我可暗暗记下他说话的要点。

马凤梧先生第一句话："我在燕京的学号是39137，当初班上30来个同学，时今大多不在世了，回想燕大，实际是缅怀故人。"

接着，他话题一转，说到个人经历，确实让人惊讶、同情。他说他出生于天津，祖籍河北冀州，1933—1938年分别就读于天津南开中学、工商学院附中。1939年考入北平燕京大学医预科，1940年转入燕京大学法学院政治系，太平洋战争爆发后的1942转入北平辅仁大学经济系，1947年考入美国美孚石油公司驻华（天津）公司，1948年调到上海美孚公司（中国总部）

工作。

令他痛苦不堪的是，在他中学时代，他父亲包办婚姻，找了一户人家的姑娘逼他成婚。为此他与父亲不断斗争，后来干脆住进学校，不与家庭往来。

"那您读书的学费哪里来？"马凤梧先生回答道："父亲认为我读书尚好，不管怎么样还是要供我读书。"后来马先生考入燕京大学医预系，还是因婚姻问题弄得一天到晚心神不定。他要抗婚，要求离婚，但家里不准，所以他读大一时，心理负担特别重，否则会更专心致志地在医预系读书，英语会读得更好些。读到大二时，他转到法学院政治系，但这个婚姻"包袱"一直扛着，封建社会的包办婚姻害苦了他的大学生活。

在一个小时的谈话中，他始终叙述自己的这段不幸婚姻，我不好意思打断他的话题，在他叙述中说到燕京大学的学习时，我不失时机地引到燕京大学教师的教学话题上，马凤梧先生用书桌上的白纸写出了他印象最深的老师的名字。

接着他谈及校长司徒雷登以及吴雷川、陆志韦、梅贻宝等一些老师的趣闻。因为是第一次访问，他说得多，我问得少，为尊重他的说话，我没有多插嘴，也许对年老者，我觉得此法受用，由此判断其思维逻辑、记忆力。

时间过得很快，我在手机上定好的一小时发出响声，马先生似乎意犹未尽。我很歉意地对他说："今天我们聊谈式采访可以结束，下次我们再约，行吗？"

马老点头同意，撑起拐杖欲送我出门，好在保姆走进，她说她来送，走到门口时说了一句："你们老记者确实有本事，爷爷平时不太说话，今天能讲这么多，不容易。""你确实很讲信用,时间正好一小时,欢迎下次再来。"

有了良好开端,后面的访问几乎没有多少障碍和难题。在相约第二次访问时,马凤梧先生早早等候在房间,保姆引带我进入房间时,但见他端坐在书桌旁,认真地阅读一张报纸。我入座后,他指着为我准备的苹果:"先请吃苹果吧。"

我表示谢意,先入为主地说:"马先生,这次我得提点问题,您能回答吗?"

马凤梧先生很有风度地爽朗说道:"可以,你问吧,我能回答的不会让你失望。"

于是,我从燕京大学教授的教学方法、至今哪几位教授印象最深、燕京的校训对自己从事的职业有何影响问起。马凤梧先生此时又用铅笔在白纸上写上张子高(教授无机化学)、徐献瑜(教授微积分)、褚圣麟(教授物理学)、邓之诚(教授历史学)、齐思和(教授中国通史)、张东荪(教授哲学)等,一一讲述他们不同的教学方法。说到燕京大学"因真理、得自由、以服务"的校训,马凤梧先生觉得这个提法比较全面,他强调说,首先要追求真理,求真务实,然后就得到了一种自由,就是思想的自由,兴趣的自由,从而服务社会、服务人类。"人掌握真理了,所以有自由了,才能够全心全意为人民服务了,我的理解就是这样的。"

马老先生待我问完,就说:"是否该我说了,下面就说说'我的成就',准确说是我后来从事哪些工作。"

由此切入,他就从他考入美孚石油公司说起,讲了一连串的往事。我听得津津有味,可惜有点远离主题,只能录音"立此存照",归纳起来,大致是新中国成立后他在上海美孚石油公司担任工会执行委员、工会主席,如何进行劳资双方谈判、斗争;之后转行进入拥有2万多职工的永安二、四厂,从事职工业余教育、纺织女工文化扫盲工作,成绩斐然;后又被调至中国人民银行吴淞分行任信贷科副科长,再而调吴淞三中任副校长(无正职);调入吴淞四中任校长兼支部书记,后调入宝钢二中任校长兼支部书记,在校兴办了著名的"史地馆",引起广泛注意,被人赞誉,并兼管高校招生工作,坚持为国家输送品学兼优的合格人才。

说到这些,马凤梧先生面有喜色。此时一小时采访时间又到了,我起身道别,保姆还像上次那样为我送别,临别时道了一句:"今天爷爷的眼睛像发亮似的。"

我提出周六或周日再与马先生聊谈,保姆说道:"周六或周日,爷爷的孩子们都要到这里来,他们不太同意访问马爷爷,不如抽其他上午时间,我总要用轮椅推马爷爷到离家不远的鲁迅公园晒太阳。"于是就定周三上午,在公园内鲁迅公墓旁的茶室相见。

对鲁迅公园我是熟悉的,但茶室环境如何,心里没底。我于是提早到场实地勘察。到了鲁迅公墓旁茶室,发现这里闹中取静,游客寥寥,适合聊谈,于是用手机通知保姆我已经到了。

那天天气还算好,不过有点阴冷,我站在茶室外,不远处看到马先生戴着连衣帽,坐在保姆推着的轮椅上正扬起手来。我看了看表,正好上午10:15,于是一次别致的"茶话会"由此开始。

这次谈话的主题是运用我所掌握的资料,对马先生所谈燕京大学的话题进一步验证,同时再了解马先生家中孩子的情况。

在茶室里，马凤梧先生的声音显得洪亮，以至旁边的三位沪籍老太太茶客误认为马先生是豪爽的东北人。

也许是不生分见外，马先生的叙述流畅，丝毫看不出他是一个性格内向的人（这是马凤梧前辈的自述）。这次采访是最完美的一次，几乎没有停顿，也无话题重复，一问一答中显示马先生超人的记忆力，所叙的往事与人物，历历在目，栩栩如生。我不想违反"君子之约"，到了11：15，我看看站在不远处的保姆，她示意茶室气温有点偏低，于是我主动结束第三次访谈。

得益于这样的采访，对马凤梧的访谈写作比较顺畅。我们有个约定，写好稿件一定要让马先生过目，修改。果然，马先生非常认真地修改了稿件，直到最后定稿，他还专门来信提及上海美孚石油公司执行委员前是否有"工会"两字，若无此两字，马凤梧先生幽默称道，"我变成美孚石油公司资方人员了，有悖事实啊"。

采访虽告一段落，但我与马先生的来往信件至今不断。他确实是我采访生涯中所遇年寿最高者，如果当初放弃，就会缺失这份幸运，可见坚守执着、不言挂笔是多么重要，这也是与燕大精神相一致的。

写了这些，我这个晚辈也要在这里衷心祝愿燕京大学的校友前辈永葆青春！燕大精神，永远寄寓在你们心里！

心灵在旅游中洗涤升华

——访谈乐缨的"百国行"

2019年初夏,阳光明媚。相约采访《解放日报》原资深记者乐缨颇费周折,一来她是个"永不退休"的记者,至今还在房地产协会上班工作;二来她是旅友的首领,常要带领好友或出国或国内旅游;她的生活日程安排得总是那样充实,以致未敢干扰,只能趁她空闲时间。

我与乐缨熟识、交往30余年,知晓她做事勤奋、为人踏实的个性,得悉2019年1月她出版了新书《我的百国行》,文笔简约,温煦实在,很想探究她是如何做到"百国行",这在记者行当里虽不能说绝无仅有,至少极为稀罕。我们终于敲定在五一劳动节过后的第二天,到她寓所访谈。在这"空档期"后,她又得飞往位于南太平洋的法属波利尼西亚向风群岛中最大岛屿"大溪地",据说这是旅游最高境界。

如约登门,发觉多年不见的乐缨依然那样精神饱满,性情淡定。我刚坐下,她端上茶笑盈盈地解释道:收到了你的采访提纲，但自己亦做了准备。于是她坐在旁边沙发上拿出几页手写稿，这是她长年做记者养成的职业习惯，征求我意见可否按她的思路讲述。自然可以，客随主便。大概她知道这次访问是为《海上宁波人》杂志撰稿，话题一开始就从她祖籍宁波谈起。

说起宁波，乐缨情有独钟，十分亲切，尽管她出生在上海，但她的祖辈父辈、外公外婆都是标准的宁波人，按报社同事的说法，是"全宁人"。她说起她父亲当年离乡背井、拎着一只手提箱到上海谋生计，问路时正好问到她已迁居上海的外婆，外婆打量这年轻、帅气的小伙，便介绍到她朋友的企业做事。乐缨外公当时担任汇丰银行、怡和洋行、国际饭店等沪上著名建筑的大理石建筑材料总工程师的英语翻译，后在虹桥路番禺路一带开大理石厂，这地段宁波同行居多，出生在上海的母亲与父亲喜结良缘。说起这段家世，乐缨很有感慨：上海开埠后宁波人以勤劳、精明、节俭、守持等美德影响着上海本地人，敢冒风险、勇闯难关，言必守信、行必踏实，是宁波人血脉里流淌的基因，在《我的百国行》中或许反映出了这点。

在闭关锁国时代，"出国游"或许是天方夜谭。问询乐缨第一次出国情景时，乐缨讲起她的故事。在20世纪70年代初，乐缨进《解放日报》做记者。之后，改革开放后掀起一股"文凭热""外语热"，说实话，在报社工作学文、史、哲是最讨巧的，外语当然亦不可少，报社里组织高校老师进行英语教学，起先听课满座，后来人员稀少，甚至出现台上老师讲课，台下学生仅几人的情景。乐缨中学时代就对地理课非常感兴趣，尤其喜欢世界地理，常会为一个问题痴情地查看世界地图，她梦想有朝一日游历整个世界，她意识到掌握和学好英语的重要性。

也许受家庭影响，她在职成功考取当时的上海外国语学院，她的这一举动让报社同行很不理解。

在外国语学院上课时，她才发现她的同学都有学过英语的背景，均来自教育、外贸、外事等系统，他们只不过缺张毕业"派司"。乐缨毕业于南模中学，虽性格温顺，在学习上"巾帼不输须眉"，她的坚韧不拔、勤奋进取在报社是有名的，而引领她进报社的老领导张伏年讲述的故事，一直让她难忘。那是改革开放后，张伏年赴欧洲考察，在比利时布鲁塞尔发现有尊撒尿小男孩雕像，原来这位叫于连的小男孩发现战败的西班牙入侵者逃离该市时点燃了通往市政厅地下火药库的导火索，他急中生智用撒尿将导火索浇灭，这一故事后来使这里成为世界著名景点，可惜他不懂英语，难以与老外交流。张伏年的经历是一个极大启示，乐缨觉得学好英语，无论对内对外，总有一天能派上用场。

机缘终于来了。1986年6月乐缨经过考试拿到本科毕业证书，时逢中国新闻代表团出访奥地利，《解放日报》获得一个名额，委派谁去，当时有番争议。富有远见的领导拍板让乐缨加入，于是她不负众望，与毕业于圣约翰大学英语系的新华社记者、毕业于河北大学外语系的《经济日报》记者同行。奥方不甚了解中国记者的外语水平，事先派了商务参赞"考试"，乐缨不怯场，落落大方地从容回答，使这位商务参赞颔首赞许。6月15日，乐缨与新华社、《经济日报》等同行，首次走出国门去奥地利采访。

讲起这段经历，乐缨说，当好记者，见多识广，实地验证，掌握一门甚至几门外语极其重要，这并不在于自己有没有语言天赋，关键是持之以恒、见缝插针地学习。她说之所以能跑100多个国家和地区进行采风、旅游，了解各国的风土人情，前期的学英语起到"拐杖"作用。英语学习不仅在书本上，更在游历实践中活学活用。她每次出国旅游，总喜欢跟随在导游身边发问，这样就有机会与当地人面对面地交流，英语学习熟能生巧，从而客观真实地写成《我的百国行》。

乐缨认为，旅游是一项陶冶性情、养心健身的活动，各个旅游目的地犹如一本本值得泛读或精读的书籍，在游历世界中扩大自己的知识版图，积学如储宝，用眼睛观察世界，用笔端描摹世界，以此陶冶性情、心灵，培养敏锐的观察能力和缜密的思维方法。所谓观今宜鉴古，无古不成今，正是在出国旅游中，看到世界文明的多样性和各国经济发展的多元化。那么，在出国旅游中有没有、会不会遇到风险，该怎样应对？

"风险自然不可避免，凡事预则立，不预则废。"乐缨说，在出国旅游前一定先要做好"功课"，把各种因素考虑进去，把风险降低到最低程度。乐缨组团领队时，常事先研究好旅游路线、签证填写、进出海关、旅游所在国的政治、经济、文化、风俗等情况以及旅行团队的衣食住行。她说，现在网络发达，可查询各种资讯，要至繁归简、统一指挥。她出国时，又常带上一本小本子，做有心人，思考和提出各种问题。2003年她第二次去日本旅游，导游是华裔，早稻田大学经济系毕业，对日本经济非常熟悉，有天他突然问队员：谁知道东京的人均GDP是多少？乐缨脱口而出："三万六千美元！"这位导游立即从车上的座椅站起来双手鼓掌，接着又竖起大拇指。其实，乐缨从事经济报道，对数字表达非常用心，之前刚看到这个当时最大数字而记在心里。她感慨道，旅游不仅是玩，其实还是一种职业、文化、文明的展现，最终是体现国格和人格。

出国旅游会遇到所在国战乱、灾害，比如2003年10月去尼泊尔、2009年4月去斯里兰卡、2013年9月去智利、2015年2月去缅甸，分别探听到尼泊尔政府军与反政府武装摩擦、斯里兰卡东北部有"老虎组织"、智利发生地震、缅甸果敢地区盟军与政府交火等，去还是不去，如何规避风险，乐缨在旅游前均细心查看地图、精确计算，并且全面收集、查阅各种资讯，冷静判断后认为并不影响旅游，于是照去不误，结果均有意外收获。

当然也有不可预测的突发性事件，乐缨讲述了一个意想不到的惊险故事细节：2015年7月，她和老伴等人乘邮轮去北极加里大冰川游览，邮轮靠岸后安排徒步行走，其中要过80度的陡峭乱石坡，老伴不慎从坡上往下滚，左臂尺骨骨折，额头也缝了好几针，说起这惊险一幕，乐缨至今心有余悸，好在乐缨临变不惊，镇定自若，她用娴熟的英语沟通，在团队队员、邮轮医生、伊尔朗城当地医院帮助下，使她老伴康复如初。乐缨总结道，遇到意外情况，一定要冷静再冷静，此刻的英语交流包括肢体语言起关键性作用。

歌德说过：人之所以爱旅行，不是为了抵达目的地，而是为了享受旅途中的种种乐趣。乐缨谈起《我的百国行》，还讲到出国旅游必备条件，如情趣、健康、能吃苦、无家事牵挂、经济实力、伴侣、懂英语等，都是缺一不可的。以心灵感受世界，让世界映射心灵，是她讲述时给我的最深印象。近三个小时的访谈，似有说不尽的话题。"吾道不孤"，我强烈感受她的访谈主题：出国门，走四海，不为别的，享受自然，观察世界，寻访朋友，寻求快乐。事实确是如此，出国旅游，开阔眼界，扩大胸襟，这才是人生真正的享受。

"装裱世家"三代人

——访"画郎中"严臻盛

在20世纪七八十年代,就听过海派装裱大师严桂荣的许多故事,他的中国画装裱绝技为书画界啧啧称奇。我与严老无缘识荆,或者说失之交臂,但在原南京西路的上海美术馆观看唐、宋、元、明、清古画展,常闻行家说及严桂荣修复古画的技艺,折服于这位在幕后默默工作、从不出场的大师。

一

严桂荣的本名严贵荣,1920年出生于江苏镇江丹徒。严老后来喜欢用桂荣名字,以"桂"易"贵",或有深意存焉,也许不求大富大贵,志在夺得装裱技艺的"桂冠"。他外祖父擅长书画,收藏甚丰,古字画易生霉变,而当地没裱画高手,便不得不把破损的字画送到南京、扬州、上海装裱,目睹这一情景,他幼年立志,长大后要做装裱高手。严桂荣15岁来沪拜"集宝斋"老板潘德华为师,他刻苦钻研,甚是用心,不但学得了装裱的基本功，而且也懂得不少文史知识，知道历代名画家的特点，随着阅历和技艺日增，他独树一帜，创出风格，与海上乃至全国一大批书画家、收藏家长期交往，建立深厚情谊，如吴湖帆、刘海粟、谢稚柳、唐云、王个簃、朱屺瞻等。严桂荣尤与钱镜塘交谊最深，长达半个世纪，并为钱镜塘修复装裱了大量字画达数万件，其中不乏国宝级的名作巨迹，如五代徐熙的《雪竹图》（绢本），五代董源的《山水图》（绢本），北宋范宽的《晚景图》（绢本）及清任颐的《群仙祝寿图》十二条赤金屏等。钱镜塘捐赠全国各地博物馆的 3900 余件字画基本都是经过严桂荣之手重新装裱的，为钱氏数青草堂确立了书画装裱的"钱家样"，即素色耿绢挖裱的装裱模式。严桂荣曾修复唐、宋、元、明、清代书画精品数千件；为上海博物馆精心修复国家特级、一级、二级文物 300 多件；《清明上河图》当时破损，是严桂荣被请去故宫才得以修复如初的。而"火烧王羲之"（"文革"期间上海博物馆鉴定《上虞帖》〔唐摹本〕）、"水淹柳雁图"（1978 年修复北京故宫博物院收藏的宋代珍品《柳雁图》），成为当年书画界、装裱界一段佳话。

我国先民在《考工记》说："天有时，地有气，材有美，工有巧，合此四者，然后可以为良。"这一重要理念，在严桂荣这里交融一体，娴熟运用，就是注重内在统一、顺应大局、融合自然的工艺思想。"天有时"，指天有季节、气候、时令的变化；"地有气"，是指地理条件有不同，自然规律有差异；"材有美"，是指材料有其自身材质的美；"工有巧"，指人有创造能力和工艺技巧。将四者有机地结合，方能产生好的工艺作品。"天时""地气""材美"是自然条件，属于客观因素，可遇不可求；而"工巧"是技艺条件，属于主观因素，断不敢有所怠慢。2008年，严桂荣在耄耋之年整理了《图说中国书画装裱》，以期中国书画装裱修复技艺薪火相传。

二

人事有代谢，往来成古今。严桂荣"业精于勤，行成于思"，因为热爱事业，然后才有独创。严老于2011年去世，享年90岁。他的技法在儿子严银龙身上得到传承，严银龙亦终成大器。

2016年，我与好友、师长、新华社原资深记者高天一起与严银龙见面并长聊，才知道严桂荣正值壮年时却遇"文革"浩劫，严银龙当时才十来岁，也许自幼耳濡目染，出于好玩，他时常偷偷摆弄父亲裱画时用的棕帚、排笔，从长辈口中接触不少装裱诀窍。严银龙正式从父学艺是在1969年，因父亲受冲击被"管制"在家，严桂荣见儿子上学也学不到什么，便开始教他学点装裱手艺。

慈父成严师。严银龙初练卷纸手势，用旧报纸当宣纸，不停地卷，油墨染黑了手心，仍免不了严厉的父亲用戒尺打红手背。冬天，严银龙两手长满冻疮，还要练揭旧画芯，搓、揉、捻、揭，一上手就是一整天，手指钻心地痒，刺骨地痛，伴随着又酸又直不起的腰，稍有不慎，父亲呵斥声震耳惊心，泪眼的余光里是父亲手中不断挥舞的戒尺。好在严银龙颇有悟性，十年寒暑，他掌握了修复技艺，深得家传真谛，也使他与上海老一辈书画家关系亲密。

严师出高徒。1979年，恰逢新中国成立30周年，已专业对口考入上海市工艺美术工厂专职从事装裱的严银龙,被派往北京人民大会堂圆满修复装裱了谢稚柳、唐云、陆俨少等著名画家的巨幅布置画,回沪后被调入上海市政府机管局。20世纪八九十年代之交,香港中华书局邀请严桂荣父子赴港进行文化交流,严桂荣演讲,严银龙示范,其间修复了明董其昌、清刘石菴及近代任伯年、吴昌硕、齐白石、傅抱石、林风眠等名家名作多件,让香港鉴藏界刮目相看。

说到装裱技术,严银龙回忆,父亲非常讲究装裱的选材,底纸衬托画芯,同时对颜料、纸张的年份、材料、纹路都有严格的标准,均要与原画相近。严银龙最初跟随父亲学习裱画留的最深刻印象,就是父亲一贯强调"认真"二字。有一次,他选好配纸,看着颜色差不多,正准备大功告成,父亲一看便瞧出了配色上的细微差异,立刻让他重来。父亲常这样开导他:古字画经过历朝历代,精品才能留下来,是好东西才需要修复,因此装裱的时候决不能马虎。当时化学糨糊被普遍使用,省时省力,但父亲仍坚持自己调制糨糊,保证画芯和底纸粘贴时不会对原画产生损害。严银龙在实践过程中有所领悟、心得,全盘继承了严氏装裱技艺,并从理论和实践上突破、创新。

三

转眼40多年过去,严银龙正式退休后告知我,大学毕业的儿子严臻盛现正从事这门技艺,可到他的工作室参观访问。2019年夏至后,我如约至上海西南角的一个居民小区登门专访。

一见面,问之严臻盛才30来岁,年轻儒雅,谈吐不凡。他毕业于上海一所名牌大学,读的是英语专业,当年要找份稳定安逸、收入丰厚的工作决无问题，但他选择了学做装裱。他的工作室叫"严氏装池"，原来装裱都需水池皴揉，现在则是个文雅称呼。他说，学装裱的由来，是缘于在走出大学校园找第一份工作之际与家里的一次详谈。想到了装裱行业，也主要是考虑时间成本和一种可能性。学装裱，其实就是学一门手艺，而从入门到出师是一段不短的时间。鉴于同龄人中类似经历的经验很少，所以越早开始越是有回旋的余地，而且当时家中相关的条件也允许，工作室和相关工具材料都是现成的，因此一开始更多的是抱着试一试的想法，说白了就是看看自己的手巧不巧，能不能吃这碗饭。

　　他谈起，与爷爷、父亲比，他学这门技艺算晚了，爷爷、父亲都是十几岁就学艺了，从小就练，心灵手巧。得益于帮衬父亲做名家古画装裱时，对其各种工艺、技法开了眼界，所谓"艺高胆大"，就是反复练、练反复，爷爷的"火烧王羲之"，其实此前他肯定做过多次，旁人心惊肉跳，爷爷胸有成竹，今天看来其实是油泥尘埃糅合，用火烧是一种物理科学现象。

　　初学时，严臻盛觉得最大的问题就是手脑如何协调。学装裱更像是学骑自行车，让大脑学习装裱知识以外，让身体习惯于装裱的操作过程，让身体熟练地发现问题解决问题，到最后拿到一张要修的旧画，先在脑中将整个装裱过程过一遍，把可能出现的状况想一想，然后上手一气呵成。就像做外科手术，关键临床经验，装裱就是"画郎中"。

　　另一个挑战是大环境的改变对于装裱行业的影响，进而对于装裱技艺本身产生的制约。祖、父辈那时装裱用的料子有十数种花样，而现在除了新推出的，老版的材料几乎已经绝迹，类似的相关材料的变化，倒逼着装裱工作者去适应去开发相应的操作方法。不仅是材料，不少装裱用的工具也已经很少见了，严臻盛说自己现在很多工具都是自制的。另外，当今书画行业的"金钱化"程度日益加深，作为服务的装裱行业也不得不改变，很多老式、规范的艺术感强的做法被搁置，一些性价比高的能吸引眼球的走上了前台，人工贵了，程序多会导致成本高，只能简化再简化。就像外滩的"万国建筑群"，那种大理石材料、施工工艺绝迹了，装裱、修复古画同理，原材料、原工艺缺乏，岂能达到"于尺幅之中，寓隽永意境"的神韵？

严臻盛谈到祖、父辈虽然生活在一个社会动荡、动乱年代，古画名作流落民间、躲弃旮旯，这是民族灾难，但对装裱家不失是"慧眼识宝"的机缘，所以起点高、眼界广。他感叹现在最大的问题还是时代的变迁，祖、父辈们那时社会文化娱乐类型少，书画是一个大项，与之相关的装裱行业自然也是比较红火的，而现在装裱行业，人们对此认知度在下降，相关知识的宣传在减少，萎缩是不争的事实。

严臻盛坦陈：很多问题我无法解决，我能做到的，只是直白地"诚信经营"。我会告知我的客户我能提供哪些服务，这些服务能解决什么问题，在与客户达成一致意见后，按对方的要求，把东西做好，仅此而已。只有对书画的欣赏水平高了，书画知识丰富了，人们才会去关注书画装裱，继而对装裱业提出更高的要求，作为装裱从业者，提高技艺，保持职业操守或许是最重要的。

严臻盛认为，在书画界，"江浙为人文之渊薮"，上海又是国际大都市，书画是中华文化的精粹，虽然现状还不尽如人意，但年轻人要有志向，守望中华文化，做好继承者和传播者。他表达这层含义，装裱技艺蕴含丰厚的书画知识、文化学养、科学理念，不能急功近利、急于求成，要以精卫衔微木而积学储宝，不断扩大自己的知识版图。当初爷爷听到孙子要学装裱，很高兴，勉励严臻盛要好好钻研，还特地将自己的工具、材料赠予他，病中的他期待"装裱世家"后继有人。

著名书画家、鉴定家陈佩秋指出，中国古代书画的修复装裱技术关系到中华民族文化艺术成果的传承；如果没有高超的修复技术，经典之作的风采将大打折扣；如果修复装裱不当，就会缩短艺术瑰宝的寿命，我们将有愧于祖宗，也有愧于后代。严臻盛认为这是至理名言。

让艺术藏品走近大众

——访艺术品收藏网董事栾修琴

三四年前,我于一次在京召开的书画会上认识栾修琴女士。她作为中国艺术品收藏网(www.arts365.com.cn/artsfans.com)董事,开会期间不太听到她讲述相关艺术品收藏业务与趣闻,性格文静、待人谦和的她,喜欢静静地听别人讲,当然亦会落落大方地与书画家做沟通交流。凭我职业敏感,觉得栾修琴从事此行多年,肚里肯定藏有不少故事,或许她的艺术经历,对艺术品收藏爱好者会有所帮助,于是产生回沪后再采访她的念头。

返沪后,也许是大家工作都忙,我亦不好意思去打扰栾修琴,便用微信先行联络。栾修琴知书达理,知晓记者的心理,便用微信给我传了些资料,才知她原学的是全日制工科,毕业后曾任上海国企计划处科室干部、上海国贸中心所属企业进出口海关业务主管、家电连锁上市集团公司办公室主任、外贸上市集团企业娱乐事业中心总监等职,2007年参与创建了艺术品互联网站——中国艺术品收藏网，任公司董事兼高端艺术家经纪业务管理者，负责外协与政府相关部门的协调。

　　我并不满足于这些材料，想进一步挖掘，因为记者对感兴趣的人物，总会"挖空心思""不遗余力"地采撷，哪怕是边角材料。也巧，在一段很长时间里，栾修琴忙于公司业务和个人工作室新增业务项目的筹划、差旅频繁，难以静心，后又不料腿脚骨折等，我只能把访问延迟拖后，直至2019年底，栾修琴终于用书面回答完成我对她的采访。

　　一般来说，在我国从事艺术收藏、拍卖的人员，女性相对比较少，况且栾修琴是学理工科的，怎么会爱好和干起艺术收藏、拍卖行当？对我这个疑惑，她用文字向我讲起她的"从艺之路"。确实，人生道路既有机缘巧合，又有命中注定。对栾修琴而言，从事艺术品收藏、经营，也是一种机缘、节点，为何如此说，因为有时候，人生的职业生涯与发展并不是按最初想法走的。栾修琴在学生时代读的是机械工程学，理想是当名工程师，而且有份稳定的职业，实际所从事的工作都与艺术品收藏并无关联，也无交集。假若一定要与艺术品搭上关系，那与家庭教育背景有关。

　　栾修琴回忆，小时候父亲常带她出去兜风游玩，喜欢带她到南京东路的朵云轩看看挂在店堂里的书画、放在柜台里的文房四宝，栾修琴认为，这个时期只是对艺术书画的启蒙与感知，可能就是对艺术品产生内心喜欢的原动力。所以幼教，对艺术兴趣的爱好培养极为重要，就如大教育家蔡元培先生提倡"以美立教"，重视把美学教育和美感教育结合起来，创建了自成特色的美育学说。当然这些都要符合儿童的天性，不要死拽硬拉，让儿童失去童真,现在不少家长为让自己孩子"不输在起跑线上",硬逼孩子学这学那,这样的启蒙教育可能会是很失败的。

栾修琴说,有时自己改变生活,有时生活改变自己。在20世纪90年代初,她辞去国企工作,跟随自己的先生离开上海去北京工作10年,这段经历,对她的人生坐标起到定向作用。北京是我国千年的文化古都,是一个充满浓厚的传统文化艺术氛围的都市,久而久之,浸润熏陶。身在他乡,随乡问俗,在闲暇,有时自感需要一种文化上和精神上的藉慰,而北京的传统文化浓厚,有不少书画、艺术品展览。借得在北京"天时、地利、人和"的自然优势条件,工作闲暇之时,最先常去参观欣赏艺术品展,其后就是去在京的顶级拍卖行。20世纪90年代初,中国拍卖行刚开始兴起,借得便捷优势,她总会和藏家朋友、自己的先生同约一起前去北京的保利、佳士得、嘉德、瀚海、荣宝斋等这些顶级的拍卖现场欣赏、竞拍场上不同板块的艺术珍品,这些平时难以见到的不同时期的浓缩的高品质艺术藏品,集中展示在拍卖现场,让人静静地在艺术氛围中漫步邀游,兴趣盎然,依依不舍。说实话,对展现在眼前的藏品,能如此近距离地接触,深深感受到艺术品非同寻常的魅力,边欣赏还可边听藏家的收藏心得,这与一般的画展的单一性相比,是完全不一样的感受,不仅一饱眼福,也是乐趣所在,犹如观球赛,实地赛场与电视屏幕前的观看,感觉完全是"两重天"。这样也渐渐激发她对传统文化和当代艺术的兴趣爱好,她开始关注、阅读一些美术方面专业书籍,去了解美术史。

栾修琴举了一个例子,记得在1994年抑或1995年嘉德的一场北京五星级酒店的拍卖现场,曾看到著名画家陈逸飞的一幅仕女油画，价格从58万元一直追拍到近200万元（这25年前的价格自然不能等同于今日），作品画面是宁静与平和的美感展现，拍卖现场是藏家们此起彼伏，连连加价，各路买家势在必得、非我莫属地竞拍这件藏品，真的让人触目惊心，叹为观止，现场感受到藏家的势在必得的一颗收藏喜爱之心和雄厚财力，拍卖现场大家为此成交而赞叹和鼓掌。

这个成交价格当时是一笔不小的数目，直至今日，栾修琴仍记忆犹新，当场感受到艺术品的收藏及投资市场的魅力，同时发觉与感悟到，是人们对艺术品的喜欢才会激发如此的收藏热心。

其实这里涉及艺术品的美学感受、文化价值与经济状况、市场价值的关系。栾修琴认为，艺术包括艺术品都是主观的，大都是作者情感的流露，但它必定经过社会客观化。艺术都要有情感，但只有情感不一定是艺术。只要有了文化感，才会有艺术感。有些是天生先知的，有些是后天培养的，关键是艺术悟性。

按栾修琴理解，收藏、拍卖除了见多识广的鉴赏力，还在于是否有美学思想，在需要不断地学习阅览的同时，还少不了与藏家诚挚地探讨交流，有美术史论方面的，也有市场方面的，这里面有性格、情感在起作用，通常说这是一种兴趣爱好的心理活动，这里可用得上"移情""美感"两个学术名词。移情作用与美感经验有密切关系。移情作用不一定就是美感经验，而美感经验却常含有移情作用。美感经验中的移情作用不但是由我及物，同时也是由物及我，它不仅把我之性格和情感移注于物，同时也把物的姿态吸收于我。所谓美感经验，其实不过是在聚精会神之中，我的情趣和物的情趣往复回流而已。栾修琴笑言，这可能都是些理论问题，在实际生活中，她说她取决于作为女性的感悟和自身体验，同时也是个不断学习了解的过程。

有了这些亲临现场活动，栾修琴自己亦开始参加拍卖、收藏一些名家书法、国画和工艺品杂项如鼻烟壶、挂件玉佩、佛像等，成为拍卖行客户，自然定期观赏了解得更多更广，她也会在拍卖行换手藏品，买进卖出，如瀚海，曾将栾修琴以前在拍卖行所收的两幅海派山水画家袁松年的作品再上拍，多年后以高出5倍多的价格拍出。如此这般，也为日后中国艺术品收藏网成为书画家拍卖经纪服务机构积累了人脉资源和服务渠道，成为艺术家、藏家、买家、卖家沟通洽谈的桥梁。

其次，作为对艺术品市场基本面的了解，市场行情观察，行情分析对比，更多的现场观察了解，这些是必需的，有时也会和自己的先生一起去友谊商店的工艺品楼层欣赏那里的石雕、珍品、书画等。栾修琴说道，她曾多次看到日本游客在买各类名贵石雕摆件，有寿山石、鸡血石、五彩冻石等，引发了自己的兴趣想去详细了解，之后多年，她自己也收藏了很多这些名石雕刻件和珍贵的名石，再加上工艺大师的雕刻设计成为独一无二的艺术品，在她眼里，一件作品实际上就是一个故事，难以道尽，总之，满是心生喜爱，慢慢地，也成为她自己的一个对艺术品收藏的爱好和生活习惯。

为观察不同的传统艺术品与当代艺术品行情比较，栾修琴也会去著名的潘家园品赏，这里主营古旧物品、珠宝玉石、工艺品、收藏品、装饰品，年成交额达数十亿元，成为传播民间文化的大型古玩艺术品市场；她还去享有盛名的琉璃厂逛街——这里有许多著名老店，如槐荫山房、茹古斋、古艺斋、瑞成斋、萃文阁、一得阁、李福寿笔庄等，还有中国最大的古旧书店中国书店，以及西琉璃厂原有的三大书局——商务印书馆、中华书局、世界书局，琉璃厂最著名的文化老店则是荣宝斋；在这片牵动乡土情怀、傲立世界之林的中华民族文化宝地上，培养的不仅是一种远大胸襟，触动着自己的心灵，同时也浸润此道，锻炼眼力，"掌眼"不少文物宝贝和艺术珍品，练就一副"火眼金睛"。不论是玉佩、树雕、宝石，还是国画、书法、印章，栾修琴在文化天地里流连忘返，欣赏着各种能懂或不懂的宝件，看了后会有满心喜爱。

也许要插叙一段，中国文物与艺术品市场自1992年步入复兴期以来，虽仅不到30年，但也完整地经历了几个阶段：1992—1995年是复制期，1996—2002年是成熟期，2003—2011年是起飞期，2012—2019年是调整期，可见，随着人们社会生活水平的提高，包括对文化需求的增长，逐步看重文物和艺术品收藏，除了鉴赏需要，也是经济保值的期待，从总体趋势看，中国文物和艺术品市场依托中国经济的腾飞而腾飞，也会随着调整而调整，曾经有过喜悦，但亦伴随烦扰，当社会上对艺术品掀起热潮，业界人士则需要冷静，特别是社会富裕人士与贫困人口拉开差距，对那些泡沫膨胀而被忽视的问题，特别需要痛定思痛的反思，虽这不是一家公司、一个人所能解决，但不管如何，做这一行，同样需要社会责任心，尤其是行业自律、道德良知。

机遇总留给做好准备的人。进入21世纪，栾修琴意识到，"互联网+"已渗透到各个领域，各行各业都在充分享受由互联网所带来的收获。同样地，艺术品行业也产生了"互联网+"新业态发展需求，改变了几十年甚至逾百年的传统模式。栾修琴谈道，新世纪的艺术品经营已可在互联网平台上完成交易，"艺术品+互联网"的融合，使艺术品通过网络平台展示，变成随时找得到、看得见、买得到的含有文化内涵的高雅消费品、艺术藏品，互联网平台能真正成为藏品与藏家"互不见面"又"心心相通"再"促成买卖"的联系桥梁。

文化学者余秋雨说过，文化交流应是人类搭建的"第四座桥"。确实，艺术品收藏、拍卖，正是人类文化的交流，艺术珍品可谓"蕴天地之精，藏古今之奇"，是心灵的互动、智慧的探寻、文化的碰撞，走过这么多年，栾修琴认为收藏界、拍卖界天地广，学问深，传统的古朴、时尚的前卫、异域的风情、本土的清新互相交融。在栾修琴看来，艺术品收藏、拍卖不仅是财富、品位、修养以及地位的象征，更能陶冶情操，修身养性，从经济上讲，艺术品具有巨大的升值空间。中国的经济发展很快，但文化、艺术也要紧紧跟上，这对提高国民素质、文化水准意义重大。

在栾修琴眼中，国内的保利、嘉德、瀚海、荣宝斋、西泠印社、朵云轩等是中国顶级拍卖行，也是内地艺术品市场的风向标。栾修琴这样认为：从10年前高涨不下的艺术品拍卖，再经过这几年的艺术品市场调整，市场也更趋于理性，对藏品的品质鉴定更严格，市场趋于成熟规范。她说，虽然艺术品收藏是小众群体，但受欢迎程度和未来的市场具有可观的潜力，人们都需要精神生活、艺术享受，而艺术品就是精神生活、艺术享受的一种载体，艺术品的文化价值和艺术品的市场价值，正给人们带来更多的红利,当然也会存有巨大风险,从历史发展的角度看,唯有文化价值将拥有永久的生命力。

栾修琴一贯地坚持认为,中国艺术品收藏网始终秉承"服务于中国艺术品市场"的理念,发挥资讯、交流、交易三大平台的作用,把艺术机构的传统形象及服务带入互联网世界,建立多赢的商业模式。她的书面回答,用这样的语言平实写道:"我们创建的艺术品互联网平台——中国艺术品收藏网,积累了众多的资深艺术名家作品,推出目的就是让更多的艺术精品走近艺术爱好者,让更多的藏家关注、喜欢、收藏,帮助艺术家的作品流通起来,让艺术收藏者感受到艺术文化的永恒价值和市场价值,同时推出保真证明,就是为了遵守执业操守,打造我们公司的诚信商标'艺路精彩'品牌,这也是我们多年来一直在努力做的事。"

栾修琴还谈道,当今艺术品市场发展前景具有巨大潜力,除艺术品自身价值,还有很多有待开发的附加值,如艺术品版权衍生品、艺术基金、艺术品租赁和按揭、艺术银行抵押贷款等所有的艺术与金融嫁接的商业模式,有了互联网平台的推广和良好政策的扶持,必将会规范快速地发展起来,不但会诞生与涌现大艺术家、大收藏家,而且也会培育与形成大量的终身的艺术品爱好者。栾修琴表示,他们致力于成为艺术品收藏行业网络媒体的规范先锋,打造具有品质影响力艺术品互联网品牌,旨在推进艺术品传播与收藏,构建专业的服务生态和平台体系,为繁荣中国艺术品市场、艺术品收藏事业尽责出力。

对未来是如何看的?栾修琴这样回答:"自2016年文化部(现为文化和旅游部)发布了《艺术品经营管理办法》,相信全球范围内的艺术品市场会越来越成熟，中国的艺术品市场占据了全球的大部分，遵守机制规则和诚信服务，中国的艺术品市场规模将会大幅度上升，收藏群体结构、规模亦在年轻化和扩大化，随着人们经济能力上升和追求精神生活，艺术品收藏文化和收藏金融也将会是继房产后的一个新热点，国家要使文化产业成为国民的经济支柱性产业，而艺术藏品走近大众，艺术品市场前景自然会更好。"栾修琴对此充满信心。

让患者活得长活得好

——访上海肿瘤医院胸外科主任陈海泉

作为胸外科主任、胸部肿瘤多学科诊治组首席专家、肺癌防治中心主任，陈海泉一直信奉"低调做人，高标处世"，以"出世"精神做"入世"事业，用高超、精妙的医技治病救人，用正直、善良的情怀安抚心灵。2019年仲夏，在第一时间得悉他已通过2019年国家自然科学基金重点项目的答辩，但评审尚未公布，他嘱我不可披露；8月16日，国家科技部宣布了所通过的重点项目结果，其中该项目临床医生的通过率仅1%，学科带头人陈海泉以骄人业绩，如愿以偿。如今，他和他的团队向国际化、现代化的科学目标开始了新的征程。

我与这位享有盛誉的主任医师、医学教授陈海泉有过多次交往采访，基于他的业界声望与成就，始终没草率落笔。2019年6月26日下午，阴雨连绵，我又约访陈海泉，上午正是他的专家门诊，因疲劳发生耳鸣，他从上海五官科医院打电话说正在就诊，让我在他胸外科主任办公室稍等。约一小时后，他赶至办公室，感觉他依然精神饱满，但两鬓又添白发。老友见面，不用客套，我们直奔采访话题。

引领微创胸科手术 3.0

陈海泉从事胸外科医疗 30 多年，尤擅长肺癌、食道癌的外科手术。他当过"医官"，但他更喜欢"泡"在一线手术岗位，与他的团队一起探索、征服肺癌治疗的新技术。自 2010 年起，他每年都有几次应邀去美国哈佛医学院等地做访问交流。他担任美国胸外科学会(AATS)会员、会员发展委员会委员（2016—2017 年），美国胸外科医师协会(STS)国际理事（2016—2018 年）、欧洲胸外科医师协会(ESTS)会员、亚洲胸心血管外科协会(ASCVTS)理事；在国内担任中国医师协会胸外科医师分会副会长，中国抗癌协会肺癌专业委员会常委、食管癌专业委员会常委，上海医学会胸外科分会副主委，上海市抗癌协会胸部肿瘤委员会主委等职。2013—2018 年连续每年应邀至美国胸外科学会(AATS)讲课；作为通讯或第一作者在 Cancer Cell、JCO、ANN SURG、CCR、Cancer、JTCVS、ANN THORAC SURG 等 SCI 期刊上发表论文 130 余篇；截至 2017 年共有 11 篇、13 篇次论文的创新成果被纳入 ASCO、ESMO、IASLC 等 7 项国际肺癌诊治、分子检测指南。"过去交流是单向，现在我们在技术层面，可以与他们平等对话，但我们的发展还比较粗犷，与国际同行相比，比如在护理服务、人员配置等方面还存在较大差距。"陈海泉如是客观评述。

访谈中，陈海泉介绍了世界从"首例肺根治术"到"微创时代"的发展史：第一例根治性肺癌切除术，是 1933 年由

Evarts Graham 医生完成的左肺切除术。但肺叶切除术被认为用于治疗肺癌患者是不够的。随着医学科学的不断进步,直到 20 世纪 80 年代初微创手术才得以实现,并在 20 世纪 90 年代,胸外科界迅速兴起的"锁眼"电视胸腔镜手术的应用后流行起来。在胸外科手术中,过去非得打开胸腔开刀,现在只要打个小孔,就能让腔镜探胸手术,陈海泉做过《胸腔镜的技术在胸外科的应用》演讲,为人们打开了一个全新的手术视野。

对肺癌手术发展史,陈海泉与他的团队进行不断积累、深入研究,尤其是他通过与国际医学界的"对接",掌握了世界先进的微创胸心外科手术技术,在国内领先开展"胸腔镜下肺癌根治术""胸腔镜下纵隔肿瘤切除术"等多项新技术,累计完成逾 3000 例胸部肿瘤的微创手术,显著减轻了患者的手术创伤,提高了患者术后的生活质量。陈海泉将胸外科微创手术(Minimally Invasive Surgery,MIS)分为 1.0、2.0 和 3.0 三个时代:1.0 时代,通过减少切口损伤来改善手术效果;2.0 时代,通过缩小切除范围来改进微创手术;3.0 时代,运用"全面微创"理念,以胸腔镜技术为载体,治疗中为患者选择合适的手术、合适的切口,保留正常肺组织、肺功能和淋巴结,在尽可能短的时间内完成手术,平衡切口、器官,减少患者肌体系统损伤,让其最大限度获益。简言之,让患者活得长、活得好。

他说,对 MIS 新技术的验证应该包括对所有这些方面的评估。与此同时,也要考虑微创手术学习的难易程度。最后,我们不能以降低肿瘤患者的长期生存为代价来开展微创手术。陈海泉对此特别强调,他说微创胸科手术 3.0 为肺癌患者带来福音,目前在世界上处于领先地位,而他撰写的《微创胸科手术

3.0——肺癌手术发展史给我们的启示》医学论文,业已发表于国际外科学顶尖期刊。

好医生不能做"开刀匠"

陈海泉从医30余年,从见习医生成为诊治肺癌、食道癌的外科专家,所走过的医学道路虽不能说是大起大落,但至少有闯过重重关隘的征程。回顾以往,陈海泉阐述自己的医学观:外科医生实际上是手艺人,开刀开到一定程度上会有一种境界,手法、方法都有,这个手术该怎么做,自己"知其然",但更要"知其所以然",就进入一种境界,要回答就必须研究各种病情案例,统计数据,理出头绪,寻找规律,开刀是手艺,医术也是艺术,好医生不能仅仅满足做个"开刀匠",在千变万化的诊治中,我们不能做一名外科的"跟风者",而要做开刀的"创新者"。

陈海泉的这一理念,未必被业界同行所接受,有人抱怨现在医生不会看病,只会写写论文。陈海泉认为这有失公正,外科医生手术技艺在临床淋漓尽致地发挥,是医生职责与使命所在,陈海泉不否认这样的观点,确实,医学技术需要心灵手巧、胆大心细,方案的前瞻性,临床的应变性,包括对病人的人文关怀,犹如瞬息万变的战场,要镇定自若,稳如泰山,更重要的是时时、处处为患者着想。他在手术实践中想得更深:我们很多医学知识、技术是从教科书或老师那里学来的,而这些知识、技术源自我们自身创造的东西毕竟还是很有限的,如果不做研究的话,仅靠继承来的东西就没有进步了;所以,从教科书或老师那里学来的,在临床实践中还需要不断深化,而学到的知识还需要不断探索、不断积累、不断总结、不断发展，这样才有新的创造，新的进步；若单靠学来的知识而不做研究的话，这门科学及医学事业就会停滞不前。其实人类疾病也在不断变化，治疗疾病的知识、手段、技术也在不断更新，要踏着前人的脚步不断前进。陈海泉认为，这些实践需要上升到理论加以指导，而理念的更新以及环境的变迁、科学的进步等，为手术创新提供广阔空间，若诊断、治疗少有创新，仅是"开刀匠"而绝非好医生。

在长期医学实践中，陈海泉认为对有些患者，不治疗是最好的治疗；"过度治疗"，不仅对患者造成严重的心理障碍和身体机能的失衡，还使病家担上过重的经济包袱。他说及自己的亲身经历，有位患者查出病因，但"谈癌色变"，由此走上绝路；还有位高龄癌症患者，并非一定需要手术，生命尚可延缓，但家属"不差钱"硬是要开刀，结果反使这位高龄患者手术后走得更快。陈海泉认为，治疗也包括不治疗，有时候不治疗也是最好的一种治疗。而当今人们缺乏通识教育，以为身体查出问题就一定要吃药、治疗甚至开刀，这是一个误区。

疾病与心理，这方面我国研究少，社会在进步，环境在变化，需求在增长，这不是一个外科医生所能解决的，但好医生不能做"开刀匠"，而是在开刀手术中不断思考、不断总结、不断发现、不断创新，以往的医学教科书不是一成不变，而临床医学在不断丰富、发展、完善当代医学知识。陈海泉特别强调这点。

值得欣喜的是，近年来陈海泉与其团队掌握了世界先进的微创胸心外科手术技术，在国内领先开展"胸腔镜下肺癌根治术""胸腔镜下纵隔肿瘤切除术""冰冻病理指导亚肺叶切除""肺癌手术的选择性淋巴结清扫"等多项新技术、新项目,累计完成几千例的胸部肿瘤微创手术,显著减轻了患者的手术创伤,提高了患者术后的生活质量,得到国际胸外科学界的认可。

外科要做"活"的科研

做医学科研要做"活"的研究,陈海泉在采访中特别提到这点。他说有些课题一旦做完就算结项了,一时看来是"死"的,但外科手术方向有时"峰回路转""柳暗花明","死"论文有时被激"活","老调重弹""旧话重提",这是在医学科研中经常会发生的,亦意味着医疗思路不断调整,原点又作为起点重新出发。

对"活的"或"死的"科研,陈海泉是这样认为的,所谓"活的"科研与"死的"科研的区别,就是在 10 年前做的研究,到现在还有指导意义,还有生命力;而"死的"科研,当时做完了,科研文章也发表了,甚至发表了不错的论文,但以后再也没有提起来了,像一阵风吹过,因为经过实践检验它不一定是真理;而"活的"研究一定是真理,具有生命力,即便过去多少年,它对今后的临床仍起指导作用。

"今天是死棋,明天说不定变活棋",陈海泉的这番经验之谈亦有来由。得益于每年应邀出国授课,他到哈佛医学院与国际同行交流,每周五下午参加轻松随意的医学"侃大山",这时带来各种医学思想火花碰撞、医疗理念交融汇合,在不经意的聊天中诞生新路径,常会有种灵感喷涌的冲动,他想好即立刻记下。这个习惯的养成,使他在开刀时想,在看病时想,甚至边走边想。他说平时他没有专门想的时候,不是天马行空,不是漫无边际,而是凭临床经验感觉,抓住热点,假设问题,推理演绎,反复思考。

要知道陈海泉平时工作很忙,看门诊、做手术、带学生、做科研,哪有什么多余时间去想问题,但他练就"特别功夫",随时会想问题。有一次美国心胸外科协会秘书长来沪访问与他见面时,很好奇地问他:"你什么时间在思考?"陈海泉与他是老朋友,觉得他提的这个问题很有意思,因为从来没有人问过他这个问题。他想了想如此回答:没有特定的思考时间,而是在看病、查房、手术的时候,随时随地都在思考,因为怕遗忘,常常把想的问题及时记下"录以备考"。

随着肺癌成为危害人类健康的主要疾病,其医学理念、治疗手段,不管是手术上,还是药物上,包括材质上,都有了很大的发展,但还远不能说理想圆满,很多未知的问题没有得到解决,许多医学难关要攻克,这就需要医学专家开阔视野,激活思想,不断创新,这实际上是一种精神追求。我们现在的手术量让国外同行惊叹不已,但在科普知识、通识教育上,特别在医生超负荷工作情况下,还存在许多制度性问题,而人文关怀、心灵藉慰、学风医德亦颇为缺失,不过,陈海泉认为,做"活的"研究不能因为有这样那样的问题就停止,医学发展中的问题只有在发展医学中予以克服,陈海泉说,到2019年我们发了150篇文章,有些被顶尖医学杂志发社论加以重点介绍,这值得庆幸,而且还将继续努力。

采访结束前,陈海泉补充自己的观点:科学研究无止境,怎样使"标准化治疗"成为"个性化治疗",是医务工作者义不容辞的使命。我们领先步入胸外科微创3.0,但我们的基础研究、医学生态还显单薄脆弱,让患者活得长活得好,才是我们的终极目标与宗旨。

莫愁的画：与"乐"字沾边

作家、诗人成莫愁，曾采访过谢稚柳、王个簃、朱屺瞻、陆俨少、程十发、陈佩秋、林曦明等诸多画家。前几年她专攻花卉虫草，取道齐白石、潘君诺，并将两者融合。所绘知了、蝴蝶等栩栩如生。她的画以诗文铸底蕴，题名与题跋包容更多文学意蕴。画鱼题"年年有鱼鱼有水，岁岁无忧忧无愁"，鱼要有水才能活，人生有忧但无愁，两句题画诗应合莫愁之意，令观者叫绝而捧画爱不释手。画蝉题"居高声自远""一叶知秋，掷地有声"，意蕴人品要高洁、人生要不断向上。

为了解蝉的习性，成莫愁将电视中养蝉人纪录片翻录到电脑，并将蝉一一打印下来进行摹写。每逢秋雨过后，她特意到公园草地上寻找被风吹落的知了并制成标本临摹。她认为作画须写生得其形，然后才可变形，达而化神。近年来她画山水、人物等，山水题"出山清泉水"，一改杜甫诗意"出山泉水浊"，表现出污泥也要不染；又如画山水扇面题"风怡草色新，君子以德天下行"；画人物，她从打拳中观察人物的身姿与造型，觉得打拳与画画有异曲同工之妙，打拳是在空中画画，画画是在纸上打拳。

成莫愁谦称自己是"读书人画画""画画票友"。她敬佩画坛高人陈佩秋先生学识奇才，也愿学做一片绿叶点缀画苑。她画画都与"乐"字沾边，有"皆大欢喜""知足常乐""观鱼乐实心乐也"等。

2015年，上海人民美术出版社《海派书画》出版了成莫愁作品专辑，可谓又是一大乐事，也可见莫愁的名与画匹配，与"乐"紧紧相连。

◎本文刊《文汇报》，2015-05-25。

徐东昊：至乐莫如好学

古诗云：春尽有归日，老来无去时。对"米寿之年"的徐东昊来说，不是终日盘桓于"归日""去时"之念，而是秉持"生命不息，奋进不止"的精神，努力朝着"老有所学""老有所为"的方向挺进，培育与养成"敏思足以养老，至乐莫如好学"的人生价值观。他勤于学习，锻炼脑力，见到徐东昊的人都说他是一位精神矍铄、思维敏捷的老人。

五六年前，因在沪访问我国派驻联合国"国际电信联盟"的一位退休专家而结识徐东昊，一来二往，我们成了"忘年交"，由此知悉他原任上海邮电局党委书记，祖籍浙江余姚，20世纪50年代初考入并毕业于上海财政经济学院，分配至上海邮电局，后支边于青海省20多年，1979年春调回上海。

要说他的故事很多，许是学经济出身，其亮点莫过于他爱学习、爱思考，关注国家的经济发展。在上海市邮电局任职期间，他主持过"国家与邮电部门经济关系"的国家课题以及参与过"邮电企业管理模式"等研究，撰写了《提高邮电经济效应的途径》等论文，两次荣获邮电部重大科学技术进步奖。20世纪90年代退休后，他担任过多个社团职务及上海市退（离）休高级专家协会管理专业委员会常务理事、主任等职。

有时到徐东昊家中闲聊，话题并"不闲"，总会扣住国家通信事业、金融经济发展的"命脉"主题，提出他的见解、建议。平日里，他喜欢读书、看报，在2012年的一天，他读到《新民晚报》头版上一条图片新闻，引发了他一连串的思考：在上海某条路上，短短700米的一侧人行道，密密麻麻地竖着70根电线杆，简直成了"电杆森林"。看到报道后，徐东昊觉得十分心痛。他认为如此严重的重复建设现象，造成了资源的大量浪费。于是，他提笔写了一篇名为《从"电杆森林"想到"宽带中国"》的文章，提出了实施"网业分离"方案，建议成立中国高速信息网络股份有限公司，对网络统筹建设，统一管理。后来他把他的想法写成《关于落实"宽带中国"战略的几点建议》，刊于上海市退（离）休高级专家协会的《老专家建议》上，引起上海市和工信部领导的高度重视并做了批示。工信部为此派出了一位司长前往上海看望徐东昊，并听取他的详细意见。

2014年7月，由中国移动、中国联通、中国电信三家运营商共同投资成立了中国铁塔公司，统筹铁塔等通信基础设施的建设、运营、维护、管理，既有力地促进资源节约和环境保护，也有利于降低行业的建设成本，最终惠及广大用户。有关数据表明，截至目前，铁塔公司通过共建共享，为行业直接和间接节省资金400多亿元。几年后，上海市退（离）休高级专家协会为徐东昊颁发"老有所为先进个人"荣誉称号。

对过往历史，徐东昊显得平静、淡泊，他说："虽然我已经老了,但是仍要发挥作用,让自己有所为,将自己的老年生活变得有价值。"有人把晚年当作"玩年",把养老当作"养生",徐东昊不一味反对,但如何"玩"、如何"养"却有讲究,其中动脑、敏思,钻研、好学,不失为颐养天年的良法。时今,徐东昊又把思考、视野转到中国通信如何保障国家安全、国防事业上。新一轮改革大势已经起势,正值中流击水、闯关夺隘之时,徐东昊的"敏思""所为"值得年轻人学习,更值得老年人仿效。

◎ 本文刊《新民晚报》,2016-04-24,第C3版。

中国美术创作向何处

——与友人谈书画界"钱奴"现象

《炎黄艺术家》自2004年创刊以来,至今已走过16个年头,虽历经风雨和坎坷,但不畏艰难,始终坚持,在人员、经费、场地等不足的情况下,一期一期、一本一本地奉献给读者,因为在他们心里,《炎黄艺术家》是一个广阔平台和一座沟通桥梁,将海内外华人绘画、艺术人才聚集起来,推出一批有实力的真正艺术家,而不是浮萍式的匆匆过客。也许,人们珍爱它、呵护它、培育它,正是期待它能为中国美术事业出一分力、尽一份责。人民美术家热爱艺术,更热爱真理,在艺术流派、观念上,允许不同的争鸣、论辩,更允许不同的声音、呼唤,像在荒芜园地上辛勤播种,"待到山花烂漫时,她在丛中笑",这才是人们真切期待的。

说到中国美术创作发展方向,也许不是一本艺术刊物所能左右或承载的,只是在综述这个命题之前,我们不能不提及当今中国书画艺术界正发生和泛滥的"钱奴"现象,导致当今不少书画家、艺术家头脑发昏、眼力模糊、笔头软弱、脚步踉跄,纷纷在"拜金主义"的引导下当起了"钱奴",甚至不顾"艺术家"的矜持与尊严。这个奇特现象不能不让我们深究一番。

"向钱看"与"向钱进"

俗话说:地怕荒,人怕闲。到如今,在市场经济条件下,地不怕荒,人不怕闲,就怕没钱。正如大家常说的,有什么别有病,没什么别没钱。书画家不是不食人间烟火,需要有体面的生活,需要钱,知足常乐者自古至今毕竟少见;作为投资机构盼得赢利更需要钱,这些年来,我们不时地看到国际"热钱"进进出出、来来往往,既有"翻手为云覆手为雨"的能耐,也有"来也匆匆去也匆匆"的慌张。中国艺术品市场风云变幻、高深莫测,导致中国书画家们一派茫然,不知所措,尤其在社会生态发生变化、一切"向钱看"的时候,他们放弃了自己曾拥有的高尚艺德、炽热追求、一身傲骨,庸俗地变成"文化乞丐",一切"向钱看"、一切"向钱进",岂不悲哉哀乎?

回望新中国美术事业的70年历程,可谓峰峦起伏、千流竞走。其间,有杏花春雨江南之婉约写意,有铁马秋风冀北之血性写照,清风朗月、风光峥嵘、雄关山立、大道通天,艺术情怀、张力让人缅怀。经过了"文革"的荒唐岁月,新时期中国美术包括对前17年美术的反思,从"伤痕美术"开始起步,其间有重大事件的归真,有风云人物的甄别,有沉痛教训的描绘,有阴暗角落的显露,有幽寂历史的翻案,也有个人遭际的宣泄……新中国美术在环境渐次澄明、空间日趋辽阔之时,得到了空前的发展,多种美术思潮同时涌动,多种美术风格同时展现，不限语言，不限材料，多元多样，各尽其态。

我们否定了"文革美术"，找到了回归美术正道之径。但是，我们在美术的正道上没有走多远，便有一些人在多种力量的诱导下，渐次偏离了方向。"拜金主义"不仅让一些艺术家长年累月地驾轻就熟、陈陈相因，更让他们眼界低下、心无大志，满足于庭园写意、小我心思，甚至是无病呻吟，沦为"钱奴"。

我们扭转了"极左"思潮，恢复了艺术创作的自由心境。但是，我们在心花怒放之后，思想却没有了条理。崇高被无情地解构，宏大被随意地肢解，连冬日的阳光也被遮蔽，春天的雨丝也遭排泄，玩世不恭成了时尚与主体。

"洋贩子"与"囤奇货"

所有的现实总有前因。曾记否，20世纪80年代走上艺术之道的油画家们还在北京圆明园附近的农家小院艰苦奋斗时，一些似懂非懂的外国人以极低的价格，把中国人那些有现代意味的作品买回去，装饰在他们的临时居所内。过了几年，一些外国画廊根据这些外国人带回去的信息，来北京物色可以代理的画家，小批量地收购作品。所以，从圆明园迁到宋庄后，一些画家生活上就不怎么犯愁了。之后，索思比、佳士德拍卖行接二连三地以专场形式，推出当代中国画家的作品，成绩不菲。中国大陆油画与雕塑拍卖专场也开始走出低谷，甚至有后来居上的气势。不过，掀起这波行情的，无论境内境外，都还是以国际"热钱"为主体。

中国当代画家的作品之所以异军突起，并非境外机构与人士从艺术史的角度，发现了他们及其作品的价值，而是这些机构与人士相信，在未来若干年内，中国人会为了他们手中囤积多年的"奇货"买单的。毕竟，西方那些博物馆对待中国当代画家的作品的态度还相当谦恭。由此，我们不能不佩服境外有关机构与人士的眼力。早在若干年前，他们就不远万里来到中国，从那些简陋的农舍中，从那些脏乱的画室里，寻找、探访、发现，然后投资……由此，我们不能不佩服境外有关机构与人士的魄力。早在若干年前，他们就不惜工本地进行运作，把那些身无分文的穷小子待若上宾，把那些看似粗劣的作品视为遗珠，为他们办展览，为他们出画册。也许市场经济的成熟头脑、敏锐眼光、铁腕手段使他们占得先机，中国书画家、收藏者、爱好者还懵懵懂懂，把原本割裂的艺术品与市场价贯通起来，以致本末倒置，唯信"没有钱是万万不能的"。

有个诡谲现象至今还值得我们去反思，即在他们运作林风眠等前辈艺术大家若干年后，我们大举收藏林风眠等人的作品。在他们运作陈逸飞等写实艺术家若干年后，我们大举收藏陈逸飞等人的作品。人们慢慢懂了，在他们运作徐冰、方力钧、岳敏君、王广义时，我们还要等到若干年后，才大举收藏徐冰等中青年艺术家的作品。如此亦步亦趋，从投资的角度来说是成本居高不下，从学术的角度来说则是永远没有话语权。关于中国自己的艺术，关于中国自己艺术家的作品，我们倒没有发言权，情何以堪！所以，我们应该把视角放到一定的高度，把分析做到一定的深度，把学术与市场紧密地结合起来。同时，在艺术品市场上，我们不要惧怕资金大鳄，一定要时刻记住，境外艺术投资是有软肋的，国际"热钱"是有软肋的，这就是一个"闲"字。如果我们在新生代艺术家中自己发现、培育人才，如果我们在艺术品市场中不跟风追高，我们有可能使艺术品市场中的国际"热钱"凉下来，甚至成为闲置资金，最少可以降低我们自己的运作成本，更可以获得我们应有的关于中国艺术品的国际市场话语权。否则，我们有交不完的学费、受不尽的委屈。

"炒作热"与"恶名声"

不过话要说回来，得益于打开国门、改革开放，许多艺术家由此率先进入富裕阶层，收藏由此成为时尚，老字号荣宝斋、朵云轩的身旁由此出现了一批艺术产业，对中国美术事业、艺术品市场起到了发酵、催化效应。除了机构，画店画廊如雨后春笋般地成长起来，但好景不长，劣迹显现。20世纪90年代前后，由于画贩子的巨大"成功"与失败给画廊业制造的恶名，不仅使收藏者对多数画店画廊望而却步，也使艺术家对它们失去信任与兴趣。没有诱人叩门的魅力，没有招人回头的信誉，没有艺术家作为后盾，许多画店画廊只好祭起两件法宝，一是现代的——批发粗制滥造的低劣商品画；一是传统的——三年不开张，开张吃三年（遇上难得光顾的客人狠宰一刀，主要是以假当真）。如此自欺欺人，画廊业不急剧萎缩才怪！从这个意义上来说，画廊业的急剧萎缩与其他新兴产业的兴盛是互为因果的，而鱼龙混杂的拍卖业更为书画创作"雪上加霜"。

艺术品拍卖业本身的问题主要表现在两个方面，一是赝品成灾，一是恶炒名声。恶炒中国书画家的名声，首先发生在香港。个别艺术家与投机商联手，将其作品拍出天价。如今，这种运作方式已经在其他城市的拍卖会上屡见不鲜。一些尚未成名的书画家，自费将作品送交拍卖，碰碰运气，有的甚至赤膊上阵，以获得一件作品的"估价"，为下一步运作打下基础。这是自炒。一些收藏家或收藏机构，为了使自己的收藏保值和升值，便投入一部分资金竞拍同类收藏或同一艺术家的作品。有一位画家虽然声名狼藉，但其作品在拍卖会上行情不跌反涨，就因为其作品的收藏者不愿自己血本无归。这是他炒。而更多的是书画家、收藏家或机构联手恶炒名声，哄抬价格，牟取暴利。一些小有名气的画家，在作品送交拍卖时，拜托朋友做托，使自己作品的拍卖价格不断见涨。个别知名度较高的画家与一些经营机构订约：画家低价出卖或无偿提供一批作品，经营机构投资拍卖，将画家的作品哄抬到一定的价位。对于这些，拍卖公司大多睁一只眼闭一只眼，有的甚至合力为之，因为高成交便有高提成。无论是自炒、他炒，还是联手炒作，起码都是一种商业上的欺诈行为。这种恶炒的结果又通过一些新闻媒体与出版物的扩散和放大，使当代中国无端地产生了一些"艺术大师"。

令人忧虑的是，这些本应受到指责或鄙视的笑话，却在老百姓中间作为神话流传着；这些以虚价成交的拍卖品及其孪生兄弟因为其"贵重"而成为某些作者有力的敲门砖，他们因此在某些地方、某些系统成为新闻人物、风云人物；更重要的是，因为同样的利益驱动，这些艺术家及其作品不断地出现在一些专业刊物的重要版面。学术标准一旦被偷梁换柱，而代之以市场标准，不仅影响到学术评估的准确性，影响到市场运作与发展的秩序性，更会影响到艺术事业的健康发展。依然如故的地下交易、拍卖等手段，使作品交易中的相当一部分由地下转入地上，却并没有遏制住当代艺术品地下交易的势头。

　　自 20 世纪 80 年代以来，海外一些收藏家、艺术品经营机构利用艺术品进出口条例的宽松，利用中外工资收入的巨大差异，利用国家税收征管的漏洞与困难，特别是利用艺术家的求富心切，以宴请招待、赠送家电、支付现金、邀请出境、出版画册等方式，成为书画家的朋友，换取了难以数计的当代书画作品。国家因此流失的税收虽然无从统计，其数目惊人是可以肯定的。如果让书画家照章纳税，并对其偷漏税行为课以罚金，他们还能驾着宝马奔驰、住着别墅洋楼吗？与此同时，大量留学生携带书画作品出国，以便在紧要关头保证生计；成批公务人员携带书画作品出国，以便赠送海外有关机构与人士；某些地区组织书画作品出口，以极低的价格换取外汇（最低的是 5 美元一件）。当国人以艺术品馈赠西方发达国家人士时，他们常常不无惊讶，甚至受宠若惊。在许多西方国家，艺术品的进关是大道畅通的，而艺术品的出关则难于上青天。由此看来，我们的后人要撰写当代中国书法史与美术史，必须到海外去找材料了！

　　这当然不能仅仅责怪美术界及书画家，并不是他们"作怪""作孽"，而是一种社会需求，特别是掌握重要权力、决定项目生杀大权的官员，知道拿金钱"有失体面""十分烫手"，而书画艺术品是"雅好""鉴赏"，这样过渡成行贿、受贿的良器与工具，贪腐受贿成风，书画艺术品成为抢手货。

"伪文化"与"假大师"

　　应该指出的是，出于不良动机，或者甘当钱奴，除了那些精心组织、创作经年的展览和国外大博物馆的应邀展览外，我们所看到的，不少是临时拼凑的作品联展、匆忙上阵的个人新作展、名实不副的纪念展、勉为其难的区域或单位展，还有人心不齐、各怀算盘的邀请展、提名展等。在大型展览中，我们感觉不到应有的分量，而是轻飘飘，或者说那些宏大叙事有些支离破碎、人间正道有些扭曲变形、慷慨悲歌有些走腔泛调；而在小型展览中，我们又面对过多的稀奇古怪、过多的消化不良与无精打采。一些年长的艺术家让人怀疑他们的信心与耐力，一些年轻的艺术家让人怀疑他们的诚恳与执着。没有了对于艺术追求的信心，或者说不再认为有"衰年变法"的必要，自然没有了百尺竿头更进一步的耐力，没有了对于艺术创作的钟爱，也包括对人对事的诚恳，自然不会有对于艺术主题的仔细推敲、对于艺术语言的反复锤炼，也就谈不上痴迷与执着了。这些，都需要我们真正反思。中国美术的文脉大统是心存高远、矢志不移，这也是中国美术立足当今、开辟未来的绵久之力。当代中国美术家应当舍得眼前利，才能在这茫茫商海、滚滚红尘中立定身形，有大作为，而不是甘当"跟风者""钱奴者"。

当今社会更值得注意的是，某些书画家、艺术家在他们的作品中，还"创造"了许多貌似文化实为垃圾的东西，不妨可称之为"假文化""伪文化"，归纳如下：

故作痛苦者有之——有些作品表达的一些低沉消极的东西让人从现代中国人的生活乃至其历史背景中无法找到其所以产生的基础，让人觉得作者是在无病呻吟。

执意潇洒者有之——一些艺术家把自己的人生态度简单地转化为艺术态度，生活中的不修边幅体现在他们的创作与作品中，便是草率与莽撞，而他们却以为这就是潇洒。

随风赶浪者有之——临摹仿制可以说是古已有之，但像这几年这样广泛、明显，且仿制技巧如此拙劣，却是空前的。什么样的作品能参展，什么样的作品能得奖，什么样的作品能卖钱，成了不少艺术家创作的前提。可喜的是，大浪淘沙，江河不息，如今都已成为过眼烟云。

更有甚者，如今艺术圈"大师"如云。前几年，与著名动物雕塑家周国桢交谈，他20世纪50年代初毕业于中央美院，主动到景德镇从事雕塑创作，于80年代即被评为国内第一批教授、雕塑家，后作为高评委为那些不曾有学历但瓷器工艺上极有功力的艺人评职称，当时颇有争论，周国桢认为可以称工艺师，分四个等级；不料到后来，听闻说是"工艺大师"云云，周国桢至今不无遗憾地说，这些人的名头超过我们，毕竟隔行如隔山。在一些美术作品展览会上，常和一些艺术家交谈，也常听他们不无自豪地介绍"这是我创造的""这是前人作品中没有的""这是我的专利"等，与周国桢教授说法异曲同工。

不可否认，当代许多艺术家创造了一些前人没有的艺术语言风格与样式，深入到了前人未曾涉猎的一些领域，也出现了前人作品中没有出现的气象。但是，和博大精深的中外美术传统比较，和才华横溢的许多先贤前辈比较，当代中国艺术家的创造还是比较有限的，要在艺术创作上有重大突破谈何容易！

在一次几位青年画家的联展中，曾经见过这样一批作品：表面看，确有一些新意，作者采用一种特殊的方法，充分地表现了自然物象的肌理，颇有质感。过了一段时间，一位收藏有这种作品的理论家告知，那批作品有的颜色已经剥落，有的纸本已经脆裂。难怪中央美术学院原院长靳尚谊多次呼吁：要注意"创新"的价值！另外一些画家更有些"君子当仁不让"的感觉，他们或自我加冕，或借人宣扬，张挂起"中国艺术巨擘""世界艺术大师"之类招牌……牛皮越吹越足，脸皮越吹越厚，名气越来越大，画价越来越高，作品却越来越次。急功近利是这支"艺术大师军团"的出发令，只要能抬高自己的画价，产生轰动效应，什么事都可以干，吹牛皮便是小菜一碟了。然而，总是自吹牛皮毕竟有伤大雅。于是，便请来了理论家，请来了作家，请来了记者、编辑。

一些美术评论家或者出于哥儿们义气，或者为了保住自己的"学术"地位，不负责任地引经据典、头头是道地无聊捧场。一些作家虽然知道美术之于文学有着明显的区别，但是，无所不能侃的作家是不惧这个的。于是，便洋洋洒洒，所论虽然大多不着边际，但结论是一定符合画家要求的，溢美之词一定难免。而一些记者、编辑，总是被人牵着鼻子走。艺术大师百年甚至数百年才能出一个，所以有人讥笑说：这十余年，新闻界培养了不少"艺术大师"。

"啄蠹虫"与"攀高峰"

近些年，狂飙突进的书画艺术品市场一片欣欣向荣，在拍卖场上上亿元乃至数亿元的天价不断涌现，同时书画界的"巅峰级"事件也纷纷出现，让人瞠目。前一阵，陕西省书法家协会换届，主席、常务副主席等加起来多达60多位，引起一片哗然。新任陕西书协副秘书长的遆高亮在书协新主席团名单公布两天后，在微博发布消息并接受记者采访，他愤慨地表示，本届陕西书协领导，一是在职官员多，二是"书法票友"多。"我的学生都弄成副主席了！在书院门前摆地摊的、造假的，都当副主席了！但有些官员副主席还不如摆地摊的写得好呢。那些底层人是靠书法吃饭，还有一定基础。"逮高亮辞职一事，让陕西书协换届更成为"风暴眼"，质疑批评声绵绵不绝。

更让人愤慨的是，这种"丢脸"行为不是特例。前些年，在美国纽约时代广场出现的"中国画国宝级艺术大师排行榜"，被称"丢人丢到了国外"。纽约时代广场一直享有"世界的十字路口"称号，一块高近20米、宽10余米的电子显示屏上醒目地登出了"中国画国宝级艺术大师排行榜"。有媒体报道，西方大国200余家主流权威媒体关注十大中国画国宝级大师，"东方艺术热"在西方文化强国刮起了一阵旋风，美国权威机构发布的中国画国宝级大师作为中华文化的代表，手册登上世界文化的中心舞台，受到"世界文化艺术核心圈"的高度礼遇，为传播中华文化软实力起到了积极的推动作用。事实上，此所谓华丽地"走出去"之举，并没有引起中华民族自豪感的大爆发；相反，"国宝级"这个词刺痛了不少人的神经，引来了国内的众多质疑。中国国家博物馆副馆长陈履生发了一条微博："惊叹'中国画国宝级艺术大师排行榜'出现在纽约时代广场的大屏幕上，这个不知由来的排行榜前五位是李可染等过世的大师，后五位是健在的知名或不太知名的画家，显然这个'国宝级'有着商业炒作的目的或意义，连接着当下中国铺天盖地的广告宣传，连接着纷乱无序的中国艺术市场和学术氛围，丢人丢到了国外。"更有网友直呼："别把美国人当傻子，他们知道那只是个广告。"

外行看热闹，内行看门道。由于书画界内缺乏权威、公正、透明的艺术评价体系，使得头衔、拍卖价、名气等外在的东西往往成为衡量作品的标准，让一些"名人书画""官员书画"堂而皇之、肆无忌惮地盖过"书画名家"。对此，我们呼吁应建立起立足艺术作品本身、经得起时间考验的评判体系，并借此多挖掘推出一些深藏民间的艺术"扫地僧"。不可否认，我国书画界腐败之风已经严重影响艺术创作。也许，我们仅像啄木鸟敲击几只蠹虫，不能改变整棵树木、整片树林，但通过我们的努力，啄去害虫，使我们看到这棵树上长出嫩嫩的绿叶，让我们的民族看到希望和曙光。

当下书画界缺乏好作品、大手笔，正与近年来书画界过度金钱化、商业化、娱乐化息息相关，在名利的追逐下，炒作之风日趋盛行，乱象横生，病态百出，如头衔迷恋症、拉帮走穴症、自导自演症、文化贫血症等，不对症下药、改善制度，一切枉然且无望。尽管如此，我们不能绝望而要希望，不能趴下而要攀登。从历史长河看，如同我们拥有黄河长江一样，如同我们拥有四大发明一样，如同我们拥有唐宋诗词一样，我们拥有光辉灿烂足以与西方古典美术媲美的艺术家和艺术品。在相当长的一段时期里，中国美术乃至中国文化，不用高呼走向世界，因为世界不是在我们的左右，就是在我们后面。正当其时，世界是我们。

清代数百年，中国文化处于睡眠状态。到清末民初，渐次苏醒的中国文化人、中国美术家突然痛心地发现：人家在我们前头。此后，一方面是中国古典美术品"走向世界"，成了人家博物馆的收藏；一方面是中国美术家"走向世界"，由老师降为学生,由老子变成儿子。自然,我们也有走向世界而可聊以自慰的事例。如油画家陈逸飞,当许多漂洋过海的中国美术家还苦苦挣扎在美国的"水深火热"之中时,他已经靠自己的艺术创作成果过上优哉游哉的绅士生活了。但是,他也主要是给异国他乡的中产阶级的夫人小姐们画画肖像,内心的创作冲动时时翻涌,难以平息。又如画家丁绍光,他的作品《白夜》在香港的拍卖价是健在的中国艺术家单幅作品的最高纪录。他的装饰作品,至今在国内外行情看好。但这位风头正劲的艺术家在回国举办展览时,也不无愧意地对他老师说,这几年,我主要是为了在美国的生存而奋斗。今后,我一定好好画。

中国美术要走向世界,必须有世界一流的作品、世界一流的画家、世界一流的现代文化背景与经济实力,至今许多仍在世界各国默默耕耘的艺术家,包括出国考察、办展的许多艺术家终于痛苦地认识到:没有强大的祖国作为后盾,中国美术要走向世界是不可能的。

◎ 本文参阅知名美术评论家邵建武相关著作及文章。

附 录

颜文樑年谱

颜文樑（1893—1988）是我国著名画家、美术教育家。1922年与胡粹中、朱士杰创办苏州美术专科学校并任校长。1952年以来，历任中央美术学院华东分院副院长、中国美术家协会理事、美协上海分会副主席等职。本年谱参考钱伯城、尚辉、王骁等先生著述及相关资料。

1893年，1岁

7月20日，生于苏州干将坊。名文樑，字栋臣，乳名儿官。

1898年，6岁

始入塾读书，习《三字经》《千字文》等书。

1900年，8岁

始读《大学》《中庸》《论语》等书。

1902年，10岁

私塾中练百步拳。听年长的学生说，练此拳能百步击人，随拳而倒，信以为真，遂每至午夜潜起在庭中井边习之，被家人察觉禁止；但遇事喜亲自试验，自童年已然。

1903年，11岁

随父访金心兰，其号冷香馆主，善画，怡园画社社友。

1904年，12岁

入诚正学堂，设有算术、历史、地理等新式课程。

自幼爱涂鸦，喜以实物做描绘对象。是年以毛笔画火车、轮船；始遵父教，临摹《芥子园画谱》，学国画。

1905年，13岁

是年临摹胡三桥画作《钟馗》，吴昌硕见而嘉之。

1906年，14岁

入长元吴公立高等小学读书。是年同时入学并同班者，有吴湖帆、顾颉刚、郑逸梅、潘锡厚、章元善、俞人龙等人。图画教员罗时敏，崇明人，上课以铅笔画教学生，兼教毛笔画。

1907年，15岁

是年作铅笔着色《浒墅关车战》，画成后于夜间煤油灯下着色；次日视之，画面色彩呈一片深黄，因悟灯光下不宜施色。自此常留意于作画之光线色调，及其强弱浓淡之各种变化。

8月，至无锡旅行，作铅笔画《惠山》。

1908年，16岁

秋，铅笔画着色《苏州火车站》被校方推荐作为学生佳作入选南京南洋劝业会，并赴南京参加开幕典礼。

1909年，17岁

毕业于长元吴公立高等小学，申请送考陆军学堂，从军之志未遂。7月，遵父命在沪至商务印书馆报名应考。

1910 年，18 岁

以商务印书馆技术卒业，分配至铜版室为练习生，铜版室主任为日本人和田满太郎。

1911 年，19 岁

是年辛亥革命。调至画图室，主任为日本油画家松冈正识。在松冈正识的指导下，开始学习西洋水彩画。

1912 年，20 岁

中华民国元年。3 月，从父命辞职商务印书馆，回苏州专心学画，是以绘画为终生事业之一的重要起点。

其间，自习油画，开始自行试制油画材料。第一幅油画《石湖串月》即用鱼油加松香水调以色粉画成。

1913 年，21 岁

任苏州桂香小学教员。

继续自行试制颜料，以亚麻仁油作媒介绘制第二幅油画《飞艇》。

1914 年，22 岁

改任钱业小学教员。初识吴子深，交谊日笃，终生不渝。

1915 年，23 岁

春，至振华女学任教。据金松岑诗意作《胜游图》10 幅，《太湖东山图景》4 幅。

10 月，与陈蓉珍结婚。

12 月，母逝，享年 51 岁。父痛悼，子女悲伤。

1916 年，24 岁

兼任吴江中学图画教员。应吴子深之请，作油画春、夏、秋、冬 4 幅。自作油画，常苦粉色不全，缺乏原色，难以调配，时做各种试验，以观其变。

1917年，25岁

兼任太仓省立第四中学图画教员。应上海来青阁主人杨寿祺约稿，作杭州、无锡、苏州水彩画风景图，分别为《柳浪闻莺》《平湖秋月》《湖亭冬雪》《六和挂帆》《冷泉品茗》《兰溪返棹》《敌楼夜月》《丘虎早春》《邓尉探梅》《沧浪溪栅》《天平初夏》等16幅。后又分别为来青阁画月份牌两幅：《春园独立》《梦还》。

1918年，26岁

兼任苏州第二女子师范学校图画教员。为顾鹤逸画四季水彩风景图4幅。应苏州张多记扇庄之约，画扇面5幅。

1919年，27岁

1月，与葛赍恩、潘振霄、徐泳清、金天翮及杨左匋共同发起美术画赛会，以16字为宗旨："提倡画术，互相策励，仅资浏览，不加评判。"

兼任苏州第一师范学校图画教员。

6月，至上海，画大世界游艺场夜景。正试验各种画布之不同性能，画油画时，一切画具材料，均须自行摸索试验。

初作粉笔画。是年粉画材料初入中国，首以试用于创作，第一张粉画作品为《画室》，后作粉画《岳父坐像》。

1920年，28岁

春夏之交，作粉画《厨房》，以写实法为之，意在重现一典型中国旧式厨房全景，求形象之逼真，色彩之调和，而于光影之向背明暗。自谓画风素尚写实，学无专师，至此画成，而稍具型式云。

夏，作水彩《卧室》。

继续组织画赛会，画会闭幕后，由画会发起人组织苏州美术会。

1921年，29岁

夏，作粉画《肉店》，重现20年代苏州市民夏日生活景象，并运用透视与比例，至为精确。

继续组织画赛会。

1922年，30岁

1月，与胡粹中、朱士杰等在"苏州画赛会"的基础上，于苏州怡园创办"苏州美术会"，颜文樑为会长，胡粹中任主任干事。

7月，与胡粹中、朱士杰、顾仲华、程少川创办"苏州暑期图画学校"，于海红坊苏州律师公会会所。

9月，在"苏州暑期图画学校"的基础上，在沧浪亭对面的前府中学旧址创办"苏州美术学校"，颜文樑为校长，以"忍、仁、诚"为校训。

参加"常熟美术会"的李咏森在常熟教育馆主办"首届西画展览会"。

1923年，31岁

来美术学校读书学生增加，又借得三贤祠河南会馆房舍三间，成立西校，原附设县立中学之校舍则称东校。

是年，美校首次招收女生一人，为苏州学校男女同学之始。

1924年，32岁

9月，江浙战争爆发，避难至沪，随身仅带一卷粉画纸和一把小提琴。

10月，江浙战争结束，自上海返回苏州。

1925年，33岁

陆寰生来美校任研究生，兼管教务，嗣后专任校长室秘书。

美校第一期毕业生大都志愿留校任职：黄觉寺、张紫玙任教师；徐则安、张念珍分任校务、事务工作。苏州美专之得发展有成，得益于这批艺苑开荒者志趣投合，不计荣利、不计报酬，鼎力相助。

9月，子振康生。

1927年，35岁

美术学校经公益局和教育局批准，由县立中学迁移至沧浪亭内。

秋，徐悲鸿应邀偕妻儿来苏州美校演讲访问，颜始与徐订交。徐悲鸿极赏颜画，以"中国梅索尼埃"赞之，力促去法国留学深造。

1928年，36岁

1月，撰文《十年来我苏美术事业之报告》《怎样批评绘画》。

2月，被校董会推举为校长。

5月，撰文《我所希望于艺术界者》《透视浅说》。

9月，自上海乘法国二万吨邮轮"帕朵斯号"启程，途经香港、西贡、新加坡，越印度洋，历科伦坡、吉布提，渡红海，经苏伊士运河，过塞得港，即入地中海，于马赛登陆，途中共35天，作油画《越南西贡》《鸟瞰香港》《印度洋之中秋》《印度洋之锡兰》和《吉布提之晨》。

入巴黎高等美术学校，师从皮埃尔·罗朗斯教授。

1929 年，37 岁

3月，以粉画《厨房》《画室》和《苏州瑞光塔》，送巴黎春季沙龙评选，均蒙入选。

6月，《厨房》得评选委员会评为荣誉奖。授奖仪式隆重，法国教育部长、美术部长亲临主持。

暑假，游览伦敦两星期，作油画《英国议院》和《海德公园》。此年先后在巴黎作油画《巴黎特洛加特罗》《巴黎圣母院》《巴黎凯旋门》《巴黎先贤祠》《埃菲尔铁塔之一》《埃菲尔铁塔之二》等。

1930 年，38 岁

5月，与刘海粟等人游历意大利，先后作油画《罗马古迹》《罗马遗迹》《罗马海特里安皇陵》《罗马斗兽场》《佛罗伦萨之一》《佛罗伦萨之二》《威尼斯伯爵宫》《威尼斯水巷》《米兰大寺》等14幅。

11月，学习期满，在回国途中经德国柏林，作油画《柏林旧皇宫》。

在巴黎学习期间除课堂上完成油画人体习作，还临摹了日范的《罗拉》、蓬那的《善劫》及安奈的《泉水》等巨幅油画。习画之余，为苏州美术学校购置新旧书籍4000余册，雕刻石膏复制品460余件。

1931 年，39 岁

6月，苏州美术学校呈教育部立案，校名报称为私立苏州美术专科学校，并以高中艺术师范科附属之。

10月，苏州美术专科学校举行新校舍奠基典礼。

12月，与黄觉寺等发起校友会，以庆祝美专建校10周年。

1932年，40岁

5月，邀请徐悲鸿至苏州美专参观和演讲。

8月，苏州美专新校舍落成。

9月，"颜文樑、徐悲鸿联展"在上海举办。

10月，教育部批准苏州美术学校以大专院校立案，正式定名为"苏州美术专科学校"。

1933年，41岁

1月，徐悲鸿由上海赴法国举行中国画展至翌年8月返回上海，受徐悲鸿委托在这段时间兼任中央大学艺术系教职。

5月，率领美专高中科全体同学旅行镇江写生。

9月，撰文《从生产教育推想到实用美术的必要》。

11月，率领本校高中科及专科西画系120余名学生，赴无锡梅园、惠山、鼋头渚及太湖边境写生7日。

1934年，42岁

6月，撰文《法兰西近代之艺术》。

1935年，43岁

5月，率美专专科全体同学赴浙江普陀旅行写生，作油画《前祠大殿》《普陀市街》《普陀前祠》《普陀山门》《远眺佛顶山》《潮音洞》《千步沙》。

6月，湖北汉口市举办"汉口市美术展览会"，展出作品7000余件。徐悲鸿、颜文樑、唐一禾等西画应邀参加画展。

1936年，44岁

1月，徐悲鸿、汪亚尘、颜文樑、朱屺瞻、张充任、陈抱一等在上海发起成立"默社"。

4月，至苏州火车站欢迎徐悲鸿、汪辟疆等人组成的"首教中国文艺社春季旅行团"。

5月,与孙文林、胡君余率领美专专科全体学生至杭州写生。该月,撰文《艺术教育今后之趋势》。

1937年,45岁

4月,教育部主办的"第二届全国美术展览会"在南京举办,展出地址在国立美术馆、音乐院,展出作品3000余件,颜文樑、刘海粟、林风眠、王远勃等人均有作品出展。

6月,默社在上海大新公司四楼画厅举办展览会,展出作品300余件,参展油画家有汪亚尘、张聿光、徐悲鸿、颜文樑、黄觉寺、朱屺瞻等。

11月,自苏州经余杭、杭州、宁波赴上海。

1938年,46岁

春,应苏州美术专科学校校友之请,在上海王家沙一小学内租得一间教室,开办苏州美专沪校。

秋,沪校迁至四川路企业大楼七楼。学期结束,在大新公司举办师生画展。

原任日本政府派驻苏州领事松村雄藏,时任上海兴亚会会长,派人至老垃圾桥寓所相访,劝说回苏州复校,许发还被日军占据的校舍,并由日本政府资助经费。遂以无学生、无教室、无设备为由拒绝。

1939年,47岁

3月,参加由上海沦陷区的画家组织的"青年美术会"。

松村雄藏又指使一名日本画家田代博前来专访,以关心办学为名,愿出资合办,改用民间商家名义,被严词拒绝。

1940年，48岁

以多幅作品参加上海美术界为赈济难民而在大陆商场开办的救灾画展。

1941年，49岁

12月，太平洋战争爆发，日军进占租界，在日军胁迫下，上海文化界成立所谓中日文化协会，指定文化界、教育界知名人士参加，表示中日亲善，遂被罗致此列。但一切活动由黄觉寺代表出席，不发一言。

美专沪校为避日军注目，改沪校名为画室，不登报招生。学生卒业，由学校开一证明，不颁发毕业文凭，因文凭须呈送伪教育部核准盖章方能生效。

1942年，50岁

1月，参加"首次文艺茶会"。

6月，"上海洋画学会"在上海成立，此会为上海沦陷期间敌伪文化机构所设，由中日文化协会上海分会主办，虽强迫推选颜文樑、陈抱一、周碧初、黄觉寺等画家为常务理事，但受到上海油画家的普遍抵制。

1943年，51岁

应之江大学沪校聘请，教授水彩画。之江自杭州迁至上海，设于大陆商场内。

1944年，52岁

5月，批准原苏州美专教师储元洵等人请求，在宜兴分水墩设立苏州美专宜兴分校。

1945年，53岁

10月，苏州美术专科学校成立"复校委员会"，以胡粹中、朱士杰、黄觉寺等为委员，颜文樑为主任委员。同年收回沧浪亭校舍，宜兴分校停办。

1946年，54岁

1月，率领全部沪校专科学生回苏州上课，沪校则改为研究室。

3月，"上海美术会"成立，理事有汪亚尘、张充任、姜丹书、荣君立、朱屺瞻、刘海粟、颜文樑等。

7月，出席在上海威海卫路新生活俱乐部成立的苏州美专校友会，被推举为会长。

12月，撰文《二十五周年校庆献辞》。

1947年，55岁

1月，撰文《期望筹设全国性之美术馆议》。

3月，"上海美术会"在上海南京路国货公司二楼的"中国艺苑"举办"上海美术会作品观摩展览"，其中西画部分有刘海粟、颜文樑等人的作品参展。

4月，上海市美术馆筹备处成立，与刘海粟、李石曾、徐朗西、吴湖帆等被推为指导委员。

5月，与汪声远、张中原、沈雁、施翀鹏等召集第四次"上海美术茶会"。

10月，率领沪校全体师生赴苏州参加二十六周年校庆。

1948年，56岁

1月，参加在乍浦路文化会堂召开的上海美术协会年会，并再一次被推为该会理事。

10月，上海市文化运动委员会出版发行《中华民国三十六年中国美术年鉴》，除为该书撰写序文，尚收录《谈文与野》一文,以及《雪夜》油画作品一幅。

1949 年,57 岁

4 月,苏州解放。

5 月,上海解放。

6 月,率领沪校研究室师生 20 余人,手擎苏州美专校旗列队参加于跑马厅广场举行的庆祝上海解放大会。

10 月 1 日,中华人民共和国成立。

1950 年,58 岁

作油画《浦江夜航》。

1951 年,59 岁

作油画《船厂之一》《船厂之二》和《护卫舰 2 号》。

1952 年,60 岁

9 月,苏州美专与上海美专、山东艺术大学艺术系合并,成立华东艺术专科学校。

11 月,被任命为中央美术学院华东分院副院长。

1953 年,61 岁

9 月,赴北京参加第二次全国文学艺术工作者代表大会。

10 月,文代会闭幕,并回沪。在北京先后作画《天坛》《玉带桥》《北海公园》《中山公园》。

作油画《卖鱼桥》《虹口公园人造山》。

1954 年,62 岁

冬,作油画《深夜之市郊》。

根据自己绘画实践及教学经验,总结出油画用笔八法:一、薄涂;二、薄贴;三、厚贴;四、揉腻;五、揩摩;六、扫掠;七、埋没;八、拍贴。

印发《美术琐谈》和《色彩琐谈》讲义。

1955年,63岁

5月—7月,在杭州屏风山疗养院休养,开始编写《美术用透视学》。休养期间,作油画《屏风山疗养院》《西泠远景》《远眺葛岭》《西泠桥》。

1956年,64岁

11月,迁居淮海中路新宅。是月,子振康与施亚荣结婚。

1957年,65岁

9月,《美术透视学》由上海人民出版社出版。

1958年,66岁

2月,参加周扬在上海与美术家谈创作新问题的座谈会。

作油画《上海外滩》《浦江黎明》。

1959年,67岁

9月,《颜文樑画集》由上海人民美术出版社出版。

10月,作油画《国庆十周年》,至次年五一节方完成最后一笔。

11月,作油画《雪霁》。

同年,中央美术学院华东分院正式改组为浙江美术学院,潘天寿任院长,颜文樑任副院长。

1960年,68岁

3月,与潘思同、费以复、关良等同游绍兴,作油画《大禹陵》。

4月,作油画《轧钢厂》。

5月,作油画《人民大道》,费时达半年之久。

7月,赴北京参加第三次全国文学艺术工作者代表大会。

在京作油画写生《颐和园》《九龙壁》《太和殿》《北海雨景》《景山》《十三陵水库》。

与林风眠同时被推选为上海美术家协会副主席。

浙江人民美术出版社出版《颜元临摹任伯年画集》，系颜文樑为纪念父亲颜元而编。

1961年，69岁

5月，为浙江美院所办罗马尼亚画家博巴的油画培训班学员授课，作油画示范《里西湖》和《三潭印月》。

1962年，70岁

4月，撰文《色彩琐谈·1-44则》。

6月，撰文《色彩琐谈·45-78则》。

7月，上海美术家协会在文艺会堂集合庆祝颜文樑七十寿辰。

作油画《七宝塘桥》。

1963年，71岁

11月，参加香港中艺公司在香港主办的上海名家油画展览会。

作油画《深夜之市郊》《西郊公园初春》《城隍庙》《复兴公园林荫》《傍晚灯光雪景》《孙女七岁时》。

1964年，72岁

春，偕费以复去苏州旅行写生，作油画《双塔》《拙政园》《苏州留园》《西园湖心亭》《虎丘》。

6月，至嘉兴南湖写生，作油画《南湖旭日》。至上海襄阳公园写生，作油画《一串红》。

1965年，73岁

春，作油画《中山公园梨花》。

夏，作油画《百果丰收》。

秋，作油画《韶光》和《卧室》。

冬，作油画《长风公园之冬》。

《颜文樑油画小辑》由上海人民美术出版社出版。

1966年，74岁

"文革"爆发。浙江美术学院红卫兵来寓所"破四旧"。被迫交出留法时临摹的日范《罗拉》、蓬那的《善劫》、安奈的《泉水》等巨幅"涉嫌裸女"的油画。

1967年，75岁

参加上海美协学习，每周三次，与会者皆"斗私批修"。

丰子恺时任上海画院院长，轮转批斗，次数频繁，颜文樑亦常陪斗。

1968年，76岁

2月，第二次被勒令去杭州，夫人准许偕往。

1969年，77岁

5月，颜文樑得宣布"自由"。

1971年，79岁

9月，浙江美术学院院长潘天寿含冤去世。颜文樑闻讯，怆然久之。

1972年，80岁

秋，至长风公园写生，作油画《长风公园之秋》。

1973年，81岁

春，作油画《十姐妹》《菜花黄更鲜》。

夏，作油画《熟季花》《中山公园池塘》《襄阳公园之夏》及《雁来红》。

8月，作油画《途中》。

秋，作油画《毛家塘》《龙华之秋》。

冬，作油画《静安公园》。

1974年，82岁

春，至中山公园写生，作油画《中山公园之春》。

作油画《蜀葵花》《玉兰花》《漕溪公园》《晨曦》《浮图迷朦月光寒》。

1975年，83岁

作油画《炼钢厂》。

1976年，84岁

10月，"四人帮"粉碎。

秋，完成始作于1965年的油画《百花争艳》。

1977年，86岁

7月，撰文《回忆悲鸿》。

10月，《色彩琐谈》由上海美术出版社出版。

1979年，87岁

1月，以《厨房》《肉店》参加江苏省美术馆举办的粉画展览。

4月，以《韶光》《卧室》参加苏州美专沪校校友会在上海工人文化宫主办的"沧浪画展"。

10月，撰文《简谈色彩》。

当选为第四次文学艺术工作者代表大会代表。

1980年，88岁

2月，苏州美专校友会在沪成立，出席并被选为理事长。

以《百花争艳》《卧室》《韶光》等8幅作品参加苏州美专苏州校友会在苏州市文化馆举办的"沧浪画展"。

作油画《枫桥夜泊》。

1981年，89岁

撰文《色彩学上的空间透视》。

被增选为中国美术家协会理事。

1982年，90岁

1月，被聘为浙江美术学院顾问。

春，作油画《祖国颂》。

4月，以油画《晨曦》参加上海美协在中国美术馆主办的"上海油画展"。

7月，中国美协上海分会与浙江美术学院在上海举行"颜文樑从事创作八十周年纪念活动"。来自全国的美术工作者200余人出席。

中国美协上海分会举行"颜文樑九十诞辰茶会"。

8月，"颜文樑画展"在北京中国美术馆举行。

10月，出席由中国美协浙江分会和浙江美术学院主办的"颜文樑先生艺术座谈会"。

12月，《现代美术家 画论·作品·生平 颜文樑》由学林出版社出版。

作油画《山居水榭》。

1983年，91岁

1月，夫人蓉珍因病逝世，享年91岁，合家悲悼。

3月，撰文《我的绘画道路》。

10月，完成油画《农家乐》。

12月，完成油画《月夜泛舟》。

1984年,92岁

3月,完成油画《祖国的脉搏》。

10月,完成油画《扦农》。

1985年,93岁

1月,油画《枫桥夜泊》获第六届全国美术展览荣誉奖。

4月下旬,因患高位房室传导阻滞住进华东医院,一周后出院。

5月,"颜文樑"画集由上海人民美术出版社出版、发行。

10月,撰文《我对美术教育的看法》。

11月,撰文《我对美术教育之探讨》。

是月下旬,完成绝笔之作油画《沧浪美》和《沧浪夏夜》。

1986年,94岁

10月,为《中国西画五十年》一书作序。该书于1989年由人民美术出版社出版。

11月,法国第八大学教授菲利浦·阿尔布来访,称将撰写关于中国当代画坛四大奠基人——徐悲鸿、林风眠、刘海粟、颜文樑的论文。

1987年,95岁

11月,苏州市政府来寓所商谈筹建苏州美术馆和颜文樑陈列室事宜。

12月,上海美协主席沈柔坚等到寓所拜早年。

1988年,96岁

5月1日,逝世于上海。

5月14日,在上海龙华殡仪馆大厅由中国美术家协会上海分会和浙江美术学院联合举行追悼大会,吊唁来宾600余人。

后　记

这本集子里的文章大都是近几年来用零星时间写就，个别篇目是翻阅以往自己电子邮箱时发现原来是自己执笔，静下心来读读，有点敝帚自珍、舍不得扔掉而收集起来。

说实话，原来也不想编书出书，因为即使出了书，在网络媒体、电子书籍凌厉的攻击下，纸质阅读再也不像当年那样红火，倒像是溃不成军的散兵游勇。即便是一本好书，不少人不愿购买而从网上浏览，每每走过书店，但见书店里读者寥寥，书架上的新书好像"巧笑倩兮，美目盼兮"，就是得不到顾客的怜惜。更何况，自己的书未必讨巧，能博得读者喜爱，我想，如今能出本纸质书已是一件相当奢侈的事。

也许是职业关系，读书、写作成为我生活中不可缺少的部分。好在现在不用去啃佶屈聱牙、堂奥艰深的专业书，可以轻松惬意，自由阅读，哪本喜欢就读哪本，倘若心有所悟，便涂鸦一番，不过自己读书的效率不高，读完再也不去用功，所以有自己思想、自己观点的读书笔记很少，回想这五六年来只留下如许少的文字，可见我的偷懒。

好比农夫，看到田园荒芜，不免凄凉，于是懒性中涌出冲动，在田埂边，在荒道上，开辟小农式自留地，想自己所想，说自己所说，玉米架豆角，韭菜间青椒，什么都胡乱种一点，不像满腹经纶的学者规模经营，更不像指点江山的专家批量生产,我不过是文字小农,每栽一苗,不嫌杂乱无章,不期收获累累,虽还没有达到"采菊东篱下,悠然见南山"的境界,至少有种"平沙渺渺迷人远,落日亭亭向客低"的孤寂,也是读书时的独自享受。

书名之所以取"文化心灵",并非自己有文化,用意是想用文化化人格、化心灵,带点教化心灵的意思,在物质生活得到丰裕之余,精神生活同样需要提炼,心灵枯竭,心灵板结,这样的人生未必幸福。而"文化心灵"唯有靠阅读、阅人所化所得,我们这个民族才可能有真正的未来!

说到阅读,也想说阅人。社会是一个大舞台,每个人都是一本书。阅读可以广博你的知识、深邃你的思想,而阅人可以丰富你的经验、美满你的人生。其实,阅人比阅读更难。阅读是静态、一时的,阅人是动态、长久的,一本好书是一个朋友,一个朋友更是一本好书。书有多少种,朋友就有多少类。无论阅读还是阅人,正是读自己,也读别人,不管哪本书、哪种人,读到最后你会用你的思维予以浓缩与概括,这个浓缩与概括足以在遇到最大困难、意志最薄弱的时候支撑起自己。

本书分为三辑。"书林散叶"主要是书评,是读古人、前辈、师友所写的书籍的感想、评论,称之"散叶"是相对"书林"而言,在茫茫书林中,这些散叶微不足道,但记录了我阅读中的所思所想,若对读者有所启发,则我心有宽慰。

"文苑语丝",实际上是对当今读书界的杂感偶拾,这种语丝像是丝絮,飘荡无落,浮现无向,假如碰上一场暴风骤雨,只能蹚着浑水变成尘土,但土地正是农民的珍爱,思想的种子需要土地孕育。这一辑还间杂其他东西,比如城乡建筑、民间风俗等，兴许有点大杂烩，若能变成心灵上的自觉感受，又何尝不是一种文而化之？

"人物访记"多为写人，是采用访谈、访问式，在我看来，阅人比阅书更重要，这是一种活的阅读法；虽然被访问者谈的是自己的遭遇、经历、人生，在某种程度上正是主人公阅历"活标本"，看似直接叙谈，实为书外阅读，在每次访问中，我总猜想他们是如何将自己在课本上学到的知识、文化，灵活运用到自己的社会实践中。如上所言，社会是一本大书，写尽人生百态，也抒发各自理想。需要提一笔，本辑附录《颜文樑年谱》，是当年为撰写原题目《颜文樑研究》一文，参阅钱伯城、尚辉、王骁等先生著述及相关资料集纳而成，结果写颜先生的文章发表了，《颜文樑年谱》却被弃而不用，与其"雪藏"，不如亮相，如今趁时露眼，愿与读者分享。

老子曰："信言不美，美言不信。善者不辩，辩者不善。知者不博，博者不知。"意思是说：诚实的话不一定动听，动听的话不一定诚实。世间的好人不会花言巧语，能言善辩的人不一定是好人。聪明的人不一定博学，见多识广的人不一定真正聪明。我想老子是大智慧、大视野、大胸怀，在人们期望兴旺发达之时，可以扪心自问：是不是同样需要一颗强大的心灵？若是，那么，人生读书、修行重在于行，而不在于辩。

本书的写作、辑成，掐算一下已有五六年了，其中断断续续，不免杂乱无序，存有谬误、差错，感恩和期待爱好读书的同人与读者赐教、匡正，真诚希望，让我们一起拥有阅读人生、美好心灵！

作者于沪上
2019 年 12 月 31 日